CSR・ESGへの法からの多面的接近

企業と環境・社会

野田　博〔著〕

Multifaceted Legal Approach to CSR,ESG
―Corporation, Environment and Society―

中央経済社

は し が き

　本書は，筆者が，2009年から2024年までの15年余りに公表した8つの論稿を1冊にまとめたものである。本書の各章は，CSR（企業の社会的責任）やESG（環境・社会・企業統治）に関するさまざまなテーマを扱っているが，それらに共通しているのは，CSR・ESGに法はどのようにかかわるかということや，それらの活動についての企業の自発的取組みを促す，あるいは後押しする必要があるとした場合，どのような規律づけが望ましいか，を主要な関心事としていることである。

　ところで，上記のように，本書に収録した論稿の最も古いものと最も新しいものとは，15年余りの時期の隔たりがある。いうまでもなく，本書が扱うCSRやESGをめぐる議論状況の変化は急速であり，このたび1冊にまとめるにあたっても，各論稿の初出時において十分考えが至らなかった部分の修正・改善とともに，それらの変化を反映させる必要性が感じられた。その一方で，初出時における素材の選択や考察はその当時における議論状況や問題意識を反映したものとしての意義があるのみならず，現在の制度や議論の展開も同じ考え方の延長線上にあるものが多く，今日における議論においてもそこからくみ取るべき点が少なくないと考えられる。そのことにも留意して，各論稿を本書の各章に収録するにあたっては，必要最小限の補正や情報の更新・補充にとどめることを基本としつつも，今日からみて各論稿の初出時に考察対象とした事項を変更したり，新たな事項を考察対象として付加したほうがよいと思われる場合には，その節を完全に書き換えたり，新たな節を追加するという修正を行った（第1篇第2章Ⅲ2，第2篇第2章Ⅲ，同第5章Ⅲ，および同第6章Ⅲ3〔新たな節の追加〕）。また，各章の冒頭および末尾には，それぞれ【前書き】（各章の表題の後に罫線で囲んだ部分の文章を指す）と【追記】を設けることとした。【前書き】では，その章のねらいや背景とともに，留意事項等を簡潔に記している。また【追記】における記述内容は，その章で扱った内容の補完の場合もあるが，筆者の現在の関心に基づいて，論稿初出時以降に生じた展開から一定のトピックを選んで検討を加えるとか，今後の研究課題の提示を行っている場合も多い。なお，【追記】の冒頭には扱う内容を示す表題を付している。

本書は2つの篇からなる。第1篇は総論的検討として，その第1章において
は，CSRについてのさまざまな側面を俯瞰的に述べ，第2章では，それを補充
する形で，ESGへの関心が高まった時期以降の展開や議論の特徴等の検討を
行っている。第2篇は個別的な問題の検討を行うものであり，6つの章からな
る。その第1章は，「法を超えるCSR」，「法を支えるCSR」および「法を通じ
たCSR」をキーワードとして，企業によるCSRやESG要素の取組みの拡大を後
押しする方策の拡大等について分析している。第2章はそのような方策の1つ
として，ESG開示を取り上げ，国内外のESG開示についての制度面での取組み
の進展を概観するとともに，開示制度の強化がより多くのESG活動をもたらす
と単純には捉えられないとの研究の存在を踏まえた考察を行っている。続いて
第3章では，情報開示と密接にかかわるグリーンウォッシングの問題について，
特にサステナブルファイナンスとの関係で検討している。最後に第4章から第
6章までは，ESG要素への配慮と法的義務・責任をめぐる問題を扱っており，
そのうち第4章と第5章においては会社取締役との関係での検討，第6章は年
金受託者の信認義務との関係での検討をそれぞれ行っている。

　幾分個人的な研究史に及ぶことになるが，筆者が本書にまとめた研究に取り
組むきっかけとなったのは，東京大学21世紀COEプログラム「国家と市場の
相互関係におけるソフトロー──ビジネスローの戦略的研究教育拠点形成──
─」第5回シンポジウム「ソフトローと国際社会」（2005年7月開催）におい
て，神作裕之教授による「ソフトローの『企業の社会的責任』への拡張？EU
における動向」という報告に対するコメンテーターを務めたことであった。ま
た，ほぼ同時期に，「企業と団体の社会的責任をめぐる法制度設計のための基
礎的研究」をテーマとした一橋大学法学研究科の研究プロジェクト（代表：松
本恒雄教授）に参加し，続いて，「内閣府委託調査 新たな成長に向けた日本型
市場システム・企業ガバナンスの在り方に関する調査研究」（座長：落合誠一
教授）において，CSRの規範性についての報告を担当する機会にも恵まれた。
その後時を経て2019年には，日本比較法研究所設立70周年記念シンポジウム
「グローバリゼーションを超えて──アジア・太平洋地域における比較法研究
の将来──」の第2セッション「コーポレート・ガバナンスの多様性」におい
て，香港大学のセイ・グー教授による報告（「コーポレート・ガバナンス改革」）
のコメンテーターを務め，その報告を検討するなかで，アメリカで1つの潮流
をなす「ステークホルダリズム」についても考える機会をえた。そのような研

究プロジェクト等のほか，研究書の1つの章に，または記念論文集や紀要の記念号に論文を寄稿する機会をえた場合にも，本書のテーマで執筆したことが少なくなく，それらは本書に収録した論稿の中心となっている。

　ささやかなものであるが，本書の完成にまでたどり着くことができたのは，上記のような機会に恵まれたことに加え，これまで多くの方々のご厚意と激励，そしてご教示を受けたことによるのは，いうまでもない。一橋大学大学院時代には，指導教授である堀口亘先生，そして喜多了祐先生，久保欣哉先生，石原全先生および川村正幸先生に直接ご指導を受けた。また，学部時代のゼミの指導教授であった加美和照先生は大学院進学の道筋をつけてくださった。さらに，あまりにも数が多くなるため具体的なお名前を挙げることは控えさせていただくが，これまで教員として勤務してきた小樽商科大学，一橋大学および中央大学の商法・企業法の同僚の先生方，および学内外での共同研究等を通じて知り合った先生方からも多くのご教示を受けた。この機会に，これらの先生方の学恩に対し心よりお礼申し上げる。

　本書の刊行に当たっては，本書の出版を快くお引き受けくださった株式会社中央経済社と，出版に至るまで多大なご尽力・ご協力をしてくださった学術書編集部の露本敦氏に対して厚くお礼申し上げる。

　最後に，私事に及ぶことになるが，この小著を亡き両親，野田幸也・博子に捧げ，感謝の意を表したい。

　2024年8月

野田　博

◆ i

目　次

はしがき　1

第1篇　CSR・ESGと会社法──総論的検討

第1章　CSRと会社法──CSRの諸側面── ────── 3

Ⅰ　はじめに　3

Ⅱ　企業の社会的責任と社会貢献
　　──CSRの捉え方についての近年の展開の理解のために　6

　1　問題の所在　6

　2　社会的責任の事業への統合という視点
　　　──CSRの定義の動向と社会貢献活動の位置　7

　3　CSR実践と会社法──会社法はCSRの制約とならないか　11

Ⅲ　会社と環境問題　15

　1　環境問題とCSRとの結びつき　15

　2　環境責任にとってのビジネス・ケース
　　　──環境面でのCSRの促進要因と障害　19

　3　環境関係CSRの実践を支援・促進する方策の進展　22

Ⅳ　会社の政治活動　28

　1　問題の所在　28

　2　責任ある政治的関与
　　　──ISO 26000を中心として　28

Ⅴ　結び　30

第2章　ESG重視の潮流と会社法 ———— 35

Ⅰ　はじめに　35

Ⅱ　ESG重視の潮流について　37
  1　ダブルコード等とESG　37
  2　ESGはCSRやSRIと異なるか　39

Ⅲ　ESGと会社法　43
  1　ESG要素に配慮した企業活動の実践のための基盤提供と会社法　43
  2　企業の社会的責任の領域の法的義務・責任への拡張　46

Ⅳ　結び　52

第2篇　個別的問題についての検討

第1章　社会的責任を意識した企業活動の拡大・支援と法
——「法を超えるCSR」・「法を支えるCSR」・「法を通じた CSR」—— ———— 59

Ⅰ　CSR論議の拡大と本章における検討課題　59
  1　CSR論議の拡大　59
  2　本章における検討課題　61

Ⅱ　「法を超えるCSR」と「法を支えるCSR」　61
  1　CSRの内容について——コンプライアンスも含まれるか　61
  2　「法を支えるCSR」の意味
  ——規制緩和の健全な目的達成という観点および法の限界という観点を中心 として　63

Ⅲ　「法を超えるCSR」の規範性　66
  1　規範遵守のインセンティブ　66
  2　問題点と留意事項　68

Ⅳ　CSRの支援——法または政府の役割を中心として　71

1　開示の手段を用いた間接的な規制　71

　　2　「契約」を通じる方策
　　　　──調達条件にCSRを採用することを通じてのCSRの伝播　76

　　3　CSRの中心的課題についての合意形成とその問題点　78

　Ⅴ　結びにかえて　80

第2章　透明性の陥穽
　　──コーポレートガバナンス，とりわけESGの取組み推進へ
　の利用において留意すべきこと──　　　　　　　　　　87

　Ⅰ　はじめに　87

　Ⅱ　ESG情報開示をめぐる国内外の潮流　91

　Ⅲ　透明性要求により生じうるマイナスの効果について　98

　　1　本節での考察のねらいと対象　98

　　2　Janning＝Khlif＝Ingleyの見解　99

　　3　Oranburgの見解　102

　Ⅳ　結び　107

第3章　グリーンウォッシングへの対応と課題　──　111

　Ⅰ　はじめに　111

　Ⅱ　グリーンウォッシングへの対応──日本と欧州を中心として　114

　　1　日本，とりわけ近時における金融庁の対応
　　　　──原則ベース・アプローチ　115

　　2　欧州の対応──タクソノミーベース・アプローチ　119

　Ⅲ　検討　125

　　1　グリーンウォッシングへの対応を考える際の考慮要素
　　　　──グリーンウォッシングを誘発する原因およびESG要素の特性を中心とし
　　　　て　125

　　2　いくつかの課題についての若干の考察　130

Ⅳ　結び　134

第4章　ESGと取締役の義務
──企業の社会的責任と会社法との交錯── ── 139

Ⅰ　はじめに　139

Ⅱ　ESGアプローチにおける基準の統一化と取締役の義務の検討
　に関し必要になる基準　143

　1　ESGアプローチにおける基準の統一化　143

　2　ESG要素の配慮に関する取締役の義務を検討するうえで必要にな
　　る基準とは　144

Ⅲ　近時の提案についての若干の考察　146

　1　株主利益最大化原則の限界・例外の範囲に関する議論をめぐって
　　146

　2　取締役がESG要素を考慮する義務を負うことはあるか　149

Ⅳ　結び　154

第5章　株主以外の会社利害関係者の利益の考慮に関す
　る議論の動向とその検討
──米国におけるステークホルダー論の展開：第4章の補論
　として── ── 161

Ⅰ　はじめに　161

Ⅱ　あるステークホルダー論の考え方とその内容　164

　1　議論の前提と背景
　　──アメリカにおける会社の社会に対する責任に関する法制度等　164

　2　経済学上の会社理論と株主の利益最大化原則との結びつき，およ
　　びそれに対し近時提起される疑問・批判　169

　3　別個独立の法主体性に着眼したステークホルダー論の概要　174

Ⅲ　ステークホルダー論の課題，問題点についての若干の覚書
　179

Ⅳ　結び　180

第6章　投資決定に際してのESG要素の考慮と機関投資家の法的義務についての一考察
——英国・法律委員会の報告書を出発点として—— ————— 185

Ⅰ　はじめに　185

Ⅱ　イギリス法律委員会の考え方　187

　　1　背景，および法律委員会が考察対象とする事項　187

　　2　年金受託者の法的義務の源泉　189

　　3　ESG要素を投資決定に組み込む手法　191

　　4　年金受託者とESG要素の考慮——法律委員会の考え方　192

Ⅲ　検討——非財務上の要素の考慮の点を中心として　201

　　1　考察の方針　201

　　2　現代的なポートフォリオ理論に基づく議論との関係　202

　　3　英国法律委員会報告書以降の動向

　　　　——EU職域年金指令の改正およびわが国の議論の傾向を中心に　208

Ⅳ　結び　213

〔凡 例〕

民集	最高裁判所民事判例集
判時	判例時報
判タ	判例タイムズ
商事	旬刊商事法務
資料版商事	資料版商事法務
ジュリ	ジュリスト
法時	法律時報

初出一覧

第1篇　総論的検討

第1章　「CSRと会社法」江頭憲治郎編『株式会社法大系』（有斐閣，2013）27〜56頁

第2章　「ESG重視の潮流と会社法」名城法学69巻1＝2号（2019）369〜391頁

第2篇　個別的問題についての検討

第1章　「社会的責任を意識した企業活動の拡大・支援と法―英国におけるCSR論議を中心として―」布井千博ほか編『川村正幸先生退職記念論文集　会社法・金融法の新展開』（中央経済社，2009）355〜385頁

第2章　「透明性の陥穽―コーポレートガバナンス，とりわけESGの取組み推進への利用において留意すべきこと―」ソフトロー研究32号（2023）1〜20頁

第3章　「グリーンウォッシングへの対応と課題」法学新報130巻9・10号（2024）365〜393頁

第4章　「ESGと取締役の義務―企業の社会的責任と会社法との交錯―」月刊監査役762号（2024）46〜57頁

第5章　「株主以外の会社利害関係者の利益の考慮に関する議論の動向とその検討―米国における近時の理論展開を出発点として―」70周年記念叢書編集委員会『日本比較法研究所設立70周年記念　グローバリゼーションを超えて―アジア・太平洋地域における比較法研究の将来―』（中央大学出版部，2020）141〜175頁

第6章　「投資決定に際してのESG要素の考慮と機関投資家の法的義務についての一考察―英国・法律委員会の報告書を中心として―」丸山秀平ほか編『永井和之先生古稀記念論文集　企業法学の論理と体系』（中央経済社，2016）753〜781頁

第1篇

CSR・ESGと会社法
——総論的検討

第1章

CSRと会社法
―――CSRの諸側面―――

> 本章においては,主にわが国で「CSR元年」と呼ばれた2003年から年金積立金管理運用独立行政法人(GPIF)が責任投資原則(PRI)に署名したのを契機にESGに関心が高まった時期以前の状況を基礎に,CSRの諸側面について検討を行っている。この期間に進展を見たCSR実践を支援・促進する方策の多くは,今日にも通じるものが多く含まれている。

I　はじめに

　企業の社会的責任(Corporate Social Responsibility：CSR)の歴史[1]のなかで,【前書き】に記した時期での急速な展開は,過去に例をみないほどであった[2]。

---

1) CSRの歴史を簡潔に記述するものとして,たとえばLars Moratis and Timo Cochius, ISO 26000 (Greenleaf Publishing, 2011), 12-14. 日本では,1960年代後半から消費者被害(商品の買占め・売り惜しみ,便乗値上げ),公害等の問題について,アメリカの議論の影響を受けながら,企業の社会的責任が論じられた。竹内昭夫『会社法の理論Ⅲ――総論・株式・機関・合併』(有斐閣,1990) 67頁,神作裕之「ソフトローの『企業の社会的責任(CSR)』論への拡張?」中山信弘〔編集代表〕=神田秀樹編『市場取引とソフトロー』(有斐閣,2009) 193頁。なお,アメリカでは,1960年代から70年代において,自主的な行動規範,社会監査,株主提案,社会的投資ファンド,企業の社会業績や環境業績の評価と格付け等,CSRの慣行の推進について今日でもみられる戦略の多くが発達したとされる。デービット・ボーゲル(小松由紀子=村上美智子=田村勝治郎訳)『企業の社会的責任(CSR)の徹底研究』(一灯社,2007) 10頁〔原著：David Vogel, The Market for Virtue: The Potential and Limits of Corporate Social Responsibility (2005)〕。

2) Moratis and Cochius, *supra* note *1*, at 12.

ごく一部の例であるが，2010年11月に組織の社会的責任の任意の国際規格である ISO 26000「社会的責任に関する手引（Guidance on social responsibility）」が発行され，2011年10月には，欧州委員会が，EUの新CSR戦略をまとめた文書（以下「EU・新CSR戦略」と呼ぶ）[3]を公表するといった動きがみられた。わが国でも，ISO 26000の発行に合わせる形で，日本経団連の企業行動憲章・実行の手引きの改定が2010年9月に行われている[4]。

このようなCSRへの関心の増大の背景として，グローバル化や規制緩和・規制改革の進展による企業の活動領域の飛躍的拡大に伴う負の影響，すなわち，環境，社会問題における悪影響の深刻化への懸念，および市民社会の成熟化による従業員意識や消費者・顧客意識の変化・高まり[5]がしばしば指摘される。これらに加え，さまざまな社会問題の解決において，政府の限界が強く認識されるようになったことも，とりわけヨーロッパを中心としたCSRの動きを理解するうえで，重要である[6]。さらに，この時期に生じた国際金融危機およびその後の不況は社会的弱者に影響し，公衆の視線を企業の社会的および倫理的パフォーマンスに向けさせた[7]。

CSRへの関心の増大とともに，新たな側面に焦点が当たる等，その対象も拡大している。たとえば，経済協力開発機構（OECD）の「多国籍企業行動指針（Guidelines for Multinational Enterprises）」（2023年改訂後の正式名称は「責任ある

---

3) Communication from the Commission to the European Parliament, the Council, the European Economic, and Social Committee and the Committee of the Regions——A renewed EU strategy 2011-14 for Corporate Social Responsibility (Brussels, 25.10.2011), COM (2011) 681 final.

4) ISO 26000の内容を憲章本文および実行の手引きに反映させ，グローバルな行動規範としての性格を強めることを目指したとされる。関正雄『ISO 26000を読む』（日科技連出版社，2011）145～146頁。

5) 情報技術の進展により，地球規模でのコミュニケーションや公表が容易化していることにも留意。それは，企業が一層圧力にさらされやすくなっていることを意味する。

6) 藤井敏彦=新谷大輔『アジアのCSRと日本のCSR』（日科技連出版社，2008）2～6頁。財政難のみならず，規制での対応が困難である等，政府の対応能力では解決が困難な場合の処方箋として，CSRに着眼されたとされる。なお，Jeremy Moon, Government as a Driver of Corporate Social Responsibility: No.20-2004 ICCSR Research Paper Series - ISSN 1479-5124〈https://www.researchgate.net/publication/251565075_ Government_as_a_Driver_of_Corporate_Social_Responsibility〉（最終閲覧日：2024年6月17日）も参照。

7) ISO 26000 3.2参照。また，EU・新CSR戦略1.2でも，雇用喪失を含む現在の経済危機の社会的影響の緩和に貢献することは，企業の社会的責任に含まれるとされている。

企業行動に関する多国籍企業行動指針（OECD Guidelines for Multinational Enterprises on Responsible Business Conduct）」，「国連グローバル・コンパクト（United Nations Global Compact）」の10原則，ISO 26000規格，国際労働機関（ILO）の「多国籍企業及び社会政策に関する原則の三者宣言（Tri-partite Declaration of Principles Concerning Multinational Enterprises and Social Policy）」，および「国連・ビジネスと人権に関する指導原則（United Nations Guiding Principles on Business and Human Rights）」等は，国際的に受け入れられた中核的な原則ないしガイドラインとして，今日のグローバルなCSRの枠組みを提示するが，それらによると，CSRは少なくとも，人権，労働・雇用慣行（職業訓練，多様性，男女の平等，ならびに従業員の健康および福利等），環境（生物多様性，気候変動，資源効率性，ライフサイクル・アセスメント，汚染の防止等），および汚職防止を含む。また，地域共同体（コミュニティー）への参画，身体障害者の包摂，およびプライバシーを含む消費者の利益も，CSRの検討事項に含まれつつある。サプライチェーンを通じての社会ないし環境上の責任の促進，および非財務情報の開示も，重要な横断的問題として認識されている[8]。

　このようにますます多くのトピックがCSRの下で論じられる一方で，CSRとは何かということも問われた。法令遵守（コンプライアンス）もCSRに含まれるかということは，しばしば論じられてきた[9]。また近年，CSRは当該企業が行っている主たる事業との関連で論じられる傾向にあるが，その関係で，企業が付随的に行う社会貢献活動（フィランソロピー等）の捉え方をめぐって議論の展開がみられる。

　本章では，まずⅡにおいて，CSRにおける社会貢献活動の位置づけを中心として，CSRの定義・意味内容における展開を検討し，また，そのような展開を視野に入れつつ，CSRと会社法との関わり合いについての若干の整理も試みる。それに続いて，CSRの具体的項目のなかから対象をしぼり，Ⅲで環境問題，Ⅳでは政治活動を採り上げる。環境問題は，日本企業がCSRの取組みのなかでも最も重視してきた領域であり[10]，Ⅲにおいては，環境問題とCSRとの結びつき，環境責任にとってのビジネス・ケース，環境関係CSRの実践を支援・促進する

8）　EU・新CSR戦略3.2-3.3参照。
9）　この問題については，野田博「社会的責任を意識した企業活動の拡大・支援と法」『川村正幸先生退職記念論文集　会社法・金融法の新展開』（中央経済社，2009）355頁，360〜361頁〔本書61〜63頁〕等参照。

方策の進展，の項目の下で，検討を行う。上記項目のうち後二者は，CSR規範の遵守ないし実効性に関わる問題を扱うものであり，人権，労働慣行等，環境以外の領域でのCSRの取組みにも通用する部分が少なくないと考えられる。他方，会社の政治活動は，公的政策への関与により，通常の企業行動よりも広範な社会的影響をもたらす可能性がありうる。従来，会社法の分野でも，会社のなす政治献金が議論されてきたが，Ⅳでは，それに限らず，責任ある政治的関与という点につき，ISO 26000規格を中心に，若干の検討を行う。

Ⅱ　企業の社会的責任と社会貢献
——CSRの捉え方についての近年の展開の理解のために

1　問題の所在

　社会貢献活動とCSRの関係が問題にされる場合において，「社会貢献活動」の語は，概ね慈善活動と同義で用いられ，助成，寄付，ボランティア等を指す[11]。多くの企業がそのような意味での社会貢献活動を通じ教育，医療その他さまざまな分野で貢献を行っている。このような活動が社会に正の影響をもたらしていることは，疑いないであろう。初期の社会的責任の観念は慈善活動が中心であり，アメリカでは，CSRの主流をなしてきた[12]。しかし他方で，後述のように，そのような社会貢献活動をCSRの範疇に含めるべきでないという主張もみられる[13]。この一見奇妙とも思える主張は，何に根差すものか。その主張の背景についての考察を深めることは，CSRの捉え方についての近年の展開，とりわけヨーロッパに端を発する，社会的責任を事業に統合するという視点を理解するうえで重要であることはもちろん，その他，CSRの諸課題のいくつかを考える手がかりにもなると思われる。

---

10)　松本恒雄=杉浦保友編『EUスタディーズ4　企業の社会的責任』（勁草書房，2007）vi頁。その傾向は，特に大規模会社ほど高い。神作・前掲注1）204頁。

11)　藤井=新谷・前掲注6）14頁，ISO 26000 6.8.9.1参照。

12)　藤井敏彦『ヨーロッパのCSRと日本のCSR』（日科技連出版社，2005）40頁，藤井=新谷・前掲注6）5頁。

13)　後掲注27）参照。

2 社会的責任の事業への統合という視点
──CSRの定義の動向と社会貢献活動の位置

(1) CSRの定義の動向

　まず，ヨーロッパにおけるCSRの定義をみる。2004年の企業の社会的責任に関する欧州多数利害関係者フォーラム最終報告書[14]は，「CSRとは，法的要請や契約上の義務を超えて，環境面および社会面での考慮を自主的に業務に統合することである。CSRは法律上，契約上の要請以上のことを行うことであるから，これらに置き代わるものでも，また，これらを避けるためのものでもない」と定義した[15]。その後，2011年に公表された前述のEU・新CSR戦略では，CSRを「企業の社会への影響に対する責任（the responsibility of enterprises for their impacts on society）」であるとして，新たな定義づけをしている。法律や契約の尊重はその責任を満たすための前提条件と位置づけられている。そして，企業は，自社の社会的責任を完全に満たすために，社会，環境，倫理，人権および消費者の関心事を，ステークホルダーとの緊密な連携のもとに，事業運営および中核的戦略に組み込むプロセスを整備すべきであり，その際の目的は，所有者（株主）およびその他のステークホルダー，ならびに社会全体に対する「共通価値の創造（creation of shared value：CSV）」[16]の最大化と，ありうる負の影響を突き止め，回避，緩和することであるとする[17]。その定義は，CSRが社会，環境等への負の影響を最少にし，正の影響を最大化することを目指すものであり，また，中核的な事業目的や戦略に関わることを明らかにしている。CSRが事業活動と社会に同時に利益をもたらしうるものであるという立場に立つことも，明瞭にみてとれる[18]。

---

14) European Multi-Stakeholder Forum on CSR: Final results and recommendation, 29 June 2004.

15) 邦訳につき，松本＝杉浦・前掲注10) ⅲ頁を参照。

16) CSVは，マイケル・E・ポーターが2011年1月に提唱した概念であり（Michael E. Porter and Mark R. Kramer, *Creating Shared Value*, Harvard Business Review Jan/Feb 2011, 62-77.），欧州委員会がそれを反映させたことは，注目されている。

17) EU・新CSR戦略3.1.その後EUは2014年期限の新CSR戦略を更新せず，CSRの定義の見直しもなされていない。これは，CSR政策をSDGs政策のなかで実現する方向に舵を取ったことを意味するとされる。藤井敏彦『サステナビリティ・ミックス―CSR, ESG, SDGs, タクソノミー，次に来るもの―』（日科技連出版社，2019）18頁。

8 ◆ 第1篇　CSR・ESGと会社法──総論的検討

　このような事業への統合という視点は，ヨーロッパ以外でも広がりを見せている。たとえばISO 26000におけるCSRの定義をみると，法令遵守（コンプライアンス）の扱いにおける相違点もあるが，事業への統合という視点は，やはり本質的な要素を構成している。すなわち，ISO 26000は，持続的発展（環境に限定されない），ステークホルダーの配慮，法令遵守，組織活動への統合の4つをキーワードとして[19]，CSRを以下のように定義している（ISO 26000 2.18）：
　「組織の決定及び活動（本定義による注記：活動は，製品，サービス及びプロセスを含む）が社会及び環境に及ぼす影響に対して，次のような透明かつ倫理的な行動を通じて組織が担う責任。
－健康及び社会の繁栄を含む持続可能な開発への貢献
－ステークホルダーの期待への配慮
－関連法令の遵守及び国際行動規範の尊重
－組織全体で取り入れられ，組織の関係のなかで実践される行動」
　上記の定義において，「組織全体で取り入れられ，組織の関係のなかで実践される行動」が組織活動への統合を表していることは，いうまでもない。なお，その後段で「組織の関係のなかで実践される行動」とされており，これは，サプライチェーンにある取引先をはじめ，影響力の範囲の関係者に対しても，社会的責任を果たすように求めることが必要であることを意味する[20]。このISO 26000の発行に合わせる形で日本経団連の企業行動憲章・実行の手引きの改定が行われたことは前述したが，事業への統合という概念については，実行の手引き（第6版）第1章の「背景」の改定において，事業活動を通じたCSRの重要性の高まりに配慮した記載がされている。

---

18)　ボーゲルは，このような立場について，企業の社会的責任は利益を上げることにある──経営者は株主に還元すべき資金をより広範な社会的利益のために支出する権限を有せず，配当として還元された資金の使い道は，本来株主個人の選択に委ねられるべきものである──とのミルトン・フリードマンの立場（Milton Friedman, *The Social Responsibility of Business Is to Increase Its Profit*, New York Times Magazine, 13 Sep. 1970.）を暗黙裡に受け入れ，そのうえで，それに一ひねり加え，企業がその責任を果たすためには，今や社会的に責任のある行動をしなければならないとするものとも捉えられるとしている。ボーゲル・前掲注1）48頁。

19)　松本恒雄「CSRの潮流とこれからの企業行動」月刊世界の労働60巻11号（2010）2頁，4頁。

20)　松本・前掲注19）4頁，関・前掲注4）57頁。なお，「関係」とは組織の「影響力の範囲（ISO 26000 2.19参照）」内の活動を指すと，同定義に注記されている。

⑵ 社会的責任の事業への統合とは

⑴では，CSRの定義において，事業への統合という概念が，ヨーロッパにとどまらず広まってきていることをみた。この概念と社会貢献活動との違いは明らかであろう。後者が業務と切り離された形の貢献であるのに対し，前者は業務に社会問題や環境問題の解決方法を統合する——したがって，従来の事業や仕事のやり方を変更することを伴う——形での貢献である。その意味で，社会的責任の事業への統合は，「本業を通じたCSR」と言い換えられることもある。しかし，この概念の理解には，社会貢献活動との違い以外に，通常の事業活動の結果としてもたらされる社会的有用性との区別の必要性も指摘されている[21]。

さて，企業は，商品の生産と流通，サービスの提供の大半を担い，また雇用，稼得した利益の各方面への分配（納税，借入金や社債等に対する利子の支払い，株主に対する剰余金配当），投資等を行う。これらは，社会における企業の機能として指摘される諸点である[22]。そして，企業が利益を上げるために行うさまざまな組織的努力および技術革新は，社会全体の資源配分を効率的なものにする。生産性が向上すると，余剰資源を他の用途に振り向けることもできる。企業の事業活動は，これらの積み重ねを通じて，社会に正の影響をもたらす。しかし，それらがいかに社会的に有用であっても，その社会的有用性の多くは，通常の事業活動の結果としてもたらされたものである。それらをもCSRで語るとすると，CSRをことさら論じる意味は希薄なものとなろう[23]。

そのような問題意識の下では，社会的責任が統合された事業活動に該当する例として，次のような場合があるとされる。まず，企業活動が社会に与える負の影響を削減ないし是正しようとするとき，そのような自主的で意識的な取組みは，CSRの領域にほぼ重なる。また，企業が事業活動や製品・サービスに，公共政策的要請に応えるための要素を織り込みつつ，かつ商業合理性を失わない形で事業を進行し，製品・サービスを提供する場合も「統合」の要請に適う[24]。

ただし，CSRの実践と通常の企業決定との線引きは，必ずしも容易な場合ば

---

21) 藤井＝新谷・前掲注6) 9頁以下。
22) 竹内・前掲注1) 48～61頁，351～352頁。
23) 社会的責任への意識的な取組みを進展させるという着想は，ISO 26000でも述べられている（ISO 26000 3.3.1および3.3.4参照）。

かりではない。特にⅢで検討する環境面での取組みについては，そのような場合が多いとされる。環境に対する取組みに関わる改善の多くは，後述するように，コストの削減や新市場の創出につながる可能性も有しており[25]，その場合，当然の企業慣行を意味するとの評価もできるためである[26]。このように，企業がCSRの名の下で行っていることのなかにも，CSRに関わる新たなイニシアティブとはいえないものもありうることには，留意を要する。

(3)　社会貢献活動の位置

　上記のような意味での事業への統合という視点が重要になっているCSRの近年の動向の下で，寄付等，業務と切り離された形での貢献である社会貢献活動の位置づけが問題になりうる。ISO 26000の作業部会では，国際NGOの一部から，社会貢献に一切言及すべきでないとの主張がなされたとのことである[27]。

　しかし，社会貢献活動をCSRから排除するまでの必要はないと思われる。寄付やボランティアは，社会にプラスの影響を与えることができる。そして，それがもたらす社会への正の影響は，公共政策的課題の解決に向けての取組みの拡大に主眼を置く立場であっても，通常の事業活動が結果的にもたらす正の影響と異なり，CSRの範疇の外に置く必要はないと思われる。ISO 26000も，コミュニティへの参画およびコミュニティの発展の課題として，社会的投資[28]を取り上げる箇所で，「社会的投資は，慈善活動……を排除するものではない」（ISO 26000 6.8.9.1）としている。

　ただし，社会貢献活動をCSRの範疇に含めることは否定されるべきでないとしても，社会貢献活動的アプローチの限界や留意点を認識しておくことは重要である。ISO 26000もただし書を付し，組織は慈善活動を，その組織への社会的責任の統合に代わるものとして利用すべきでないとしている（ISO 26000

---

24)　藤井＝新谷・前掲注6）18〜22頁。一例として，再生材料の使用やリサイクル設計について，そのような環境要素はコスト増につながることが多く，その一方で消費者が敏感に反応することはあまりないが，しかしそれでも再生材料を使うように設計されたとすれば，それはCSRの統合の要請に適うとされている。

25)　この点で，途上国の下請け業者に関する労働条件の変更とは異なる。労働条件の変更は，通常，コストの押し上げとなり，追加的な市場の創出につながることは稀である。

26)　ボーゲル・前掲注1）206頁。

27)　関・前掲注4）113頁。

28)　コミュニティの生活の社会的側面を改善するためのイニシアティブおよびプログラムに自らの資源を投資するとき，それを社会的投資と呼ぶ。

3.3.4)。

　社会貢献活動的アプローチの限界として，継続性の欠如が大きな問題として挙げられる。この関係で，善意の寄付で最貧国につくられた学校のなかには運営費の不足のため行き詰まり，数年で機能を停止するケースも少なくないことが例示される[29]。また，寄付等は，会社の事業活動の生む利益に依存することにならざるをえないことにも留意が必要である。このような社会貢献活動的アプローチの限界に照らして，事業への統合という視点は，事業とともに公共政策課題の解決が反復されることに大きな意義を見出すものと考えられる。その他，慈善活動を含めるべきでないとの主張が問題にする点としては，それをもって社会的責任を十分果たしていると考える企業が少なくないことも挙げられる。特に事業活動によって社会に与える負の影響への対処を放置しつつ，関係のない分野でなされる慈善活動に対しては，厳しい批判の目が向けられる[30]。上記のように社会貢献をもって社会的責任の統合に完全に代替できないとされているのは，このような社会貢献活動的アプローチの留意事項を踏まえるものと考えられる。

3　CSR実践と会社法
——会社法はCSRの制約とならないか

　CSRについて，それに従事することにはビジネスのうえで相当の理由（ビジネス・ケース）が存在し，会社の収益ないし競争力にも寄与するということを前面に出して，正当化しようとする主張がしばしばみられる。前述したEU・新CSR戦略は，その典型である。しかし，CSRと企業の収益・競争力との関係は単純ではなく，会社の利益と社会的責任とが矛盾対立する場合が存在することも否定できない[31]。特に，CSRの定義との関係でみたように，社会に正の影響をもたらすが，市場の競争を通じて自ずと誘発される行動とは区別されるものとしてCSRを捉えるときは，一層そのようにいえそうである。

　CSRは，会社が自発的に取り組む事項であることが基本であるところ，会社や株主の利益最大化にはならないとしても，CSRの考慮を事業活動に組み込み，

---

29)　藤井=新谷・前掲注6）10頁。公共政策課題の大半は一時の善意で解決されるものではないことを示すものである。
30)　関・前掲注4）115〜116頁。
31)　神作・前掲注1）202頁。

またはその他の社会貢献活動をしようとすることも考えられる。そのような決定をする場合に，会社法がその制約になることはあるだろうか。

　取締役等が社会的責任に配慮して上記のような行為をする場合，それは原則として経営判断の問題であり，通常は，善管注意義務・忠実義務違反を生じないとされる[32]。この関係で，わが国で法的議論の対象とされることが多かったのは，株式会社の行う寄付についてであった。最高裁は，株式会社のなす寄付が社会通念上期待・要請されるものである限り，社会を構成する実在としてこれにこたえることは当然なしうるところであるといわなければならず，その金額が会社の規模，経営実績，相手方等を考慮し合理的な範囲のものである限り，取締役の義務違反による責任が否定される旨を述べている（最大判昭和45・6・24民集24巻6号625頁）。これは，政治献金という特殊な寄付に関してなされたものであるが，寄付一般を通じて適用される法理と解される[33]。その裁量の幅は広く，事業経営上の効果（信用・評判の維持向上等）を度外視して，社会的配慮に基づく寄付その他の会社の資源利用行為を目立たない形でなすことも否定されないとみる見解が支配的である。教育事業や慈善事業等は多様に行われることが望ましいという観点が，そのような見解を支えるものとして重要であると思われる[34]。もちろん，取締役等は他人の金を扱うのであるから，上記判例もいうように，そのような支出は合理的な範囲内にとどまらなければならない[35]。

　次に，事業に統合する形でCSRを実践する場合を考える。CSRの事業への統合は，会社が利益を得る方法に関わる事項であり，経営者の本業に対する場合と同様の基準で善管注意義務が適用されることになると解されている[36]。ただ，その場合も，以下にみるように，その裁量の幅は広いと考えられる。

32）　江頭憲治郎編『会社法コンメンタール(1)』（商事法務，2008）87〜88頁〔江頭〕。また，近藤光男「最近の株主代表訴訟をめぐる動向〔下〕」商事1929号（2011）44〜45頁。

33）　江頭憲治郎『株式会社法〔第4版〕』（有斐閣，2011）21頁，23頁（同・第9版〔2024〕24頁，27頁注6）。

34）　龍田節「会社の目的と行為」証券取引法研究会国際部会訳編『コーポレート・ガバナンス——アメリカ法律協会「コーポレート・ガバナンスの原理：分析と勧告」の研究』（日本証券経済研究所，1994）113〜114頁，江頭・前掲注33）23頁（同・第9版27頁注6）参照。そのような支出を認めないとすれば，学術その他地味な各分野は置き去りにされ，それは多様な展開が望ましいという考え方に沿わない。

35）　合理的な枠内の制約の他の観点からの説明につき，龍田・前掲注34）114頁。

36）　神作・前掲注1）206頁。

会社経営者は，株主価値の最大化を行動原理としなければならないとされるのが通常である[37]。しかし，まず，その場合に株主価値の最大化といっても，それは必ずしも目先の利益を優先させるべきというものではなく，長期的な利益であると解される。まして，「あらゆる取引から会社が1ペニーでも多くの利益を引き出さなければならない」といったことを意味するものでもない[38]。会社が自己の事業活動の環境や社会への負の影響を考慮し，事業活動や製品・サービスにおいてその負の部分を小さくするための決定を自主的になすことは，企業活動の社会的影響の大きさに照らし，現在では広く認められるものと思われる。そして，そのような決定は，たとえ短期的にコストを伴うとしても，評判の毀損とそれによる市場占有率の減少という潜在的コストを最小にすることに資する等として，長期的利益に還元される場合が少なくないと考えられる。この関係で，リスク管理は，CSR活動に関わる企業のためのビジネス・ケースの強力な一部分になるともいわれている[39]。長期的利益に関して持ちだされるCSRの利点については，環境面の取組みとの関係においてであるが，Ⅲでより詳しく述べる。なお，そのような活動のなかには，長期的利益の計測が困難であるものも少なくないが，それを特定できないからといって，善管注意義務を尽くしたことの妨げにならないであろう[40]。以上に対し，たとえ長期的な利益で説明できない場合であっても，少なくとも，寄付の場合より裁量の幅が狭いことはないと考えられる。営業推進のためだけにするものではない慈善事業等への寄付を認めることは，CSRの事業への統合を間接に認めるものといえる。一方でそういう寄付をしてよいとしながら，他方で事業活動にCSRの配慮を組み込んではならないというのは，理屈の立たないことであるし[41]，また寄付に

---

37)　落合誠一「企業法の目的──株主利益最大化原則の検討」岩村正彦ほか編『現代の法7　企業と法』（岩波書店，1998）23頁。
38)　龍田・前掲注34）102頁，103頁。
39)　なお，神作・前掲注1）206頁では，「CSRについての対応を誤るとき，企業の評判が下がりブランド価値が大幅に毀損することもある。会社としては，少なくとも当該会社の存立に重大な影響を与え得る性質の当該会社に固有の『社会的責任』については，内部統制システム・リスク管理体制を通じて組織的に対応する必要がある」と述べられる。これは，ここで論じている，法的に「そうできるか」という観点ではなく，「そうしなければならない」という観点から論じなければならない場合もあることを示唆している。
40)　龍田・前掲注34）103頁は，アメリカ法の下での議論であるが，企業の評判，従業員の士気と帰属意識，および政府規制への対応を例示しつつ，そのように指摘する。
41)　この関係で，龍田・前掲注34）109頁も参照。

関して，その支出の合理性の判断において，支出額が大きいほど，支出目的と会社事業とのつながりが強くなければならないとの考え方もみられるところ[42]，それは，事業に統合する形でのCSRの実践の裁量をより広くする可能性を示唆するともいえるからである。

　CSRにつき会社法がなしうることは，主にそれを果たしやすいように基盤整備を図ることにあると指摘されることがある[43]。取締役等の善管注意義務・忠実義務違反の法的リスクの緩和もその一環を成し，間接的にCSRを促進することに資すると考えられる。上記分析は，かかる法的障害の除去ないし緩和という側面に着眼して，若干の考察を行ったものである。そのような視点での法制面での取組みとしては，いずれも取締役は株主利益を優先して行動すべきという伝統的な考えに立脚するものであるが，株主利益を向上させるために，取締役に従業員の利益やその他より広範な利益を考慮することを義務づけるもの[44]，またはそのように行動することが法的に許されうることを明確にするもの[45]等も存在している。わが国でも，上記のようにみると，取締役等に認められる裁量の点でCSR実践の妨げになることは，あまり考えられないであろう。もちろん，広い裁量が認められるといっても，恣意的・独善的な企業行動まで適法とするものではない。CSRに関する国際的な規格等の進展は，そのような行動を抑える点でも，一定の意義が認められるように思われる。なお，上記の基盤整備に関しては，情報開示等も重要であるが，それについては，Ⅲ，Ⅳでの検討との関係で言及する。

---

42)　龍田・前掲注34) 114頁。

43)　竹内・前掲注1) 72頁以下。

44)　英国2006年会社法172条1項。なお，同規定は従前の法に実質的な変更をもたらすものでないとの評価もみられる。たとえば，Elaine Lynch, *Section 172: A ground-breaking reform of directors'duties, or the Emperor's New Clothes?*, 33 The Company Lawyer, 196 (2012). 同規定が挙げるステークホルダーはエンフォースの手段を欠くこと等に基づく。同規定について，後掲注73) も参照。

45)　たとえば，アメリカ法律家協会「コーポレート・ガバナンス原理」では，会社の目的は会社の利潤および株主の利益の増進にあることを前提にしつつも，道徳律や慈善目的等にかなった行動は，たといそのために利潤が犠牲にされるときでも許されるとされる（American Law Institute, Principles of Corporate Governance, 2.01(a)(b)）。なお，道徳律や慈善目的等に配慮してよいことを定めるだけで，それにどの程度のウェイトを置くべきかは，注意義務および経営判断原則の問題になる。

第1章　CSRと会社法　◆　15

Ⅲ　会社と環境問題

1　環境問題とCSRとの結びつき

　環境問題は，人類の存続のために，先進国・発展途上国にとっての共通の課題であるという認識は，広く国際社会に定着してきている[46]。その環境問題を考えるうえで重要なものに，国連に設置された「環境と発展に関する世界委員会：ブルントラント委員会（the World Commission on Environment and Development: the Brundtland Commission）」が1987年に公刊した報告書「我ら共有の未来（Our Common Future）」において示された「持続可能な発展」という概念がある。同報告書は，世界が，人口過剰，歯止めなき資源消費，生息地の破壊，生物多様性の減少，および貧困問題を通じて直面している危険を挙げるとともに，その事態の改善は，経済発展および社会の問題から切り離しては達成されえないであろうとした。貧困に示される経済発展の欠如がそれに特有な環境上の緊張を生み出すとされるのであり，それは，貧しく飢えた人々は，しばしば生き延びるために近隣の環境を破壊すると考えられるためである。その一方，裕福な人の生活水準の向上に合致するように駆り立てられた経済発展は，資源需要や汚染等によって環境に負の影響を与える。社会的，経済的および環境的な目標は，相互に依存しあうのである。「持続可能な発展」は，次世代の人々のニーズを満たす可能性を危険にさらすことなく，現世代のニーズ——貧困層のニーズ（貧困の根絶）も含まれる——を満たすような発展を社会が追求するように促す概念として生み出された。そして，このような持続可能な発展および環境の保護という地球規模の目的実現のために企業に期待される役割も，当然のことながら大きい[47]。その際，企業は環境の改善と悪化両面における影響力を不可避的に有する存在であること（企業活動の二面性）への着眼が重要である。

---

46)　ISO 26000 6.5.1.2は，「環境責任は，人類の存続及び繁栄のための前提条件である」と述べる。

47)　Marcelle Shoop, *Corporate Social Responsibility and The Environment: Our Common Future*, in: Ramon Mullerat (ed.), Corporate Social Responsibility: The Corporate Governance of the 21st Century (Wolters Kluwer, 2011), 177, 178.

ブルントラント委員会の1987年の報告書に至る前の段階も，またその後の国際的な取組みにも，膨大な事象が存在している。たとえば，1960年代および1970年代は，社会運動としての環境主義が世界規模で相当の勢いを得た時期であった[48]。そしてその結果として，世界的に，汚染および廃棄物を統制し，自然資源および野生生物を保護することを企図した数多くの法が制定された。この時期は，環境の悪化への伝統的な「指揮統制」アプローチを通じる対処によって特徴づけられるともされている[49]。

国際的な取組みとしては，まず1972年にストックホルムで「国連人間環境会議（United Nations Conference on the Human Environment)」が開催されている。初めて国連として環境問題全般について取り組んだこの会議では，人間環境宣言が採択され，環境悪化の問題を人類に対する脅威と捉え，国際的に取り組む必要性について合意をみた。また，この会議は，国連環境計画（United Nations Environment Programme：UNEP）を設立する契機となり，そのUNEP特別理事会が1982年に設置したのが，上述のブルントラント委員会である。そして，1987年のブルントラント報告書は，1992年にリオ・デ・ジャネイロで開催された最初の地球サミット，「環境と開発に関する国連会議（United Nations Conference on Environment and Development：UNCED）の触媒の働きをした[50]。この会議において「持続可能な発展」が中心的な考え方とされ，「環境と開発に関するリオ宣言」，「アジェンダ21」に具体化された[51]。リオ宣言では，環境と発展に関する国際的な議論の主要な論点が集約され，その後の国際環境条約や各国の環境政策に大きな影響を有する考え方として，「共通だが差異のある責任」（第七原則）や「予防原則」（第一五原則）等も採択されている。リオ宣言は，アジェンダ21によって支えられる。アジェンダ21は，持続可能な発展を

---

48) レイチェル・カーソン（Rachel Carson）が「沈黙の春（Silent Spring)」を出版したのは，1962年であった。また，地球環境保全のための日として「アースデイ（Earth Day)：4月22日」が誕生したのは1970年であった。なお，この時期には，イギリスや中欧からの酸性雨の飛来が北欧諸国に大きな被害を与えていたことが突き止められ，後述の「国連人間環境会議」の開催の一因となった。石弘之『名作の中の地球環境史』（岩波書店，2011）160〜161頁，ジョン・マコーミック（石弘之＝山口裕司訳）『地球環境運動全史』（岩波書店，1998）108頁〔原著：John McCormick, The Global Environmental Movement (John Wiley & Sons, 1995)〕。

49) Shoop, *supra* note 47, at 179.

50) *Id.* at 180.

51) この会議では，他に森林原則声明が合意されている。

実現するためのグローバルな協力体制のための包括的な行動計画である。その主要な構成要素には，社会的・経済的要素（人口，貧困等），具体的な問題についてのプログラム（大気保全，森林，砂漠化，生物多様性，海洋保護，淡水資源等）のほか，開発資源の保護と管理，この行動を実践する主要グループの役割，および当該行動の実施手段（財源，技術等）がある。本章の関心事との関係で，企業にとっての環境上の責任にとどめるが，そこでは，持続可能性およびより大きな環境責任を果たすために，伝統的な指揮統制アプローチよりもむしろ，事前的な環境マネジメントや自主規制を重視する傾向がみられると指摘される[52]。この地球サミットに関連して，1995年に35か国から170社が集まり，「持続可能な発展のための世界経済人会議（World Business Council for Sustainable Development：WBCSD）」が設立されている。なお，リオ宣言で合意をみた「予防原則」も国際機関と政府に対して示された政策方針であったが，現在では，企業の行動指針としても受け入れられてきている[53]。

　上記の地球サミットの会議の期間中には，環境上重要な意義をもつ「生物多様性条約（Convention on Biological Diversity）」および「気候変動枠組み条約（United Nations Framework Convention on Climate Change：UNFCCC）」の署名もなされている。また，アジェンダ21に基づき，地球サミットのフォローアップのための組織として，「持続可能な開発委員会（UN‐CSD）」が設けられた。その後の取組みについても若干のものを挙げると，2000年には国連ミレニアム・サミットが開催されている。そこで採択された国連ミレニアム宣言（Millennium Declaration）は，前述した主要な国際会議やサミットで合意された国際開発についての目標を包括し，また2015年までに達成すべき具体的かつ測定可能な数値目標（ミレニアム開発目標：MDGs）を定める。MDGsの目標7

---

52)　Shoop, *supra* note *47*, at 183-184. アジェンダ21は，企業の環境責任は「健康，安全および環境面からみて，製品および生産過程について責任のある，かつ倫理的な経営である。この目的に向けて，企業および産業界は，事業計画および意思決定のすべての要素に統合された適切なコード，憲章およびイニシアティブ，ならびに透明性および従業員や公衆との対話の促進を通じて，自主規制を増大すべきである」とする。

53)　たとえば「国連グローバル・コンパクト」原則7。なお，グローバル・コンパクトの目的として，「企業に集団行動を通じて責任ある企業市民として向上することを求め，それによってグローバリゼーションの挑戦に対する解決策の一翼を担うことができる」ことが挙げられ，グローバルに活動する企業のための規範の制定を通じて，企業と協力していくという方向性が示される。ISO 26000でも，民間組織にこの原則の尊重を求める（ISO 26000 6.5.2.1）。

に，環境の持続可能性を確保することが定められており，その目標達成には，企業等民間部門の寄与も織り込まれている[54]。また，地球サミットから10年後の2002年に，ヨハネスブルグにおいて持続可能な開発についてのサミット（ヨハネスブルグ・サミット）が開催された。同会議の目的は，アジェンダ21の実施にかかる進捗状況の吟味等にあり，「持続可能な開発に関するヨハネスブルグ宣言」および「実施計画」が採択された。なお，UN‐CSDは，14年間の作業計画（2003～2017）を通じ実施計画について進捗を吟味するプログラムに乗り出しており，2009年の国連総会の決定に基づき，2012年には，ブラジルで国連の持続可能な開発会議（リオ＋20）が開催されている。

　以上，当初は国際機関や各国政府に対して示された政策方針が企業の行動指針としても受け入れられるようになってきていること，および伝統的な指揮統制アプローチよりもむしろ事前的な環境マネジメントや自主規制を重視する傾向がみられることにも着眼しながら，環境問題への国際的取組みの一端を示してきた。もちろんそのような傾向は，伝統的な「指揮統制」の規制システムの意義を否定することを意味するものではない。法規制は，体系性，公平性，事業活動にとっての平等な場の提供等の点で優れている[55]。しかし，企業の自主的な取組みが重視されてきていることにも，次の点で大きな意味を見出すことができる。まず，企業が，事業を営んでいる地域のいかんにかかわらず，たとえその地域の法によって要求されないとしても，一貫した高い環境基準の実施をなすことを期待しうる[56]。また，法によって取組みを強制することが適切ではない領域も少なくないと考えられる[57]。

---

54)　企業等民間部門は，政府を含む他のステークホルダーと協働すること，技術の提供・普及，雇用機会の創出，その他開発目標を支援するよう機能することにより，当該目標を満たすように寄与しうるとの認識が存在する。Shoop, *supra* note 47, at 181.

55)　神作・前掲注1）212頁。

56)　Shoop, *supra* note 47, at 184. なお，2011年国連人権理事会で承認された「ビジネスと人権に関する国連指導原則」（以下「指導原則」という）は，人権を保護する国家の義務を再確認するとともに，人権を尊重する責任が企業にあると規定し，人権侵害に対する救済手段の設置を国および企業に対して求める。企業の責任は国家の義務とは区別され，企業はどこで事業を展開するにも，国内法の規制の程度に関わらず，国際人権基準を尊重するよう期待されており（指導原則17），これは操業地に適用される法令遵守を超える取組み（以上につき，山田美和「『ビジネスと人権に関する国連指導原則』は企業行動を変えるのか──国家の義務と企業の責任」法時95巻1号〔2023〕39頁参照）として，本文にいう企業の自主的取組みを支える効果をもちえよう。

2 環境責任にとってのビジネス・ケース
──環境面でのCSRの促進要因と障害

　企業の環境に対する取組みは，コストの削減・生産効率向上や新市場の創出にもつながる可能性がある。たとえば，職場において一定の化学物質の使用をやめることや製造工程を変更することは，廃棄物の発生を抑え，その処理費用を相当に減少しうる。エネルギー効率の改善は，エネルギーコストの削減につながる。汚染物質等の排出または放出の回避や管理は，清浄コストを減少させる。また，環境に配慮した新技術や新製品の開発は，新市場の創出につながる可能性がある。さらに，規制を見越して取組みを開始することが，競争上有利になることも考えられる[58]。CSRのなかで環境保護ほど産業界が強い関心をもっている問題はないといわれることもあるが[59]，企業の自主的取組みの継続性にとって，上記のようなビジネス・ケースの成否は，欠かすことのできない観点の1つであると思われる。もっとも，CSRの推進論では，CSRが企業にとって利益となることのみが強調されがちである。ここでは，環境面での取組みに即して，ビジネス・ケースの可能性と限界について，限られた範囲においてではあるが，検討する。

　持続可能な環境に責任を果たすことの企業にとっての利点として，上記のコストの削減等以外にも，さまざまなものが挙げられる。企業の評判，資金調達，および有為な従業員の獲得・士気の向上等である。これらはCSRの取組み一般に共通して挙げられるものであるが，環境実践に即して述べると，評判に関しては，責任をもって環境上の影響を特定し管理することについて評判のよい会社は，新しい地域への進出や現在の事業の拡張に係る承認を得やすくなり，ま

---

57)　藤井＝新谷・前掲注6）5頁。

58)　京都議定書を批准せず，温暖化対策には後ろ向きと見られがちなアメリカで，議会や政府のはるか先を行くような炭素排出削減に関する企業の取組みがみられることについて，生産効率向上のためだけでなく，炭素排出に関する規則をアメリカが採用することへの国際的な圧力の高まりに照らして，かりにそのような規則が実施された場合には，すでに炭素排出規制を開始している企業が排出権取引スキーム等において有利な立場に立ちうることがその推進力になっているとの指摘もなされる。ボーゲル・前掲注1）241頁。

59)　一例として，国際商業会議所（ICC）「持続可能な開発のための事業憲章（Business Charter for Sustainable Development)」では，環境経営の確立を会社の最上位の優先順位に位置づける。ボーゲル・前掲注1）247頁も参照。

20 ◆ 第1篇 CSR・ESGと会社法——総論的検討

た，ボイコット・販売低下を回避できることによって直接的に財務の結果に影響しうると指摘される[60]。資金調達上の便益に関しては，社会的責任投資（SRI）のほか，金融機関が環境・社会への影響のリスクを評価・管理する傾向を強めてきていること[61]等が指摘される。

環境面での取組みの企業にとっての利点として挙げられるもののいくつかを以上に示したが，そのうちコスト削減のような場合には，その取組みは，しばしばCSRとはいわれているものの，当然の企業慣行を意味するにすぎないとの，Ⅱ2⑵で述べた指摘が妥当しやすい場合であると思われる。なお，そのような取組みも，「低いところにぶら下がっている果物」（実行が容易なこと）が取り尽くされた場合には，採算が合わなくなる可能性がある[62]。

環境上責任のある行動が，目先の収益ではなく長期的な成果として現れる事項である場合や，企業への利点の抽象度が高い場合，短期的な収益への圧力が存在し，またCSR向けに支出できる経営資源に重要な制約がある経営環境の下では，一定の緊張関係を生み出しうる。責任をもって製造された製品への消費者の需要，消費者の不買運動の実行やその怖れ，企業の評判に対するNGOや社会的責任投資家からの圧力等のCSRの推進力とされる諸要素は，そのような場合においても有効であろうか。

まず，上記の推進力との関係で，一般的には，顧客，従業員，投資家を引きつけて囲い込む戦略の一環にCSRを取り入れている企業や，活動家に標的にされてきたグローバル企業において，責任のある行動は採算が合う傾向が高い。しかし，そのいずれの範疇にも入らない企業が大多数であることも事実である[63]。そして，かりに責任のある取組みによって成功している企業があるとしても，他の企業が同様の責任を果たしたからといって，収益が増加するとは限

---

60) Shoop, *supra* note *47*, at 185.
61) 金融業界独自の行動原則として「赤道原則（Equator Principles)」が設定されており，プロジェクトファイナンス案件において，その基準に沿った環境・社会への配慮が行われるようにプロジェクト実施者と協議し，基準を遵守しない案件への融資は行わないとされている。赤道原則の有効性に関する研究として，Jennifer Pollex, Right on Course or Stranded?: An Analysis of the Equator Principles'Effectiveness (Nomos, 2012). なお，2023年3月末現在，38か国138の金融機関が同原則を採択している。「赤道原則への取り組み」〈https://www.nissay.co.jp/kaisha/otsutaeshitai/shisan_unyou/esg/equatar_principles/index.html〉（最終閲覧日：2024年7月17日)。
62) ボーゲル・前掲注1）232頁，304頁。
63) ボーゲル・前掲注1）26頁。

らない。責任を果たしている企業がそれにより利益を獲得している市場は限られているので，利益が逓減する可能性があるし，また全企業が責任のある活動をすれば，競業他社との差別化により得ていた利益は，少なくともその一部は消滅する[64]。

　また，CSRの推進力として挙げられる個々の要素ごとにその有効性や影響力をみた場合も，それぞれに制約要因が存在している。CSRを重視する消費者市場の影響力については，そのような市場が成長してきていることは事実であるが，価格よりもCSRを重視する消費者の規模は，安全性の問題を除き，小さいともみられる。消費する商品に関わる環境上の外部性を進んで内部化しようとする消費者の規模が小さいことは，企業の環境に対する業績の自主的改善についての重要な制約要因となる[65]。

　消費者の不買運動や企業の評判に対するNGOの圧力については，かかる活動の対象は限られており，必然的に一貫性を欠いた影響力の行使になる。その影響力の行使が功を奏して他のブランドが消費者に選択されることになっても，その選択された他のブランドの詳細が吟味されていない場合も考えられ，CSRの観点からより良い結果になるとは限らない。また，企業の評判にとってCSRはその一部を構成するにすぎないとともに，評判の重要性も企業や業種ごとに異なる。多面的なCSR課題について，常に首尾一貫した行動を期待しうるわけでもない。さらに，CSRに関する良い評判には，逆に標的にされる可能性を高めるというマイナスの面も指摘される。その他，NGOや消費者の圧力には根拠薄弱な懸念に左右されるものもみられ，それらに対応してなされた決定のなかには，かえって環境破壊の程度を増やす結果になった事例も知られている[66]。

　投資家の圧力の影響力についても，本章が対象とする時期においては，たとえばCSR報告の信頼性には，報告書の質と包括性におけるばらつき，監査を受けている非財務報告書は必ずしも多くはないこと，報告書は徐々に長くなり，報告書の有用性を低下させる一因になっていること等の克服すべき問題が残さ

---

64) ボーゲル・前掲注1) 62頁。
65) 消費者の責任ある行動の重要性に着眼されてきていることは，この制約要因の反映であろう。
66) ボーゲル・前掲注1) 9～10頁。

れているとされ[67]．また，SRIの規模は過大視されていないか，SRIファンドは評価の対象となる会社の実践をどの程度綿密に調査しているかといった問題も存した。

　以上のほか，環境に責任のある行動は複雑かつ多元的であり，そのことが問題を難しくしていることも，さまざまに指摘されてきている。ある理念の社会的認知度の差異が，企業の対応の差異となって現れることは，その一例である[68]。

　CSRは割に合うという考え方は魅力的であり，そのようなことが妥当するケースもあると考えられるが，上記の検討は，より責任ある行動をとることがすべての企業にとって利益になるほど，「美徳の市場」の規模は大きいものとはいえないことを示している。また，CSRを推進する諸要因についても，検討したようなさまざまな制約から，個別的で，一貫性を欠く対応にとどまらざるをえないという評価が少なくない。以下では，これらを踏まえて，会社等の組織がCSRの問題に注意を払う方向への市場の圧力を支援し，強化することを模索するさまざまな動きについて述べていく。

3　環境関係CSRの実践を支援・促進する方策の進展

(1)　社会的責任の基準：任意の原則，ガイドライン等

　企業におけるCSRの取組みは，その成果が期待される会社行動や組織内部での枠組みを明らかにする規範を策定し，それを実施するという形をとることが多い。規範の策定や中核的価値の設定は最終的には各企業の決定に委ねられるが，その関係で注目されることとして，社会的および環境的パフォーマンスを改善する方向に会社行動を導くことを企図した任意の原則，ガイドライン等の発展を挙げることができる。すでに言及した国連グローバル・コンパクト，OECD「多国籍企業ガイドライン」，ISO 26000規格，ICC「持続可能な開発のための事業憲章」のほか，環境に責任を持つ経済のための連合（Coalition for

---

67)　ボーゲル・前掲注1) 129頁は，企業の社会・環境に関する業績の測定・監査の困難さ，殊にこの面の業績を企業相互間で比較することの困難さを指摘する。この関係では，Charlotte Villiers, Corporate Reporting and Company Law (Cambridge University Press, 2006), 6, 228-229も参照。

68)　藤井＝新谷・前掲注6) 161頁参照。その他，「フード・マイル（food miles)」とフェアトレード購入を通じての発展途上国の支援との矛盾対立等，CSRの取組みが相互に矛盾を来たす例につき，野田・前掲注9) 369頁〔本書69頁〕。

Environmentally Responsible Economies：CERES）の原則等は，国際的に広く受け入れられている。そして，企業はこれらの任意の原則等を重視する傾向があり，それらの１つまたは複数への支持を宣言することによって，そのコミットメントを表すことも多いとされる[69]。もっとも，それらの原則等により示された環境面のすべての課題があらゆる企業と関連性をもつわけではなく，各企業は，上記のような任意の原則等に影響を受けるとしても，当該企業の状況に適合した取組みを選択的に行うことが期待されている[70]。

(2)　開示およびステークホルダーとの関係構築，環境面でのリスク管理等

CSRの取組みについて，その透明性を高め，責任ある企業行動のインセンティブを生み出す等を企図する規制は，CSRを間接的に促進する補完的規制と位置づけられる。CSRの推進について，法または政府等が一定の役割を果たすとすれば，それはこのような間接的，後方支援的役割が中心になる[71]。まず，開示の手段を通じた間接的な規制をみる[72]。

社会的および環境的な業績に関する報告の歴史は比較的浅く，本章が対象とする時期についてみると，その枠組みの多くは自発的であるが，強制的な報告要求も増えてきていた。イギリスの2006年会社法はそのよく知られた立法例であり，上場会社は，取締役報告書の記載事項の定めにより，会社事業の発展・成果や状況の理解に必要な限りで，会社事業の環境に与えるインパクトを含む環境事項，会社従業員，および会社・地域問題に関する情報および会社の事業にとって重要な契約その他の協定を結んでいる関係者の情報について，必要な範囲で開示しなければならない[73]。わが国では，2005年４月から施行されてい

---

69)　Shoop, *supra* note *47*, at 187, EU・新CSR戦略3.4等。たとえば国連グローバル・コンパクトには，2021年の時点で約160か国，17,500を超える企業・団体が署名しており，また，やや古いが，Moratis and Cochius, *supra* note *1*, at 68によると，世界の多国籍企業のうち約40％が自らのコミットメントの基礎としてOECDのガイドラインを用いている。

70)　EU・新CSR戦略3.4。どの課題が当該企業にとって重要な課題になるかを特定するという課題につき，たとえばISO 26000 5.1参照（持続可能な発展への影響およびステークホルダーへの影響の２つの観点が重要）。

71)　EU・新CSR戦略3.4は，CSRの発展は企業の自主的取組みによるべきとしつつ，公的規制機関はこのような役割を果たすべきであるとする。

72)　開示要求には投資家に対するものもあるが（野田・前掲注９）372頁〔本書71頁〕参照），ここでは，企業に向けた開示要求に限る。なお，この面での進展が近年著しいこと，およびその進展の具体例につき，本書第２篇第２章Ⅱ参照。

73)　2006年英国会社法417条５項(b)(c)。この開示要求は，取締役は株主利益を優先して行動

る「環境情報の提供の促進等による特定事業者等の環境に配慮した事業活動の促進に関する法律」が，大企業者（中小企業者以外の事業者をいい，特定事業者を除く）は環境報告書の公表に努めるものとすると規定する（11条1項。なお9条〔特定事業者に対し環境報告書の作成と公表の義務づけ〕）。

　規制上の報告要求以前から，環境に関する業績の詳細を公衆に自発的に報告することへの関心も高まっており，それを受けて，報告書作成のための基準の整備も1990年代以降進展した。1997年に設立されたGRI（Global Reporting Initiative）が2000年に公表した「持続可能性報告書ガイドライン」（以下，「GRIガイドライン」という）は，その代表的なものの1つであり[74]，「組織の社会面，環境面，および経済面のパフォーマンスについて報告することのための一般に受け入れられた枠組み」として役立つことが企図されていた[75]。なお，GRIは，2016年にはそれまでのGRIガイドラインに代え，GRIスタンダードを公表している[76]。

　ところで，透明性の要請にこたえ，説明義務を果たすことには，ステークホルダー（株主，従業員，供給者，顧客，規制担当者，地方共同体および近隣の居住者等）と情報を共有し，その声に耳を傾けることが含まれ，そこに大きな意義があるといわれる。上記GRIガイドラインでも，組織がステークホルダーを特定し，ステークホルダーの合理的な期待および利益にいかに対応したかを説明

すべきとの伝統的な考え方に立脚しつつも，株主利益を向上させるためには，従業員の利益その他より広範な利益を考慮しなければならないとするアプローチ（「包括主義的（inclusive）アプローチ」と呼ばれる）を基礎として規定された同法172条の取締役の義務の履行を適切に評価することに資する規定であり，CSRにおける「ビジネス・ケース」を受け入れるものでもある。野田・前掲注9）373〜376頁〔本書72〜75頁〕参照。なお，EU計算指令は，企業に環境および従業員に関する情報を事業報告において開示することを要求した（EU Accounting Modernisation Directive 2003/51/EC, OJL 178, 17.7.2003, 16-22, Article 1 paragraph 14. 構成国はすべて，中小規模の会社にはこの要求の免除を選択）。

74)　その他，CERESの環境原則，AccountAbility AA1000シリーズ，環境省の「環境報告書ガイドライン」等。

75)　Sustainability Reporting Guideline, Version 3.0を参照している。

76)　GRIは2021年10月に共通スタンダードの改訂版，2022年10月にその日本語版を公表している。北川哲雄編著『サステナビリティ情報開示ハンドブック』（日本経済新聞出版，2023）25頁，日本取引所グループ「ESG情報開示枠組みの紹介——GRIスタンダード」〈https://www.jpx.co.jp/corporate/sustainability/esgknowledgehub/disclosure-framework/05.html〉（最終閲覧日：2024年7月18日）等を参照。

することが要求されている[77]。

　また，財務面，社会面，および環境面のパフォーマンスについての統合された報告への強制的な要求は，会社がどのようにリスク管理をしているかを開示することに結びつけられる。そのような意味で，開示要求には，会社経営者に対し，開示の過程で集約された情報を利用してCSRに係るリスク管理体制を整備し，CSRにかかる意思決定をすることを促す効果も期待されている[78]。

　リスク管理へのアプローチに関し，環境面でのCSRに特徴的な着眼点としては，①現在進行中，または検討中の企業の行動がもたらしうる人間の健康または環境へのリスクを評価し管理すること，および，②より広く，環境問題と結びついた企業リスクを評価し管理すること，の2つがあるとされる[79]。①の着眼点との関係で，検討中または進行中の活動やプロジェクト等の潜在的な環境および人間の健康への影響を突き止め，評価することには，基準となる環境条件および特定の活動または組織の影響の範囲についての理解が必要になる。②の着眼点，すなわち，より広く環境問題と結びついた企業リスクもまた管理する全般的なリスク管理は，①の着眼点からのリスク管理システムを実施することを構成要素として含むとともに，それ自体，「企業リスク管理（enterprise risk management：ERM）」として言及されることのある，より広範なリスク管理に包摂される。ERMは，その企業全体に渡り，保険でカバーできる，またはできないリスクを突き止め，測定し，優先順位を定め，そして管理するというシステム的な過程を指すものである[80]。気候変動が企業にもたらしうる潜在的なリスクおよびインパクトは，そのようなリスク管理の重要な焦点になっており，たとえば，2010年1月にアメリカの証券取引委員会（SEC）は，気候に関する事業リスクを開示することについて会社に指示するガイダンスを承認している[81]。その場合を例にとると，その考えられるリスクとして，政策変更か

---

77)　Shoop, *supra* note *47*, at 192.

78)　神作・前掲注1）208頁。

79)　Shoop, *supra* note *47*, at 194.

80)　*Id.* at 195.

81)　当該ガイダンスは新たな法的義務を生み出すものではなく，その狙いは当時の連邦証券諸法および諸規制のもとで開示文書を用意する際，気候変動の会社への影響を考慮すべき責務につき会社に注意を喚起することにある。Securities and Exchange Commission Guidance Regarding Disclosure Related to Climate Change: Final Rule, 75 F.R. 6290 at 6297（8 Feb. 2010）.

ら生じるかもしれない財務上の効果の程度，温室効果ガス排出と関連づけられた税，燃料・エネルギー価格の高騰，消費傾向の変化，評判への影響および機会の喪失等を，気候条件の変化による事業運営や市場への影響とともに評価，分析し（石油会社，自動車製造業者または石炭産出業者のような一定の企業では，それらの製品のライフサイクルの各段階のインパクトと結びついた当該事業への長期のリスクも評価），それを通じて資産および資源を保護するとともに，ビジネスチャンスを見出し，価値を実現することに役立てることが考えられる。かかるリスク管理は，長期的な株主価値の確保のための事業上の意思決定とも密接に関連する[82]。

(3) その他

開示要求以外の手法として，ここでは「持続可能な消費（sustainable consumption)」という概念および調達条件にCSRを採用することを通じての責任ある事業行動の伝播を採り上げる。いずれも，環境面での企業の取組みが報われるようにするという視点を含む。

持続可能な消費とは，持続可能な発展に即した速度で，製品および資源を消費することをいい（ISO 26000 6.7.5.1)，環境と開発に関するリオ宣言8でも提起されている。特に，それが単に政府の政策や企業の努力だけでなく，選択および購買に際しての消費者の責任ある行動の重要性にも着眼する点で注目される（ISO 26000 6.7.5.1)。割高な価格を支払う必要のほか，認識の不足や情報に基づいた選択をするのに必要な情報への容易なアクセスの欠如等，障害も少なくないが[83]，消費者がより持続可能な選択をなすことを支援する企業の例がみられ，また消費者団体による消費者自らの責任についての啓発普及活動等もみられるようになっている。

次に，後者の取組みに関して，企業（とくに大企業）においては，自ら採用したCSRの行動規範（労働条件や環境保護等に関する基準および方針）を自らの子会社に及ぼすだけでなく，調達条件にそれらを含めることにより外部の納入業者等にも及ぼすことが行われ，また国や地方政府等においても，その調達契約においてCSRに関する義務を定めること（グリーン調達：環境負荷の低減に資する製品・サービスの調達）が行われている。大企業におけるサプライチェー

---

82) Shoop, *supra* note *47*, at 196. また，前掲注39）参照。
83) EU・新CSR戦略4.4.1.

ン・マネジメントは，当初は衣料品産業や農業等の分野において，労働条件や人権対応等に関し必要性が認識されたが[84]，その後，供給業者の環境パフォーマンスも強調されるようになっている[85]。

調達条件に一定の環境基準への合致を含めることは，サプライチェーンへの影響力行使として，「契約」という手法を活用するものといえる[86]。ただし，「契約」といっても，契約上の義務や方針は大筋で定められ，その後にサプライチェーンの中枢企業による納入業者等への非公式の説明や監査を伴うという仕組みが採られることが多く，また，条件の不遵守が直ちに取引関係の断絶や法的手続き等といった制裁に結びつけられるのではなく，対話や支援を通じ時間をかけて納入業者等に遵守させるようにする手法が通常用いられる。サプライチェーンの中枢企業と納入業者等との協調の意義が重視されているのであり，納入業者等にも，問題の解決・改善方法等についての助言や手助けを受けられるといった便益が認められる[87]。

CSR推進のすそ野を広げ，途上国や中小企業にまで取組みを浸透させるうえで，このような取組みの意義は大きいと思われる[88]。ただし，その実施上の困難な問題も少なくない。サプライチェーンの何層目までが管理の対象となるか[89]，他組織に影響を及ぼす責任は，その責任が社会的意味合いのものであるにせよ，自組織内部でのコントロールと完全に同列に扱うことができるか[90]等である。

---

84) サプライチェーンでの児童労働が問題にされた1990年代のナイキのケースを想起。

85) Shoop, *supra note 47*, at 203. 一例として，業界共通の枠組みの基礎にもなったソニーのグリーン調達プログラムにつき，藤井敏彦＝海野みづえ編『グローバルCSR調達』（日科技連出版社，2006）106〜108頁参照。

86) なお，多様な影響力行使の方法につき，ISO 26000の7.3.3.2参照。

87) Doreen McBarnet and Marina Kurkchiyan, *Corporate social responsibility through contractual control? Global supply chains and 'other-regulation'*, in: McBarnet, Voiculescu and Campbell（eds.），The New Corporate Accountability（Cambridge University Press, 2007），68-81.

88) 関・前掲注4）46頁。

89) 関・前掲注4）48頁，藤井＝海野・前掲注85）237〜239頁等。

90) ISO 26000 6.5.5.2.1は，「自らのコントロールの範囲で，直接的および間接的なGHG（温室効果ガス）排出を徐々に削減し最小化する最適な対策を実施し，自らの影響力の範囲で同様の行動を促進する」として，両者を書き分ける。

Ⅳ 会社の政治活動

1 問題の所在

会社の政治活動に関して，これまで会社法との関わりで議論されてきたのは，主に政治献金についてである。判例は，会社が行う政党への献金も，社会的責任を果たす行為と認め，会社の能力外の行為，または公序良俗違反の行為とする主張を退けてきた（最大判昭和45・6・24前掲）。その一方で，判例は，強制加入団体である税理士会が政治資金規正法上の政治団体に対し金員を寄付することを税理士会の目的の範囲外の行為としている（最判平成8・3・19民集50巻3号615頁）。しかし，問題の本質は，会社の費用負担において行われる政治活動には，富が政治を歪曲すべきでないという視点からいかなる限界が設けられるべきかにあり，それは，上記のような会社が任意加入団体であることに着眼した接近方法では十分捉えきれないと考えられる[91]。会社の政治活動に関する問題の把握につき，ISO 26000も，それを公正な事業慣行の主題の下で扱い，とりわけ公的領域への責任ある関与に関わる問題と位置づける（ISO 26000 6.6.1.1)。こうした社会的責任分野での試みは，定款所定の目的の範囲如何とか公序良俗違反の有無という枠組みでの従前の接近方法の問題点を補う一定の可能性を認めることができるように思われる。

2 責任ある政治的関与
――ISO 26000を中心として

ISO 26000は，組織の政治的関与自体を否定しない。すなわち，組織が「公的な政治プロセスを支援し，社会全体の利益になる公共政策の策定を促すこと」を明示的に肯定する。問題にするのは，過度の影響力の行使，および公的な政治プロセスを阻害する可能性のある不正操作，脅迫，強制などの行為であり，それらは禁止ないし回避されるべきであるとする（ISO 26000 6.6.4.1)。そして，具体的な行動として，①責任ある政治的関与および貢献への対処方法についての自らの従業員および代表の教育・意識の向上，②ロビー活動，政治献

---

91) 江頭編・前掲注32) 89頁〔江頭〕。

金，政治的関与に関連する方針および活動に関する透明性の確保，③その組織の代表として意見を述べることを職務として雇用される者の活動を管理するための方針および指針の設定・実施，④特定の立場に有利になるように，政治家または政策立案者を誘導することを目的とした政治献金，または政治家もしくは政策立案者に不当な影響力を及ぼすと認識される可能性のある政治献金の回避，等が挙げられている（ISO 26000 6.6.4.2）。

　今日のCSRの議論において，企業が持続可能な社会の実現における重要な担い手として位置づけられていることは，Ⅱ，Ⅲでの検討からも明らかである。そしてそれには，優先事項やその解決策の提案等，政策決定やルール作りに積極的な役割を果たすことも含まれる[92]。たとえば，ロビー活動を通じて企業が正確な情報を政策決定者に伝えることは，ロビー活動についてのルールに則る限り，民主的政策決定に資するものとして，肯定的に捉えられてよい[93]。上記のように，企業が公的な政治プロセスを支援し，社会全体の利益になる公共政策の策定を促すことができるとされていることも，こうした観点から理解できる。活動の透明性確保，過度の影響力の行使や不当な影響力の行使の禁止，公正な政治プロセスを阻害する不正操作等の回避が，具体的な行動として求められていることに関しては，そのような取組みの進展がある一方[94]，会社の経済的および政治的影響力への公衆の不信感が大きいこと[95]にも留意が必要である。

---

92)　関・前掲注4）154頁。

93)　藤井敏彦『競争戦略としてのグローバルルール』（東洋経済新報社，2012）25頁。EUにおけるロビー活動に関するルール整備につき，同26頁。

94)　日本IBM社やProcter & Gamble社等が例示される。前者につき，松本恒雄監修『ISO 26000実践ガイド』（中央経済社，2011）112頁，後者につき，Moratis and Cochius, *supra* note *1*, at 128.

95)　ビジネス・ウィーク誌が2000年9月に公表した世論調査によると，「企業は，アメリカ人の生活のあまりにも多くの側面にわたってあまりにも多くの影響力を獲得している」ことに，調査対象者の72％（2000年4月調査分：「強く賛成」が40％，「ある程度賛成」が32％）ないし82％（同年6月調査分：「強く賛成」が52％，「ある程度賛成」が30％）が賛成した。また，巨大たばこ会社，巨大石油会社，巨大公害企業，製薬会社および健康管理組織（HMOs）を含む大規模会社に対する当時の副大統領アル・ゴア（Al Gore）の批判に，74％が賛成（「強く」が39％，「ある程度」が35％）している。さらに，巨大会社は，政府の政策，政治家およびワシントンの政策策定者に対してあまりにも多くの影響力を有するということに，74％（1999年の調査）ないし82％（2000年の調査）が賛成した。Business Week/Harris Poll: How Business Rates: By the Nambers（September 11, 2000 ISSUE）.

30 ◆ 第1篇　CSR・ESGと会社法──総論的検討

　なお，企業が公的政策に与える影響力の側面については，社会的責任の分野でも十分光が当てられてきたとはいえない。企業の政治活動がもたらす広範な社会的影響の可能性に照らすと，この領域に残された課題は大きいと考えられる[96]。

Ⅴ　結び

　社会や環境の問題の解決・緩和に向けて企業の果たす役割への期待は大きく，個々の企業による自発的な取組みはもちろん，そのような取組みを促し，支援する方策もさまざまに展開されていることを述べてきた[97]。そのようななかで，会社法が占めている部分は必ずしも大きなものではなく，各企業の自発的取組みを行いやすくするという基盤整備の面（取締役に認められる広範な裁量等）にほぼ限られる。会社法が公共の利益に関してどのような役割を果たすべきかについては，株式会社（とくに大規模会社）のあり方についての考え方に依存する面もあるが，少なくともこれまでは，会社法が公益の実現に寄与するとしても，それは，企業の営利の追求に資することを通じる形であるとみる考え方が主流を占めてきたように思われる。ただ，そのような考え方を前提としても，強制的な社会的開示の問題は，会社法による基盤整備として着眼されてきた事項である。そのような開示を求めることが会社の統治とも無関係でないことは言及したとおりであり，また，それがもたらす社会的便益も当然考えられる。ただ，その導入に関して考慮しておくべきさまざまな要素があるのももちろんであり，最後にそれを記しておく[98]。まず，上記のような便益の実現は，企業の社会・環境に関する測定・監査の困難さとの関わりで，不明確さが否めない。また，見込まれる便益と比較考量されるべきコストも無視できない。開示要求遵守のコストはもちろんであるが，とくにどの情報を開示の対象とするかの決

---

96)　ボーゲル・前掲注1）315頁参照。

97)　環境面の取組みについては幾分詳しく述べたが，それでも環境をめぐる問題とその改善のための努力は極めて多様であり，非常に選別的な採り上げ方にならざるをえなかったことをお断りする。

98)　Ian B. Lee, *The role of the public interest in corporate law*, in: Hill and McDonnell (eds.), Research Handbook on the Economics of Corporate Law (Edward Elgar, 2012), 106, 127参照。

定には，CSRの中心的課題の明確化・合意の形成に関わる困難な課題[99]が含まれることに留意が必要であろう。それが適切になされないと，それに基づいて行動する株主や経営者が，どこに社会的利益が存在するか等の判断を誤る可能性も生じうるのである[100]。

【追記】「会社の目的」についての議論展開——米国ALIコーポレート・ガバナンス・リステイトメント試案1をめぐって

本章の注34）に，アメリカ法律協会（American Law Institute：ALI）によって作成された「コーポレート・ガバナンスの原理：分析と勧告」（以下「原理」という）について，わが国で行われた研究をまとめた研究書を引用している。そのALIにおいて，現在，再びコーポレートガバナンスについてのリステイトメントを作成するプロジェクトが進められており，2022年に試案1（Tentative Draft No.1）が公表された。ここでは，そのなかで，同試案の第2.01条「会社の目的（the objective of a corporation）」[101]の概要を示すとともに，その背景（なぜ今か）について，当該リステイトメントのリポーターを務められたEdward B. Rock教授の見解を紹介し，本書のテーマの今日的意義を理解する一助としたい[102]。

さて，今回のリステイトメントにおける第2.01条は，原理の第2.01条[103]を拡大し，コモンロー法域と利害関係者法（constituency statutes）法域とに分けて，両法域の「会社の目的」をそれぞれ規定している。それによると，コモンロー法域では，会社は，法の定める範囲において，株主の利益のために会社の経済的価値

99）　野田・前掲注9）378～380頁〔本書78～80頁〕参照。

100）　なお，このような開示要求には，規範を練り上げるための「公共広場」を提供するという観点からの分析が可能かもしれない。規範の発展のプロセスのなかに位置づける考え方であり，そのようなアプローチは，規範が確立しておらず，社会的期待も漠然としており，価値が共有されていない状況下において，有益でありうる（Björn Fasterling, *Development of Norms Through Compliance Disclosure*, 106 Journal of Business Ethics 73, 79 (2012)）。しかし，そのようなアプローチには，そのねらいどおり機能するかどうかについての検討がなお課題となろうし，本文に示した問題点に十分留意する必要性もあると思われる。

101）　会社の目的という言葉は，通常2つの異なる意味で用いられる。1つは，会社が行う事業の種類であり，もう1つは，会社の存在理由といった意味である。上記試案が取り扱うのは，後者の意味合いである。Stephen M. Bainbridge, The Profit Motive——Defending Shareholder Value Maximization (Cambridge University Press, 2023), 12.

102）　第2.01条についての詳細な紹介，分析を行うものとして，深澤泰弘「米国における『会社の目的』に関する一考察—コーポレート・ガバナンス・リステイトメント試案1の検討を中心に—」法学86巻4号（2023）127頁。

103）　前掲注45）参照。

を増進することを目的とする。ただし，会社はその際に，従業員，供給者，顧客等の利益，地域社会および環境への会社の活動の影響，ならびに，責任ある事業活動に関連する倫理上の問題についても考慮してもよいことを明らかにしている（「してもよい」であるので，「しなければならない」わけではない）。これは，株主の利益と一定の「合理的な関連」がある限り，取締役会にはさまざまな利益や価値を考慮する大きな裁量が認められることを意味している[104]。

次に，利害関係者法法域に関しては，試案1によると，「会社の株主，及び／又は（and/or），州法により認められる限りにおいて，従業員，供給者，顧客，地域社会，又はその他の利害関係者」のために会社の利益を増進することが会社の目的である（第2.01条(a)項(2)号）。なお，利害関係者法は，1983年にペンシルバニア州が最初に採用して以降[105]，1980年代から1990年代における企業買収の潮流のなか，多くの州によって採用されている。規定のタイプは一様ではなく，株主第一主義の考え方を通じる解釈が可能なものもあれば，株主とその他の利害関係者とのトレードオフをなすことを認めることを明らかにする文言を含むものもある[106]。

これらは，会社という組織がESG要素を考慮することを可能にする柔軟性を苦心して作り上げようとするものといえよう[107]。Rockは，このようなリステイトメントの背景として，とりわけ第2.01条に関しては，社会における事業会社の役割についての人々の認識の変化を大きなものとして挙げている。そして，ESGの唱道者が彼らの関心事を通常のリスク管理の一部として再構築したこと，および最大規模の機関投資家が今やESGの考慮を自身のスチュワードシップガイドラインの一部にしていることに着眼し，そのような展開が，取締役会が会社の資源を社会的に称賛されるべき目標に捧げることについて有する裁量の限界や，そうした決定が長期的な株主価値につながるものとして正当化されなければならない範囲と

---

104)　Edward Rock, *The ALI's Restatement of the Law of Corporate Governance: A Reply to Professor Bainbridge*, 78 The Business Lawyer, 451, 462 (2023). なお，コモンロー法域と利害関係者法法域に共通する規定として試案1の第2.01条(b)項は，「会社は，その事業活動において，会社の経済的価値を推進するか否かにかかわらず，公共の福祉，人道上，教育上，および慈善の目的に合理的な額の資源を充てることができる」としており，コモンロー法域でも，株主の利益を合理的に関連づけられない支出が一切否定されるわけではない。

105)　ペンシルバニア州では，「取締役会，取締役会の各委員会，および個々の取締役は，会社の最善の利益またはある行為の影響を考慮する際，一定の会社の利益または会社の行為により影響を受けるある特定の集団の利益を優先的または支配的な利益もしくは要素と考えることは求められるべきではない」（15 Pa. Cons. Stat. Ann. §1715（b）(2022)）との規定が置かれている。

106)　より詳しくは，深澤・前掲注102) 141頁参照。

107)　Rock, *supra note 104*, at 461.

いった考慮をコーポレートガバナンスの中心問題の1つにしたとしている[108]。

---

108) *Id.* at 458.

第 **2** 章

ESG重視の潮流と会社法

年金積立金管理運用独立行政法人（GPIF）が責任投資原則（PRI）に署名したのを契機にESGへの関心が高まった。第2章では，第1章が主に対象としている時期以降の動向を述べるとともに（第1章の補完），ESGとCSRとの関係（CSRやSRIと対比した場合のESGの特徴等）についても扱っている。また，法との関係では，特に企業の社会的責任の領域の法的義務・責任への拡張の問題を扱う際，米国SEC紛争鉱物規制を素材とした検討を行うとともに，それとの関係で，同じく「ビジネスと人権」分野に関しての論及を行っている（初出論文で扱った項目内容の一部変更）。

I　はじめに

　ESGは，環境（Environment）・社会（Social）・（企業）統治（Governance）の頭文字をとった言葉であり，「ESG投資」，「ESG経営」など，ESGを冠した表現もみられる。ESGの各要素を考慮する主体が投資家であれば「ESG投資」という表現になり，事業会社であれば「ESG経営」という表現になる[1]。

　ESGという言葉は，2006年4月の「責任投資原則（Principles for Responsible Investment：PRI）」という文書において用いられたのを機に広まるようになった[2]。PRIは，国連環境計画・金融イニシアティブ（UNEP-FI）と国連グローバル・コンパクト（UNGC）によって制定され，その前文には，「環境上の問題，

---

1)　足達栄一郎ほか『投資家と企業のためのESG読本』（日経BP社，2016）8頁。

社会の問題および企業統治の問題（ESG）の課題への取り組みにより運用ポートフォリオのパフォーマンスに影響を及ぼしうる」と述べられている。その記述にも表れているが，「ESG投資」や「ESG経営」といわれる場合に，ESGの問題への積極的・能動的な対応は，社会・経済全体の利益になると同時に，会社の利益にもなると説かれることが通例である。その考え方について，「ESGの要請を満たすことが収益性にもつながる社会作り」と表現されることもある[3]。

　日本においては，2015年9月に年金積立金管理運用独立行政法人（GPIF）がPRIに署名したのを契機に，投資家のみならず企業側でもESG投資に対する関心が高まったといわれる[4]。後述するように，それに先立ち，いわゆる日本版スチュワードシップ・コードやコーポレートガバナンス・コードが策定されている。また，2015年9月に国連で，持続可能な社会の実現に向けた国際統一目標であるSDGs「Sustainable Development Goals：持続可能な開発目標」が採択されたのを受け，2017年11月には日本経団連が「企業行動憲章―持続可能な社会の実現のために―」を改定した。ESGを重視する考え方を示すものは，それらをはじめとして枚挙にいとまがない状態であり，非財務情報の開示が増加する傾向もそれに含まれる。

　以上のようなESG重視の潮流は，もっぱら会社法の外の出来事のようにみえるが，そのように捉えてよいであろうか。従来，会社法の議論では，環境や社会的課題等に関する会社の取組みについては，そのような行動を「してもよいか否か」や「どこまでできるか」が主要な着眼点であった。ESG重視の潮流の下で，そのような「してもよい範囲」に変化はもたらさないであろうか。また，そのような行動を「しなければならない」面については，どうであろうか。本

---

2)　北川哲雄編著『スチュワードシップとコーポレートガバナンス――2つのコードが変える日本の企業・経済・社会』（東洋経済新報社，2015）177〜179頁〔小崎亜依子＝林寿和〕，加藤康之編著『ESG投資の研究――理論と実践の最前線』（一灯社，2018）208頁〔林寿和〕。なお，本文に掲げているPRIの前文のほか，原則1〜3にESGの言葉が用いられている：「原則1　私たちは投資分析と意思決定のプロセスにESG課題を組み込みます」；「原則2　私たちは活動的な所有者となり，所有方針と所有慣習にESG問題を組み入れます」；「原則3　私たちは，投資対象の企業に対してESG課題についての適切な開示を求めます」（原則4〜6は省略）。
3)　松井智予「労働法と会社法――雇用・役務提供契約と会社経営者のリスク認識」論究ジュリスト28号（2019冬）43頁，49頁。
4)　加藤・前掲注2）144頁。

章は，そのような問題関心から，ESG重視の潮流と会社法との関わりの考察を目的とするものである。

　以下では，まずⅡにおいて，「ESG重視の潮流について」という表題の下，ESGの広がりやESGの概念・考え方について整理，検討する。それによって，末尾の【追記】と併せ，本篇第１章が主に対象としている時期以降の展開を補完するものになることも期待している。次いでⅢにおいては，「ESGと会社法」という表題の下，会社法との関わりについて，上記の問題関心を中心に検討を試み，最後にⅣを結びとする。

Ⅱ　ESG重視の潮流について

1　ダブルコード等とESG

　2014年２月26日に策定・公表された「『責任ある機関投資家の諸原則』《日本版スチュワードシップ・コード》〜投資と対話を通じて企業の持続的成長を促すために〜」（以下，「SSコード」という）は，機関投資家が投資先企業の状況を適切に把握すべきとする同コードの原則３[5]との関係で，指針３−３は，その把握する内容に「非財務面の事項が含まれる」旨を明らかにしている[6]。そして，その非財務面の事項として，投資先企業のガバナンス，企業戦略，業績，資本構造，リスク（社会・環境問題に関連するリスクを含む）への対応などが挙げられ，ESGの各要素にも言及されていた。このESG要素の考慮に関して，2017年および2020年のSSコード改訂では一歩踏み込んだ記載がなされた。すなわち，まず2017年の改訂後の指針３−３では，投資先企業の「リスク（社会・環境問題に関連するものを含む）」という表現から，「事業におけるリスク，収益機会（社会・環境問題に関連するものを含む）及びそうしたリスク・収益機会への対応など」という記載に改められており，社会・環境問題に関するリスクを同時に収益機会として捉え，把握すべき内容として例示されていること，および，そうしたリスク・収益機会への投資先企業の対応を含むESGの要素について，

---

5)　投資先企業との建設的な「目的を持った対話」（SSコード・原則４）の前提をなすものと位置づけられる。

6)　笠原基和「『責任ある機関投資家の諸原則』《日本版スチュワードシップ・コード》の概要」商事2029号（2014）59頁，71頁注16参照。

機関投資家は，自らのスチュワードシップ責任に照らし，どのような要素に着目すべきかを自ら決定すべきものとしている点において，ESG要素を従来よりも一層重視している姿勢を打ち出したものと捉えられている[7]。また，2020年の再改訂では，冒頭部および原則1の指針において，「運用戦略に応じたサステナビリティ（ESG要素を含む中長期的な持続可能性）の考慮」を強調し，「運用戦略に応じて，サステナビリティに関する課題をどのように考慮するかについて，検討を行ったうえで当該方針において明確に示すべきである」としている。

　ESG要素の考慮に関して，SSコードでは，上記のように，当初は社会・環境問題がリスク要素として例示されていたにとどまり，その後2017年および2020年の改訂において一歩踏み込んだ記載がなされるに至るという経緯をたどった。その一方，2015年3月に公表された「コーポレートガバナンス・コード原案〜会社の持続的な成長と中長期的な企業価値の向上のために〜」（以下，「CGコード」という）では，その序文において，「コーポレートガバナンス」の意味内容を，「会社が，株主をはじめ顧客・従業員・地域社会等の立場を踏まえた上で，透明・公正かつ迅速・果断な意思決定を行うための仕組み」とし，ガバナンスのもとに，環境や社会の要素が統合されるような定義を与える[8]とともに，株主以外のステークホルダーとの適切な協働について定める基本原則2において，ESGへの対応に言及されている。すなわち，「上場会社は，会社の持続的な成長と中長期的な企業価値の創出は，従業員，顧客，取引先，債権者，地域社会をはじめとする様々なステークホルダーによるリソースの提供や貢献の結果であることを十分に認識し，これらのステークホルダーとの適切な協働に努めるべきである」とし，「取締役会・経営陣は，これらのステークホルダーの権利・立場や健全な事業活動倫理を尊重する企業文化・風土の醸成に向けてリーダーシップを発揮すべきである」としている。基本原則2に付された「考え方」では，いわゆるESG（環境，社会，統治）問題への積極的・能動的な対応は，社会・経済全体に利益を及ぼすとともに，その結果として，会社自身にもさらに利益がもたらされるとしている。加えて，原則2-3も，上場

---

7)　北川哲雄ほか「新春座談会　ガバナンスの『実質化』と上場企業としての対応〔上〕」商事2155号（2018）19頁〔神作裕之発言〕。なお，2017年改訂SSコードでは，指針3-3における「社会・環境問題に関連するもの」について，「ガバナンスとともにESG要素と呼ばれる」と注記して，当初にはなかった「ESG」という言葉を用いている。

8)　足達ほか・前掲注1）36頁。

会社に対し，社会・環境問題をはじめとするサステナビリティ（持続可能性）をめぐる課題について，適切な対応を行うことを求め，補充原則2－3①は，サステナビリティをめぐる課題への対応は重要なリスク管理の一部であるとして，取締役会に対し，グローバルな社会・環境問題等に対する関心の高まりを踏まえ，それらの課題に積極的・能動的に取り組むよう検討すべきであるとしている。なお，2018年6月改訂CGコード第3章の「考え方」は，「非財務情報」にESG要素に関する情報が含まれることを明確化し，2021年改訂CGコードでは，適切な情報開示と透明性の確保等の面でさらに踏み込んだ記載がなされるに至っている（基本原則3・その考え方，補充原則3－1③等）。

　ダブルコードの策定と時期をほぼ同じくして，2014年8月には，経済産業省を事務局とする「持続的成長への競争力とインセンティブ～企業と投資家の望ましい関係構築～」プロジェクト最終報告書（伊藤レポート）が発表されたが，そこにおいても，適切な目的と内容を持った対話・エンゲージメントであるために，その議題として，ESGを含む非財務情報に関する共通理解を得ることも重要であるとしている[9]。このような流れを受けて，2015年9月にGPIFがPRIに署名し，それを契機にESG投資に対する関心が高まったことは，Ⅰにおいて述べたとおりである。また，やはりⅠにおいて言及したとおり，国連がSDGs（持続可能な開発目標）」を採択したことや，それを受け経団連が，2017年11月改定の「企業行動憲章」においてSDGsの考え方を取り入れたことも[10]，企業や投資家がESG意識を高めることになった契機とみられる[11]。

2　ESGはCSRやSRIと異なるか

　ESG要素への配慮の考え方やそれを表す用語は，古くから存在している。日

---

9)　なお，この環境と社会についての言及は，「日本企業にとってコーポレートガバナンス改革が喫緊の課題となっており，政府の成長戦略にも盛り込まれている」「日本企業の長きにわたる低収益性は自己規律によるガバナンスに限界があったことを如実に物語っている」とされていることからすると，やや控えめなものにとどまっているとも指摘される。足達ほか・前掲注1）35頁。

10)　経団連は改定の趣旨として，「会員企業は，持続可能な社会の実現が企業の発展の基盤であることを認識し，広く社会に有用で新たな付加価値および雇用の創造，ESG（環境・社会・ガバナンス）に配慮した経営の推進により，社会的責任への取り組みを進める」と述べ，ESGに言及している。

11)　加藤・前掲注2）144～145頁。

本では，1960年代後半から消費者被害（商品の買占め・売り惜しみ，便乗値上げ），公害等の問題について，アメリカの議論の影響を受けながら，企業の社会的責任が論じられた。その後2004年頃には，CSR（Corporate Social Responsibility：企業の社会的責任）という言葉を用いて，企業活動における環境・社会的課題への考慮の問題が活発に議論された[12]。また，そのようなCSR論の高まりのなかでSRI（Socially Responsible Investment：社会的責任投資）という投資手法も関心を集めるようになっていた。これらの用語とESG経営やESG投資との異同については，必ずしも明らかではない。以下では，それらの用語・概念の異同に関してなされたいくつかの指摘を採り上げ，その考察を通じてESGの考え方の特徴を明らかにすることに役立てたい。

まず，ESGはCSRと同じものか否かということについて，CSRは企業の慈善活動，すなわち企業が付随的に行う社会貢献活動（フィランソロピー等）であるのに対し，ESGは企業の事業活動に組み込まれた公益への貢献という捉え方が，特に投資家サイドで顕著であるとの指摘がある[13]。ここで，ESG要素の事業活動への組込みというのは，ESG要素が会社の中核的な事業目的や戦略に関わることを前提とするものであり，また，ESG要素の考慮が事業活動と社会両方に同時に利益をもたらしうるものであることを含意していると思われる。ESGの語を用いた議論において通例，ESG課題への積極的・能動的な対応が社会・経済全体の利益になると同時に，会社の利益にもなると説かれることは，Ⅰにおいて言及したとおりである。もっとも，このような捉え方は，本書第1篇第1章Ⅱ2(1)(2)に示されているように，CSRとの関係でもみられていた。すなわち，CSRが盛んに論じられた上記の時期において既に，ヨーロッパにおけるCSRの定義の影響の下で，社会的責任の事業への統合という視点がすでに強調されるとともに，「ビジネス・ケース」という観念も重要なポイントとされていた[14]。ビジネス・ケースとは，環境や社会の利益になる取組みは，会社の

---

12) 2003年は日本における「CSR元年」と呼ばれ，CSRについての議論が活発化し，翌2004年には，日本経済団体連合会により「企業行動憲章」およびその「実行の手引き」が策定されたことにつき，神作裕之「ソフトローの『企業の社会的責任（CSR）』論への拡張？」中山信弘〔編集代表〕＝神田秀樹編『市場取引とソフトロー』（有斐閣，2009）194頁。大杉謙一「ESG経営・ESG投資の現状と仮説：日本と欧・米」ディスクロージャー＆IR 9巻（2019）155頁，156頁も参照。

13) 大杉・前掲注12) 157頁。他方，企業の側では，CSRとESGの語は，必ずしも明確に区別されていないことが多いとされている。

収益の観点からもそれを行う理由があるという考え方である。それにもかかわらず，CSRとESGの異同として上記のような捉え方がみられるとすれば，それは，CSR元年といわれたころから展開されていたCSRの概念についての上記の考え方が一般には十分浸透していなかったことを示すものかもしれない[15]。また，CSR論の高まりのなかで注目を集めたSRIという投資手法[16]についても，一定の社会的，倫理的価値の実現を目指すという社会的運動を伴った投資戦略と性格づけられるものから変化して，環境や社会に関する要素を考慮することが中長期的に投資の収益性にも資するという考え方も出てきていたとはいえ，一般的には「傍流」とみなされてきたとされており[17]，それが投資家サイドによるCSRの上記のような捉え方に繋がっていると思われる。

　次に，上記のようにCSRとESGを区別して捉える投資家のなかには，「企業のCSRには関心がないが，ESGには関心がある」と述べる者がおり，そしてそのような投資家にとって，ESG要素は長期投資の考慮要素の一部にすぎず，また，E・S・Gの中では「G（コーポレートガバナンス）」が重要視すべきものということになるとの指摘がある[18]。同様に，ESG投資家といっても，日本国内では，コーポレートガバナンスのみを重視する投資家が半数以上を占めるのではないかとの見方もなされている[19]。加えて，コーポレートガバナンスに関して，直截的な株主利益最大化を目的とするコーポレートガバナンスなのか，株主以外のステークホルダーへの配慮を包含するコーポレートガバナンスなのかの論争が歴史的に繰り返されており，またPRIはGの本質が何かは曖昧にし

---

14)　たとえば，野田博「CSRと会社法」江頭憲治郎編『株式会社法大系』（有斐閣，2013）31～35頁，43～44頁〔本書7～11頁，19～20頁〕参照。

15)　たとえば2016年に発表されたレポートにおいてでさえ，「わが国の場合，企業が取り組むフィランソロピー活動やCSRは，あくまでも慈善活動・社会貢献が目的であり，営利を目的とすることはできない，といった意識が強い」との記述がみられる。野村敦子「社会イノベーションを支えるベンチャー・フィランソロピーの動向」15頁〈http://www.jri.co.jp/MediaLibrary/file/report/researchfocus/pdf/9743.pdf〉（最終閲覧日：2024年6月18日）。

16)　SRIの形成について，2000年代初めころのCSR運動に呼応して形成された投資手法というより，むしろ独自に発展してきたSRIがCSRの議論のなかで再発見され，SRIの方法論が利用されているとみるほうが現実に近いと指摘されている。藤井敏彦『ヨーロッパのCSRと日本のCSR』（日科技連出版社，2005）187頁。

17)　加藤・前掲注2）209頁，足達ほか・前掲注1）12頁。

18)　大杉・前掲注12）157頁。

19)　足達ほか・前掲注1）37頁。

ているところ，上記のＧの要素のみを重視する投資家が考えるコーポレートガ
バナンスとは，専ら直截的な株主利益最大化を目的とする立場であるように見
受けられるとされている[20]。

　今日，ESG投資の「メインストリート化（主流化）」[21] という現象が起こって
いるといわれることがあるが，その現象をみる際には，「一口にESG要因と
いってもその内容は多岐に渡るため，具体的にどういう視点から，どういう
ESG要因に着目するかは実践者によってさまざまである」[22] ことに留意する必
要がある。同様に，「ESG投資のパイが拡大していくにつれて，様々な考え方
を持つ投資家が，ESG投資家として名乗りを上げているのが実態だという理解
が，今必要とされている」[23] ともいわれる。上記のコーポレートガバナンスを
重視する投資家はその１つの類型であり，その他，社会・環境問題への取組み
に会社の収益機会を見出す投資家や運用機関，よき「企業市民」たりえなくし
て企業の持続的な存続や成長はありえないと考える投資家，および，ユニバー
サルオーナーシップを重視する投資家，といった類型があるとの整理がみられ
る[24]。

　以上の類型のうち，最後のユニバーサルオーナーシップを重視する投資家の
類型について，ここで一言しておきたい。ユニバーサルオーナー（Universal
Owner）とは，巨額の運用資金を持ち，広範な産業・アセットクラスに分散さ
せたポートフォリオを持つがゆえに，実際上，経済・市場全体をあたかも所有
したかのような状態となっている投資家をいう[25]。そのように，有するポート

---

20)　足達ほか・前掲注１）37頁。なお，本章Ⅱ１でみたように，今日のコーポレートガバ
　　ナンス・コードやスチュワードシップ・コードにおいて，ＥやＳの要素を配慮した取組み
　　について記載される傾向が顕著になってきている。このような傾向に照らして，ＥやＳの
　　要素とＧの要素との関係をどうみるかは，１個の検討課題たりえるように思われる。「コー
　　ポレートガバナンス」，「ESG」，「CSR」および「サステナビリティ」を，それらのニュア
　　ンスを伝える必要がある場合を除いて，互換的に用いるという用語法もみられるところで
　　ある。Peter Yeoh, Environmental, Social and Governance（ESG）Laws, Regulations and
　　Practices in the Digital Era（Wolters Kluwers, 2022), 13.
21)　もっぱら財務的動機により行動する機関投資家，すなわち，効率的にリスク・リター
　　ンの最大化を目指す機関投資家の間にESG投資が急速に広まった現象を指す。加藤・前掲
　　注２）209頁〔林〕。
22)　加藤・前掲注２）213頁〔林〕。
23)　足達ほか・前掲注１）21頁。
24)　足達ほか・前掲注１）28〜72頁参照。
25)　足達ほか・前掲注１）63頁。

フォリオが主要な産業・国家・企業を網羅する投資家にとっては，ある銘柄が他の銘柄と比べよいパフォーマンスを挙げているかどうかより，ポートフォリオ全体が持続可能な値で成長しうるかが重要視されざるをえないことになる[26]。なぜなら，ユニバーサルオーナーは，かりにある特定の企業をある一定の視点——コーポレートガバナンスに優れている，社会課題起点のキャッシュフローを生み出せる等——で評価，抽出できたとしても，運用資産が大きすぎて，その企業の株式や債券だけを買うということができず，安易に銘柄の入れ替えができない状態にあるが，その場合に運用における収益を長期的に最大にするためには，個々の企業単位の売買ではなく，経済活動全体に悪影響を及ぼす要因を取り除くことこそが自らの資産を守るうえで有効だと考えられるためである[27]。このような投資家側の変化も，ESG重視の潮流のなかに位置づけられるものである[28]。

　以上のようにみると，ESGには，CSRにすでに表れていた考え方も含まれているが，「新しい酒を新しい革袋に入れる」ことで，より広がりをみせている一方，ESGを考慮した取組みを担う主体の考え方も多様なものになっているといえよう。なお，ESGの考え方の特徴として挙げうるものは，以上に尽きるのではなく，たとえば具体的な基準，指標の提供という面が強調されているという見方も存在していることは，第2篇第4章Ⅱ1に示すとおりである。

Ⅲ　ESGと会社法

1　ESG要素に配慮した企業活動の実践のための基盤提供と会社法

⑴　株主利益最大化原則をめぐる議論——企業の社会的責任との関係で

　会社法は，主に出資者と債権者を対象に，それらの者の合理的期待を保護し，健全で円滑かつ効率的な企業活動を可能にすることを規整目的として，会社の規模・性質に応じたさまざまな規整を設ける[29]。従業員・消費者・地域住民らの利益への配慮の領域は，基本的には，労働法，消費者法や独占禁止法，環境

---

26)　松井・前掲注3）48頁。
27)　足達ほか・前掲注1）64頁。
28)　松井・前掲注3）48頁。
29)　神田秀樹『会社法〔21版〕』（弘文堂，2019）28頁（同第26版〔2024〕28頁）。

法等，会社法以外の法分野やその他の実務規範に委ねられている[30]。

　会社法のスタンスがそのようなものであるとすると，公益的（社会的）責任の領域は会社法の守備範囲外ということになる。公益的（社会的）責任の領域に関して会社法がなしうることは，主にそれを果たしやすくするように基盤整備を図ることであるとの指摘がされていた[31]。そして，その基盤整備には，取締役等の善管注意義務・忠実義務違反の法的リスクの緩和もその一環を成し，間接的にESG要素に配慮した企業活動を促進することに資すると考えられる[32]。ここでは，そうした観点から，株主利益最大化原則をめぐる議論を採り上げる。

　さて，株主利益最大化原則とは，取締役は何を目的にして行動すべきかについて，株主の利益最大化が会社を取り巻く関係者の利害調整の原則になり，そして具体的な法的効果として，その原則に反する場合，取締役・執行役の善管注意義務・忠実義務違反になりうることも導かれるとする考え方である。会社法の規定上は，善管注意義務（会社法330条，民法644条）も忠実義務（会社法355条）も，取締役が会社に対して負う義務とされるにとどまり，会社法の規定から上記の考え方が直ちに引き出されるわけではない。株主利益最大化原則の論拠としては，もしも取締役の義務の方向を多様なステークホルダーの広範な利益を考慮する形に設定すると，会社の経済効率性を害し社会の富を減少させることにならないか，経営者の裁量権を不当に拡大することに使われ，事実上無監視の状態に置くことにならないか等の懸念があることが挙げられる[33]。また，この考え方は会社法実務にも浸透しているとの見方もされている[34]。

　それでは，ある会社が，会社にとって高くつくが，「雇用を生み福祉を充実させて職場や地域社会を豊かにするような（法の要求を超える）措置」を講じることを決定・実行した場合，それを決定した取締役らは，株主利益最大化原

---

30)　龍田節＝前田雅弘『会社法大要〔第2版〕』（有斐閣，2017年）30頁（同第3版〔2022〕30頁）。

31)　竹内昭夫『会社法の理論Ⅲ——総論・株式・機関・合併』（有斐閣，1990）72頁以下。

32)　野田・前掲注14）38頁〔本書14頁〕。

33)　江頭憲治郎『株式会社法〔第7版〕』（有斐閣，2017）23頁（同第9版〔2024〕26頁注3）。また，田中亘『会社法〔第2版〕』（東京大学出版会，2018）261頁（同第4版〔2024〕280頁），落合誠一『会社法要説〔第2版〕』（有斐閣，2016）49頁以下も参照。

34)　草野耕一『株主の利益に反する経営の適法性と持続可能性—会社が築く豊かで住みよい社会』（有斐閣，2018）22頁。

則の下で，善管注意義務・忠実義務違反の責任を負うことになるであろうか。もしそれが肯定されるなら，会社法はESG要素に配慮した企業活動の妨げになりうるであろう。しかし今日の会社法の学説の下で，上記の問いについては，株主利益最大化原則の枠内で考えても，義務違反にならないと説明できる場合が少なくなく，そうでなくても，通常は義務違反にならないと考えられる。まず，株主利益最大化原則のいう株主利益は長期的な利益であり，その決定にたとえ短期的にコストを伴うとしても，企業の評判，それに伴う資金調達上の便宜，および有為な従業員の獲得・士気の向上等，長期的利益に還元される場合が少なくない。とくにESGの考え方は，ESG課題への積極的・能動的な対応が，社会・経済全体の利益になると同時に，会社の利益にもなるとするものであることを想起すると，このような解釈が妥当する場合が多いと思われる。また，仮に長期的な利益でも説明できない場合であっても，その行為が社会的実在としての会社の社会からの期待・要請にこたえるものであり，かつ，会社の資産や収益の状態に照らして相当な範囲であるかぎり，取締役の裁量の範囲内に属し，義務違反の責任が生じることはないとするのがわが国の判例の立場であり（最大判昭和45・6・24民集24巻6号625頁），社会貢献を含めた会社の社会的責任が強調される今日では，そのように解する意義は大きいとされている[35]。以上のような株主利益最大化原則をめぐる解釈は，間接的にESG要素に配慮した企業活動を促進することに資するものであるといえよう。

(2) 会社法といわゆる「社会的企業」

社会的課題の解決に取り組む主体として，いわゆる「社会的企業」が注目されるようになっている。社会的企業とは，社会的課題の解決や社会的利益の追求を主たるミッションに掲げつつ，同時に経済的・継続的な事業にも取り組む事業体のことをいう[36]。このような社会的企業を営利法人形態により営むことは，既存の法人法制の下でも一定程度可能な仕組みになっていると考えられている。ここでは，会社法との関係に限ってであるが，どのように可能とされているかに触れるにとどめる。

さて，平成17年会社法の下で，剰余金の配当を受ける権利または残余財産の

---

35) 江頭憲治郎編『会社法コンメンタール(1)』（商事法務，2008）〔江頭〕，神作裕之ほか編『会社法判例百選〈第4版〉』（有斐閣，2021）9頁〔川口恭弘〕。

36) 髙橋真弓「営利法人形態による社会的企業の法的課題(1)―英米におけるハイブリッド型法人の検討と日本法への示唆―」一橋法学15巻2号（2016）747頁，748頁。

分配を受ける権利のいずれか一方を与えず，なおかつ与える権利についてもその内容を問わないと解することが可能になっている（会社法105条2項）。そのような会社の「営利性」の大幅な緩和の下では，株主の経済的リターンを完全に否定しない限り，社会的利他的目的を第1次的な目的とする株式会社を設立・運営することも許容されることになる。そこで，たとえばあらかじめ定款の定めにより対外的企業活動から得た剰余金の大部分を任意準備金として積み立て，後にそれを取り崩して社会的利益を追求する事業に利用するといったことも可能と考えられる[37]。このようにして会社法も，「社会的企業」の実践を一定程度可能にする仕組みを用意していると説明されている。

2　企業の社会的責任の領域の法的義務・責任への拡張

(1)　問題関心

1では，環境や社会的課題に関する会社の取組みについて，そのような行動を「してもよいか」，または「どこまでできるか」ということを着眼点として，ESG要素の考慮と会社法との関係を整理した。そのような着眼点が，企業の社会的責任の問題を取り扱う際に会社法との関係で主要なものになることは，いうまでもない。それに対し，ここでは，そのような行動を「しなければならない」面ではどうかという問題を取り扱う。そのような問題について，すでに，内部統制体制・リスク管理体制を通じて，企業の社会的責任の問題が会社法のなかに取り込まれるとの指摘がある[38]。その指摘において示された着眼点は，たとえば近時における米国SEC紛争鉱物規制の見直し論において留意すべきとされる事項にもみられるように思われる。以下，まず(2)では，米国SEC紛争鉱物規制を素材として，上記の指摘が示す着眼点に言及するとともに，当該規制のような法制化に伴う問題点，課題についても確認することとする。次いで(3)では，(2)で着目した法制化に伴う問題点，課題への配慮について，「人権尊重

---

37)　髙橋真弓「営利法人形態による社会的企業の法的課題（2・完）―英米におけるハイブリッド型法人の検討と日本法への示唆―」一橋法学15巻3号（2016）1043頁，1088頁。

38)　神作・前掲注12) 206頁。「CSRについて対応を誤ることにより，企業の評判が下がりブランド価値が大幅に毀損することもある。会社としては，少なくとも当該会社の存立に重大な影響を与え得る性質の当該企業に固有の『社会的責任』については，内部統制体制・リスク管理体制を通じて組織的に対応する必要がある」とされており，法的に「そうできるか」という観点ではなく，「そうしなければならない」という観点から論じなければならない場合もあることを示唆している。

第2章　ESG重視の潮流と会社法　◆　**47**

ガイドライン」との関係で改めて検討する。

⑵　**内部統制システムの構築義務を通じる場合──米国SEC紛争鉱物規制を素材として**

　ここでは，やや迂遠ではあるが，アメリカの証券取引委員会（SEC）紛争鉱物規制の概要からはじめる[39]。紛争鉱物（conflict minerals）とは，アフリカ諸国などの紛争地域で採掘された鉱物資源のことをいい，その概念は，2009年にOECDが国連安全保障理事会の要請を受け，「紛争・高リスク地域産鉱物サプライチェーン・デュー・ディリジェンス・ガイダンス」を策定したことから広がったとされる。コンゴ民主共和国（DRC）では，1960年に独立してから，コンゴ動乱（1960～1963），第1次コンゴ内戦（1966～1967），第2次コンゴ内戦（1998～2003）など紛争が絶えず，武装勢力による一般住民の虐殺や略奪・誘拐・児童兵の徴用などの非人道的行為が行われている。DRCには，豊富な鉱物資源があるが，それらの違法採掘・密輸が武装勢力の資金源になっているため，国際的な管理の必要性が関心事になった。SEC紛争鉱物規制はそのような関心事を背景として，2010年7月に成立した金融規制改革法（ドッド・フランク法）1502条において設けられた。その規制の下で，規制対象の鉱物資源は，すず，タンタル，タングステン，金（3TG）の4物質と定義され，上場企業は，DRCおよび周辺国産の紛争鉱物を使用した製品を製造，委託製造しているか否かについて，SECに年次報告書等における報告を行い，かつホームページで開示しなければならないとされている。

　この規制が設けられたことにより，規制対象企業[40]には，サプライチェーンをたどってDRCから紛争鉱物を購入していないかを確認する必要が生じる。また，規制対象企業以外の企業も，SEC登録企業のサプライチェーンに含まれている場合には，規制対象企業からの照会に対応しなければならない。

　以上の規制は，企業に開示義務を課すことにより，DRCへの人道的援助という公益目的を達成しようとするものである。このような非財務情報の開示規

---

39)　米国SEC紛争鉱物規制について，簡単には，足達ほか・前掲注1）158頁，Sustainable Japan「紛争鉱物とは」〈https://sustainablejapan.jp/2017/12/30/conflict-minerals/29965〉（最終閲覧日：2024年6月18日），鈴木裕「米国紛争鉱物開示規制見直しへ」〈https://www.dir.co.jp/report/research/capital-mkt/esg/20170206_011673.pdf〉（最終閲覧日：2024年6月18日）など。制度の概要についての本文の記述もそれらに依拠している。

40)　アメリカ証券取引法に基づきSECに報告書を提出しているアメリカ企業および外国企業が対象となる。

制は，ESG重視の潮流のなかで増加の傾向にあり，紛争鉱物規制についても，2016年にはEUがアメリカに続いている。他方，この規制について，以下のような問題点が認識されるようになり，アメリカでは規制の当否をめぐる議論もみられる。

　紛争鉱物規制の問題点として，まずコストの大きさがある。規制対象会社に生じるコストは，ある試算では，全体として，当初の遵守費用が30億〜40億ドル，継続的な遵守費用が2億700万〜6億900万ドルと見積もられるとのことである[41]。コストの大きさの要因としては，紛争鉱物の使用の有無を調査するためには，部品納入業者をさかのぼる必要性や，鉱物の原産地がどこであるかを確認しなければならないところ，いったん精錬された鉱物はその原産地を特定するのが困難であることなどが挙げられる。

　次に，それだけのコストをかけても，それに見合う成果が得られているか——本当にDRCの人々のためになっているか——という問題も提起される。その1つは，武装勢力の資金源とはなっていない場合であっても，慎重を期すためにアフリカ原産の紛争鉱物を事実上ボイコットする企業も出現していることが挙げられる。たとえば，人権侵害とのかかわりの有無にかかわらずDRC周辺諸国産の紛争鉱物の不使用をサプライヤーに求めるなどである。紛争鉱物規制がこのような行動を誘発するとすれば，この規制は，結果として，当該地域の鉱山業従事者や地域社会といった別のステークホルダーの不利益につながることを意味する[42]。いま1つは，武装勢力が別の資金源のためのルートを探し出すことにより規制をかいくぐる行動をとり，結局資金源を断つ目的は達成されないのではないかとの懸念である。紛争鉱物開示規制を有しない国々の企業は武装勢力との関連があったとしても取引を行うと考えられることや，密輸入のルートが新たに構築されるおそれも考えられることがその要因として挙げられる[43]。

　上記の問題点の分析は，ESG重視の潮流のなか，増加する傾向にある非財務情報の開示規制を考えるうえで，重要であろう。それとともに，本章の問題関心との関係で重要なこととして，アメリカでの規制の当否をめぐる議論がみら

---

41)　Barnali Choudhury and Martin Petrin, Corporate Duties to the Public（Cambridge University Press, 2019）, 84.

42)　*Id.* at 88.

43)　*Id.*

れることは上述のとおりであるが，たとえ規制の見直しにより企業の負担の軽減が見込まれるとしても，アメリカの規制の行方を離れて，紛争鉱物の原産地等の調査を継続する必要が生じることもありうると指摘されていることである[44]。それは，EUの新たな規制の創設のみが理由なのではなく，製品等の利用者やNGO，投資家等が調査の継続や情報の公開を求める可能性があることもその理由とされる。それは企業の社会的責任の属する問題であり，主として，法規制を離れ各企業がこの社会的課題にどう向き合うか主体的に判断しなければならない問題ということになる。ただ，そこにおいて，消費者の不買運動やESG投資を推進する投資家の撤退などの事業リスクが認識されるとすれば，上述した内部統制システム・リスク管理体制を通じて組織的に対応する必要を生じる（さもないと，法的責任が生じうる）との指摘が妥当することになる。以上のことは，「会社法が定めるリスク管理システムや内部統制システムの構築義務等を通じて企業の社会的責任が会社法の世界と行き来する」[45]といわれることがこの領域でも生じうることを示しているということができるであろう。

(3) 「人権尊重ガイドライン」に即しての考察

(2)で言及した，米国SEC紛争鉱物規制に対して指摘される問題点，課題については，2022年9月の「責任あるサプライチェーン等における人権尊重のためのガイドライン」（ビジネスと人権に関する行動計画の実施に係る関係府省庁施策推進・連絡会議，令和4年9月）（以下「人権尊重ガイドライン」という）においても配慮されている。ここでは，まず「ビジネスと人権」問題についてのこれまでの流れを一瞥し，その上で人権尊重ガイドラインにつき，上記の点に関わる点に絞って，確認することとする。

ビジネスと人権分野が今日のような展開をみせている1つの契機は，2011年に国連人権理事会において，「ビジネスと人権に関する指導原則：国際連合『保護，尊重及び救済』枠組実施のために」（以下「国連人権指導原則」という）が全会一致で支持されたことにある。国連人権指導原則は，国家の人権保護義務・企業の人権尊重責任・救済へのアクセスの3つの柱で構成され，国家が人権を保護する義務を負うだけでなく，企業も人権を尊重する責任があることが明確にされ，その企業の人権尊重責任として，人権方針の策定・表明や人権

---

44) 鈴木・前掲注39) 5頁。
45) 神作・前掲注12) 207頁。

デュー・ディリジェンス（以下「人権DD」という）の実施，救済メカニズムの構築などが規定された。

日本政府は，2020年10月になって，ビジネスと人権に関する行動計画に係る関係府省庁連絡会議において，国連人権指導原則を踏まえた「『ビジネスと人権』に関する行動計画（2020‐2025)」という国別行動計画（NAP）を取りまとめた。そこでは，「政府は，その規模，業種等にかかわらず，日本企業が，国際的に認められた人権及び『ILO宣言』に述べられている基本的権利に関する原則を尊重し，『指導原則』その他の関連する国際的なスタンダードを踏まえ，人権デュー・ディリジェンスのプロセスを導入すること，また，サプライチェーンにおけるものを含むステークホルダーとの対話を行うことを期待する。さらに，日本企業が効果的な苦情処理の仕組みを通じて，問題解決を図ることを期待する」との記述がみられる（同文書第3章）。

その後，2022年3月に経済産業省に「サプライチェーンにおける人権尊重のためのガイドライン検討会」が設置され，同年9月，同会議において，上述の人権尊重ガイドラインが策定・公表された。人権尊重ガイドラインは，基本的には国連指導原則やその他の国際人権基準を踏まえて作成されている。その適用対象について，「法的拘束力を有するものではないが，企業の規模，業種等にかかわらず，日本で事業活動を行う全ての企業（個人事業主を含む……)」（人権尊重ガイドライン1.3）とされ，「企業は，その人権尊重責任を果たすため，人権方針の策定，人権DDの実施，自社が人権への負の影響を引き起こし，又は助長している場合における救済が求め」られる（人権尊重ガイドライン2.1）。人権尊重ガイドラインでは，総論として，「企業による人権尊重の取組の全体像」が記載されるとともに（人権尊重ガイドライン2），各論として，「人権方針」，「人権DD」および「救済」がそれぞれ記載される（人権尊重ガイドライン3〜5）。人権尊重ガイドライン策定後，経済産業省を中心にその普及・啓発活動も行われている[46]。

さて，(2)でみたSEC紛争鉱物規制に対して指摘される問題点，課題の1つは，ビジネス撤退は当該規制の意図するところではないにもかかわらず，企業がリ

---

[46] 以上の概要につき，大杉謙一「ソフトローと取締役の義務─東京電力株主代表訴訟事件・東京地裁判決を参考に─」商事2341号（2023）24〜25頁，西村あさひ法律事務所「ビジネスと人権」プラクティスグループ編著『「ビジネスと人権」の実務』（商事法務，2023）2〜44頁参照。

スクを懸念する結果としてDRC周辺諸国産の紛争鉱物の不使用を求めるなどの行動を誘発し，当該地域の鉱山業従事者や地域社会といった別のステークホルダーの不利益につながるということであった。このような懸念は，SEC紛争鉱物規制に限らず，たとえば2017年のフランスの企業注意義務法との関係でも聞かれる[47]。そして，このような懸念について，人権尊重ガイドライン4.2.1.3は，「取引停止は，自社と人権への負の影響との関連性を解消するものの，負の影響それ自体を解消するものではなく，むしろ，負の影響への注視の目が行き届きにくくなったり，取引停止に伴い相手企業の経営状況が悪化して従業員の雇用が失われる可能性があったりするなど，人権への負の影響がさらに深刻になる可能性もある」と述べ，取引停止は，最後の手段として検討され，適切と考えられる場合に限って実施されるべきであると結論づけている。また，人権尊重ガイドライン4.2.2は，紛争等の影響を受ける地域からの「責任ある撤退」につき，「一般に，紛争等の影響を受ける地域においては，急激な情勢の悪化等により，企業が突如として撤退せざるを得なくなるケースがあるが，新規参入や買収等により撤退企業を代替する企業が登場しないことも十分に想定され，消費者が生活に必要な製品・サービスを入手できなかったり，撤退企業から解雇された労働者が新たな職を得ることが一層難しくなったりすることが考えられる」と述べ，強化された人権DDを実施し，通常の場合以上に，慎重な責任ある判断が必要であるとされている。そして，両者のいずれの場合も，その判断にあたって人権への負の影響について考慮しなければならない等とされている。

　取締役（会）が，そのような人権DDを行うこと，人権への負の影響の予防措置や緩和措置といった取組みを行う判断をするにあたって困難が伴うことは想像に難くないであろう[48]。(2)での検討も含め，限られた範囲での検討にとどまるが，そのような検討からは，規制を強めることに関して配慮すべき問題点

---

47)　西村あさひ法律事務所「ビジネスと人権」プラクティスグループ編著・前掲注46）118頁〔加藤由美子〕。フランスでは，企業注意義務法が施行された後，取引するサプライヤーの数が減少したというデータがあるとされる。なお，ここでみているように実際に人権に関するリスクが探知されている場合だけでなく，単純にサプライヤーに対するDDのコストを考慮して，サプライヤーの数を減らす動きにつながりかねないこと，さらには，大企業であれば，DDを行う予算や人的資源があるが，中小企業，零細企業では対応が難しいこと，DDの義務を負う企業が競争上弱い立場になりかねない（コスト面，ビジネス撤退を余儀なくされるリスク面，価格競争面など）ことを懸念する声も挙げられている。

の一端が窺えるとともに[49]，人権尊重ガイドラインのような，いわゆるソフトロー[50]でのそのような問題への対処がどこまで事態を改善するかも，今後注目されるように思われる。

Ⅳ　結び

本章では，ESG重視の潮流やそのもとでのESGの概念等について概観したうえで，会社法との関係について，ESG要素を考慮した企業の取組みについて「どこまでできるか」や，「そうしなければならない」という面ではどうかという観点から，若干の検討を行った。「どこまでできるか」という点では，ESG要素を考慮した取組みに支障を生じさせない水準にあるとみることができるように思われる。「そうしなければならない」という点では，限られた範囲ながら，主に「ビジネスと人権」分野に素材を求め，すでに指摘されている観点を確認するとともに，増加する傾向にある非財務情報の開示等，進展する法制化に関して配慮すべき問題点，課題についても言及したが（Ⅲ2⑵⑶），そのような問題については，第2篇第2章でさらに検討する。

【追記】気候変動問題への関心の高まり：パリ協定（2015年12月）および気候関連財務情報開示タスクフォース（TCFD）提言（2017年6月）
　　本章Ⅱにおいては，特に「G（コーポレートガバナンス）」の要素についての近

---

48)　なお，これらの取組みを具体的にどこまでどのように行うのかは高度の経営判断事項であり，取締役に広い裁量が認められることにつき，大杉・前掲注46）25頁，宍戸常寿ほか「座談会『ビジネスと人権』規範の企業への拘束力の背景と諸相―ソフトローが企業に及ぼす『ハード』な効力―」商事2348号18頁〔久保田安彦発言〕。

49)　各国における法制化で指摘される課題は，上述したものに限られない。たとえば「人権課題として捉えられる範囲が広すぎる（環境問題，気候変動までも対象となる場合がある）」，「DDの実施が求められていることは認識しているが，実際にどこまでやるのが適切なのか具体的な義務が曖昧である」，「DDを義務化することで被害者の環境改善への実際の効果に懸念がある」，「DDの範囲が広すぎる（自社およびその子会社のみならず，サプライヤーについてもDDの範囲とされているが，企業によっては直接サプライヤーだけで1万5000社を超える取引先があり，実際の対応が現実的ではない）」ことが挙げられる。西村あさひ法律事務所「ビジネスと人権」プラクティスグループ編著・前掲注46）118頁〔加藤由美子発言〕。

50)　人権尊重ガイドラインが企業を名宛人とするソフトローと捉えることにつき，大杉・前掲注46）25頁。

時の展開を概観し，また，同Ⅲ2(2)(3)においては，「S（社会）」の要素のうち「ビジネスと人権」分野での近時の展開の一端を示した。ここでは，「E（環境）」の要素の展開につき，前章Ⅲで取り上げた時期以降の展開として，とくにパリ協定（2015年12月）および気候関連財務情報開示タスクフォース（TCFD）提言（2017年6月）について触れておくこととする。なお，気候関連の情報開示をめぐる国内外の潮流については，TCFDも含め，第2篇第2章Ⅱでも扱っている。

○パリ協定（2015年12月）

　パリ協定とは，2015年にパリで開かれた「第21回国連気候変動枠組条約締約国会議（通称COP21）」で合意された，2020年以降の気候変動問題に関する国際的枠組みをいう（2016年11月4日発効）。よく知られているように，同協定では，世界共通の目標として，産業革命前からの世界の平均気温上昇を2℃より十分低く保つために，1.5℃に抑える努力をすることとされた。そしてそのために，できるだけ早く世界の温室効果ガス排出量を削減し，21世紀後半には，温室効果ガス排出量と吸収量とのバランスをとる（森林などによる吸収を通じ排出を実質ゼロにする）こととされている。

　パリ協定は，1997年に合意された京都議定書の後継に位置づけられる。京都議定書からの重要な変化ないし進展として，①温室効果ガス排出量の削減に取り組む参加国の範囲の拡大（中国やインド等，主要な発展途上国の参加），および②各参加国・地域の排出削減目標の定め方についてボトムアップのアプローチが採られたこと，の2点を挙げることができる[51]。①の点についての進展により，京都議定書の実効性への疑念はひとまず解消されることになった。京都議定書の実効性への疑念は，中国やインドを含め発展途上国には削減義務が課されなかったことにとどまらず，参加国の間の不公平感から米国が批准を拒否したことにも起因していた。

　次に，②の点についてである。これは参加国の範囲の拡大に資する点で①とも関わるが，パリ協定が求めるのは，発展途上国を含むすべての参加国と地域が，2020年以降の「温室効果ガス削減・抑制目標」を定めることである。加えて，長期的な「低排出発展戦略」を作成し，提出するよう努力することも規定されている。このように，すべての参加国・地域がそれぞれの国情を織り込み，「温室効果ガス

51）　経済産業省資源エネルギー庁「今さら聞けない『パリ協定』〜何が決まったのか？私たちは何をすべきか？〜」〈https://www.enecho.meti.go.jp/about/special/tokushu/ondankashoene/pariskyotei.html〉（最終閲覧日：2024年6月19日），藤井敏彦『サステナビリティ・ミックス―CSR，ESG，SDGs，タクソノミー，次に来るもの―』（日科技連出版社，2019）25〜26頁等。

削減・抑制目標」を自主的に策定し，どのような対策をとるかもそれぞれの国に任せるというアプローチ（各国に自主的な取組みを促す方式）が採られている[52]。そして，各国が定める削減・抑制目標は努力義務にとどまるが，進捗状況に関する情報を定期的に提供し，専門家のレビューを受けることが定められ，また，各国の目標は，5年ごとに更新し，提出することとされている[53]。上記のアプローチからは，国や地域ごとに多様な政策や規制が作られていく可能性があり，企業にとっては，リスクという意味でも，ビジネスチャンス（自社の排出量の削減，温暖化対策に有用な革新的イノベーションとその国内外への普及等）という意味でも企業活動に大きな影響を有していることが指摘されている。

〇気候関連財務情報開示タスクフォース（TCFD）の提言（2017年6月）

気候関連財務情報開示タスクフォース（Task Force on Climate-related Financial Disclosures：TCFD）は2015年に金融安定化理事会（Financial Stability Board：FSB）によって設置された民間主体のタスクフォース（作業部会）である。TCFDは上記のパリ協定締結を受け，新しい企業財務開示方法の策定に取り組み，2017年6月にTCFD提言（Final Report "Recommendations of the Task Force on Climate-related Financial Disclosures"）を発表した（2021年10月の改訂では開示の必要性をさらに強調）。同提言は，「ガバナンス」・「戦略」・「リスク管理」・「指標と目標」の4つの項目で構成されており，「ガバナンス」では，気候変動のリスクと機会に関わる組織のガバナンスについて，「戦略」では，気候変動のリスクと機会が組織のビジネス・戦略・財務計画にどのような実際のまたは潜在的な影響を与えるかについて，「リスク管理」では，組織が気候変動のリスクをどのように特定・評価・管理しているかについて，「指標と目標」では，気候変動リスクと機会を評価し管理するために用いられる指標と目標について，それぞれ開示が求められている。また，これらの項目につき，さらに細分化された開示内容（計11）も掲げられている。

このような開示の枠組みにより，気候変動に関するリスクが企業財務に与える影響を市場が正しく判断できるようになることが目指されているといえる。そのリスクの内容は，「移行リスク」と「物理的リスク」とに大別される。移行リスクとは，脱炭素の過程で生じる規制変更，社会の変化，技術革新等に伴い損害を被るリスク（気候変動緩和対策を怠ったという理由での訴訟の増加も含む）を指し，

---

52) 京都議定書では，先進国のみにトップダウンで定められた排出削減目標を課すというアプローチが採用されていた。

53) その他，協定の長期目標の到達度合いの進捗状況を確認することとされ，その結果は，各国の次の削減・抑制目標の検討の際に活用される。

物理的リスクとは，気候変動による物理的事象（台風，洪水等の個別的な自然現象および長期的気温上昇等の慢性的な自然現象）によって損害を被るリスクを指す。

　TCFD提言が出されると，民間のみならず，各国の気候変動に関する開示制度のなかで開示内容についてTCFDと連動させる動きも生じるようになった。その典型は，2023年公表の国際サステナビリティ基準審議会（ISSB）による気候基準IFRS S2号と，同年公表のEUサステナビリティ報告基準（ESRS）E1である[54]。わが国では，東京証券取引所が2021年6月に改訂されたコーポレートガバナンス・コードにおいて，プライム市場区分の会社は「TCFDまたはそれと同等の枠組みに基づく開示の質と量の充実を進めるべきである」（補充原則3－1③）として，TCFDに言及している。このような傾向により，制度開示と民間が作った開示フレームの間の比較可能性も高まってきている[55]。

---

54)　上妻京子「気候関連情報の保証をめぐる国際動向」企業会計75巻10号（2023）36頁。
55)　北川哲雄編著『サステナビリティ情報開示ハンドブック』（日本経済新聞出版，2023）7頁。

第 2 篇

個別的問題についての検討

第 1 章

社会的責任を意識した企業活動の
拡大・支援と法
—— 「法を超えるCSR」・「法を支えるCSR」・「法を通じたCSR」 ——

本章は，「法を超えるCSR」，「法を支えるCSR」および「法を通じたCSR」をキーワードとして，拡大，多様化するCSRの規範性について検討するとともに，企業によるCSRの取組みの拡大を後押しする方策やそれに伴う問題点を検討するものである。本章は，本書の中でも最も古い時期（2009年）に書かれた論文をもとにしており，「法を支えるCSR」の用語の下で扱っている問題は，今日のESGアプローチでは，Gの要素に吸収されるものであろう。なお，「法を超えるCSR」が基本であることは変わらないが，今日では，「法を通じたCSR」の範疇に含まれる法制が増加している（このような分類はESGの下でも可能であり，その意味でCSRとESGとは互換的に用いうる）。本章が扱うのは，その萌芽的事象といえるかもしれない（本章末尾に置いた【追記】では，特に「ビジネスと人権」分野でのその後の展開を紹介しているが，数のみならず，類型も増えていることがわかる）。

I　CSR論議の拡大と本章における検討課題

1　CSR論議の拡大

　「企業の社会的責任（Corporate Social Responsibility：CSR）」論議の近年の特徴として，CSRが当該企業の行っている主たる事業との関連で論じられることが多くなっていることがしばしば指摘される。CSRは，環境，人権，消費者および納入業者に対する公正さ，ならびに贈賄・汚職の防止などについての取組みの強化を典型的な対象とするが[1]，そうした環境面および社会面の考慮を業

務に統合するという考え方である。このCSRの捉え方については，フィランソ
ロピーと対比するとわかりやすい。すなわち，フィランソロピーがいずれかと
いうと，稼得した利益の地域社会等への還元をはじめとして，「利益の使い方」
を問題にするのに対し，上記のCSRの考え方は「利益を得る過程」を問題にす
るものであり，これらは，とりわけEUのCSR論において顕著である[2]。

　以上に加えて，CSRの近年の特徴として，その対象の拡大を挙げることがで
きる。CSRの典型的な対象は上述のとおりであるが，環境・社会問題の面では，
たとえば職場における多様性（diversity），サプライチェーンについての倫理
方針，責任を持った販売促進活動（とくに子供向け），食品メーカーにおける肥
満の問題への責任ある取組みなどの項目が，CSRの対象に加えられるように
なっている。また，上記のような伝統的にCSRの領域以外に，会計や納税の方
針，さらにはコーポレートガバナンスのような，利益最大化の問題ないしは事
業運営そのものの中心に関わる事項までもがCSRの対象に含めて論じられる傾
向も生じてきている[3]。

　このようなCSRの拡大の背景には，グローバル化の進展や規制緩和・規制改
革の進展による企業の活動領域の飛躍的拡大とそれに伴う負の影響，すなわち，
人権，環境，社会問題における悪影響の深刻化の懸念があるのはいうまでもな
いが，それとともに，市民社会の成熟化による従業員意識の変化，消費者・顧
客の意識の高まりも指摘される[4]。なお，ガバナンス問題などへの拡大との関

---

1)　Doreen McBarnet, *Corporate social responsibility beyond law, through law, for law: the new corporate accountability.*, in: McBarnet, Voiculescu and Campbell（eds.），The New Corporate Accountability──Corporate Social Responsibility and the Law（Cambridge University Press, 2007），9, 10.

2)　藤井敏彦『ヨーロッパのCSRと日本のCSR』（日科技連出版社，2005）40頁以下，神作裕之「ソフトローの『企業の社会的責任』論への拡張？　EUにおける動向」ソフトロー研究4号（2005）19頁，24頁以下。

3)　McBarnet, *supra* note *1*, at 10.

4)　首藤恵「社会的責任を意識した企業行動の拡大─SRIの普及を中心として─」『内閣府委託調査　新たな成長に向けた日本型市場システム・企業ガバナンスの在り方に関する調査研究　報告書』（日経リサーチ，2008）37頁。従来においては，企業の社会的な行動は，いわゆる利潤追求活動に対する制約条件または払うべきコストと認識されていたが，社会の成熟化が進んだ今日，一般個人または家計においても，自らの消費行動や資金供給が市場を通じて企業に影響を与えているという認識が高まり，CSRと市場との共存に目が向けられるようになったため，企業と社会の持続可能性（sustainability）という観点から，CSRは制約というよりはむしろ，企業が戦略的に取り組まなければならない競争的要因と

係では，規制緩和の健全な目的達成という観点に目を向ける必要も大きいと思われる[5]。

2　本章における検討課題

　以上にみた論議の傾向を背景に，CSRの内容は多様化し，またCSRを意識した企業行動の拡大への要請も強まったと思われる。本章は，イギリスにおける議論を中心に，多様化するCSRの規範性，具体的には，CSRの規範形成や規範遵守のインセンティブ等の問題，さらにそれらの取組みを支援する方策やそれに伴う問題点につき，法との関わりを意識しながら，検討することを課題とする[6]。法との関わりを考えるうえで，「法を超えるCSR」，「法を支えるCSR」および「法を通じたCSR」という用語[7]が注目される。本章では，まず「法を超えるCSR」と「法を支えるCSR」とに着眼し，CSRの対象の拡大との関係で，多様なCSRの内容や機能について若干の整理を行う（Ⅱ）。そして，そのうえで，拡大・多様化するCSRの規範性についての上記の問題を検討し（Ⅲ），さらにそれらの拡大を支援する方策やそれに伴う問題点（Ⅳ）を，「法を通じたCSR」にも言及しつつ，検討したい。

Ⅱ　「法を超えるCSR」と「法を支えるCSR」

1　CSRの内容について
──コンプライアンスも含まれるか

　一口にCSRといっても，たとえば社会貢献や地域貢献という観点からそれが問題にされる場合と規制緩和の健全な目的達成という観点からそれが問題にさ

して認識されてきているとされる。

5)　事業運営の中心に及ぶ傾向を反映して，CSRに代えて，たんにCR（Corporate Responsibility）の語が用いられることもある。McBarnet, *supra* note *1*, at 10.

6)　本章は，野田博「社会的責任を意識した企業行動の拡大──CSRの規範性を中心として──」『内閣府委託調査　新たな成長に向けた日本型市場システム・企業ガバナンスの在り方に関する調査研究　報告書』（日経リサーチ，2008）52頁と問題関心を共通にし，それについて補充を試みるものであるが，簡略化した部分や重複する部分も少なくないことをお断りする。

7)　これらは，McBarnet, *supra* note *1* の表題でも用いられている。

れる場合とでは，CSRの内容や期待される機能について，少なくともその重点の置き方は異なることが考えられる。ここでは，そうした考察の手がかりとして，コンプライアンスもCSRに含まれるかという問題を採り上げる[8]。そしてその関係で，ここでは，CSRの内容を次のように整理する。すなわち，ⓐ法律の要求に応じること，ⓑ法令のみならず，企業倫理や社会規範に応えること，すなわち，法令に形式的には違反するわけではないが法令の要請等に照らして不当と考えられることをしないこと，およびⓒ法的要請や契約上の義務を上回る活動をすること，である。

(1) 広狭2つの見解の対立

CSRを広く捉え，上記ⓐ，ⓑのようなコンプライアンスの事項が，ⓒとともに社会的責任ないしCSRの対象に含まれうるとする立場がある。たとえば，国際標準化機構（ISO）の社会的責任規格（ISO 26000／WD 3）などである。他方，狭く捉える立場もある。たとえばEMSフォーラム最終報告書などでは，社会的責任とは法的責任が尽きたところから始まると整理され，それゆえCSRはⓒの問題ということになる[9]。

なお，CSRを広く捉える意味については，後述するが，その立場を採る場合，上記ⓒを内容とするCSRを「法を超えるCSR」，ⓐ，ⓑを内容とするCSRを「法を支えるCSR」と呼ぶことができるように思われる。ここでⓑをⓐと同じ範疇に含めるのは，法の背後にある精神なり社会的要請に合致した企業活動を求め

---

8) この問題につき，たとえば，野村修也ほか「いまなぜCSRなのか（座談会）」法時76巻12号（2004）4頁，14～15頁，松井秀樹「CSRと企業法務」法時76巻12号（2004）51頁。

9) 本文に言及したISO26000／WD 3における社会的責任の定義は次のとおりである。「組織の決定および活動が，社会と環境に与える影響に関する責任で，透明かつ倫理的な次の行為を通じたもの——

・持続可能な発展および社会の繁栄と調和し，

・ステークホルダーの期待を考慮し，

・適用されるべき法令を遵守し，国際行動基準と調和し，

・組織全体に組み入れられる行為」。

　他方，「企業の社会的責任に関する欧州多数利害関係者フォーラム（European Multi-Stakeholder Forum on CSR）」（以下「EMSフォーラム」という）最終報告書は，「CSRとは，法的要請や契約上の義務を超えて，環境面および社会面での考慮を自主的に業務に統合することである。CSRは法律上，契約上の要請以上のことを行うことであるから，これらに置き代わるものでも，また，これらを避けるためのものでもない」と定義している（以上の邦訳については，松本恒雄＝杉浦保友編『EUスタディーズ4　企業の社会的責任』（勁草書房，2007）iii頁を参照）。

第1章　社会的責任を意識した企業活動の拡大・支援と法　◆　63

ることが，コンプライアンスの事項に⑥が含められる主要な理由になっている
と考えられるためである。

(2)　コンプライアンスをCSRの問題として捉える意味

　CSRを広く捉える立場をとる場合，コンプライアンスはCSRを持ち出すまで
もなく企業が取り組むべきものと考えられるため，それをCSRの問題として取
り扱う意味が問題となる。広く捉える立場からの説明としては，法令遵守を経
営の問題として位置づけ，コンプライアンスのための企業内の自発的・積極的
取組みを求めるという新たな視点が導入されることにその意味を求めるものが
ある[10]。法は企業活動の規制において，常に期待されるほど効果的ではないと
いうことがその認識の基礎にある。なお，この視点は今日では内部統制構築義
務が課されることによって法律上の問題にもなっているが，その場合でも取組
みの中身については個々の企業に大きく委ねられていることに留意する必要が
ある。

2　「法を支えるCSR」の意味
——規制緩和の健全な目的達成という観点および法の限界という観点を中心として

　伝統的な企業の社会的責任論の観念にとって，「法を超えるCSR」が中心を
占めることはいうまでもない。企業の社会的責任といわれる場合，法的な責任
を含むこともあるが，むしろ，法が要求していなくても企業は自発的に社会的
責任を果たす行動をすべきであるという意味で用いられることが多い[11]。そし
て，それが基本をなすことは，今日でも依然として変わらないであろう。それ
に対して，「法を支えるCSR」の着想は比較的新しく出てきたものである。法
の限界という上述の観点のほか，規制緩和の健全な目的達成という観点が重要
であると思われる。若干の具体例を通じて，もう少し詳しくその意味を検討す
る。

(1)　「法を支えるCSR」の重要性を考えさせられることになった一連のライブ
ドア騒動

　1997年以降の商法改正および2005年に成立した会社法（2006年5月施行）に

---

10)　松本恒雄「企業のステークホルダーとしての消費者——消費者政策の第3の波とCSR」
　松本＝杉浦編・前掲注9）79頁，82～83頁。

11)　神田秀樹「企業と社会規範：日本経団連企業行動憲章やOECD多国籍企業行動指針を
　例として」ソフトロー研究1号（2005）3頁，4頁。

おいて企業の自由度を高めることを意図した改正が重ねられ，その結果，制度の濫用の余地が拡大したことは確かであり，上記⑥の内容におけるCSRを考える必要性が一層高まったと考えられる。たとえば，一連のライブドア騒動にみられた株式の大量分割，リーマン・ブラザーズを引受人としたMSCBの発行，および時間外取引を利用した株式取得は，それを考えさせる好例を提供すると思われる。

　たとえば大幅な株式分割を取り上げると，原則禁止から原則自由という方向性の中で，1対100といった大幅な株式分割が可能になった。本来，株式分割そのものは，株式の価値にはまったく影響がないはずであるが，この事件の当時における株式実務のもとでは，流通市場において需給の不均衡を生じさせ，それをきっかけとして，株価が乱高下するという状況がみられたのであり，そのような企業の価値とはまったく無関係な株価変動は，市場の株価発見機能を阻害するものとして問題視されることになった[12]。ここでは，規制緩和の健全な目的達成という視点が重要になる。すなわち，株式単位の大きさは，本来，法律が干渉することなく各会社の自由に任せておいてよいはずのものであるという趣旨を踏まえると，問題の重点は，規制緩和が行きすぎてはいないかということではなく，規制緩和のもとで，企業の創意工夫・経営の一層の効率化が求められる一方で，それが健全に達成されることをいかに確保するかということに置かれるべきであると考えられる。今日，大幅な株式分割の問題について証券取引所の自主規制（自粛要請を経て，ルール化）による対処がなされるに至っているが[13]，それは上記の視点と適合的であるようにも思われる。

　以上のような自主規制機関の自主規制による対処は，MSCBの発行[14]についてもみられる[15]。2007年5月29日「会員におけるMSCB等の取扱いについて」理事会決議（自主規制会議決議）である。ところで，この日本証券業協会の自主規制については，それが制定される以前に，「このような自主規制である

---

12)　詳細について，土本清幸「企業行動と市場規律の調和」証券経済学会年報42号（2006年度）202頁，205頁参照。

13)　具体的な自主規制の内容につき，土本・前掲注12) 205〜206頁参照。

14)　MSCBについて詳細には，野田博「MSCBに関する法と実務対応」徳岡卓樹＝野田博編『ビジネス法務大系Ⅲ　企業金融手法の多様化と法』（日本評論社，2008) 123〜152頁など。

15)　なお，ライブドアが行い，問題とされた時間外取引については，法改正，すなわち公開買付けの対象とするための証券取引法（金融商品取引法）の改正により対処された。

CSRは，1社単独で厳しくやると競争上不利になるし，また文化の違う外国業者と同じ市場で競争しているわけであるので，共通のCSRルールづくりが必要であり，証券業協会のような，組織で自主的・機動的な自己規制ルール（ルール違反者に対する処分もその自己規制ルールのなかで定める）をつくることが適切でかつ実効性を確保できる」との指摘もなされていたところである[16]。この見解は，MSCBの取扱いにつき自主規制規範を策定することや，策定された規範を遵守するための取組みをすることなどをCSRとして捉えているが，そこでの自主規制の目的を踏まえると，「法を支えるCSR」の範疇に属すると考えられる。

(2) いわゆる「欺瞞的コンプライアンス（creative compliance）」とCSR

　法が企業の規制において，常に期待されるほど効果的ではないとすれば，法それ自体の問題以外に，法規制に向き合う際の企業の姿勢にも大きな原因があると考えられる。「欺瞞的コンプライアンス」はこのような観点から，規制の抜け道をみつけようとする行為を指すものである。古くから，税や会計の分野での行為（tax avoidance, creative accounting）にその例がみられる[17]。

　イギリスでは，CSR運動のもとで（濫用的）節税が問題にされ，NGOによる批判キャンペーンの対象になった事例が現れている[18]。合法的手段を総動員して税負担を最小化することは株主に対する義務を果たすことのように思われるが，それにもかかわらず節税がCSRに結びつけた批判の目にとまるようになったことにつき，次のように説明されている。まず，それが税収に影響するということからすると，公益にかかわる問題であることは明らかである。また，CSR方針を採用する会社が，環境や人権等CSRの確立した領域の場合と同様，このような利益最大化の問題の中核に触れる財務，法律問題に関しても，その組織全般にわたってCSR方針を据え付けているか否かを現実にテストするものとなる。そして，批判キャンペーンの対象となることによる評判の毀損を考慮すると，欺瞞的コンプライアンスが，かえって長期的な株主価値を害するとい

16）　松本啓二『クロス・ボーダー証券取引とコーポレート・ファイナンス』（きんざい，2006）217頁。

17）　この問題についての以下の記述は，McBarnet, *supra* note 1, at 44-54 に多くを負う。なお，ここでは言及できないが，ルールベースとプリンシプルベースの規制についても論じられている。

18）　国際的に活動するNGO（The Tax Justice Network）による会計法人（KPMG）への「名指しして非難する」キャンペーン等。

66 ◆ 第2篇　個別的問題についての検討

う結果も出てきうることになる。

　以上のような欺瞞的コンプライアンスへのCSRの拡大は，個別的にみた場合には異論の余地がないものばかりとはいえないであろうが[19]，それは，法の限界を踏まえつつ，企業に対し法ないしコンプライアンスに対する姿勢を再検討させるきっかけを提供する役割を果たす可能性があり，「法を支えるCSR」であると位置づけられるものといえる。なお，以上に述べてきた「法を支えるCSR」も，規範遵守のメカニズムについては，「法を超えるCSR」と差がない場合が多いと思われる。

Ⅲ　「法を超えるCSR」の規範性

　CSRの方針は，各企業や業界団体等の行動規範に表され，自主的な取組み（の強化）を会社が宣言するという形をとるのが典型である。国の内外を問わず各種の機関・団体等が作成・公表するさまざまな指針・宣言等に多かれ少なかれ影響を受けることはもちろんであるが，最終的には各企業の決定に委ねられる[20]。

1　規範遵守のインセンティブ

　規範遵守のインセンティブをもたらすさまざまな要因についてみていく[21]。

　その出発点は，当該企業が自主的判断によりCSRの規範を解釈し，自らエンフォースメントに取り組むことであり，それが基本である。そのため，トップのCSR観，およびCSRへの献身と統率力の重要性が指摘されてきた。

　背景的な要因としては，第1に，情報技術の進展により，地球規模でのコミュニケーションや公表が容易化したことが挙げられる。その結果，マイナス情報は隠しきれなくなるし，一人の声でさえ大きな影響力を持ちうる。第2に，事業の方式について，その製造業務のほとんどをアウトソーシング，下請負契

---

19)　ここで例にとった節税に対する批判についても，税法において倫理的な判断の余地はないとみる向きからは，まったく不適切な批判と思われるかもしれない。

20)　神作・前掲注2）21頁。

21)　以下の整理につき，McBarnet, *supra* note *1*, at 13-24 に多くを負う。また，藤井・前掲注2）53頁以下に紹介されている，EMSフォーラム最終報告書第2部でのCSRの促進要因と障害の分析も参考にしている。

第1章　社会的責任を意識した企業活動の拡大・支援と法　◆　67

約に依存する企業を典型として，サプライチェーンに属する企業での人権問題等に配慮する必要が増加している。それらが信用リスクの重要な源になるためである[22]。

　CSRを推進する主体としては，ビジネスの環境面および社会面での影響を監視し評価するとともに改善に向けて働きかけをする活動的NGOの存在があり，公表および圧力において主要な役割を果たす。

　そして，市場もCSRを推進する働きをする。主なものとして，CSRを重視した消費者の行動（フェアトレード商品等），投資家の行動（SRI・ESG投資），雇用市場が挙げられる。なお，雇用市場に関して，よき企業市民であることは，有為な人材の獲得と引き止めや，その士気の向上に繋がることが指摘される。

　さらに，CSRコンサルタント業，CSRの基準設定団体，およびCSR報告の認証団体など，CSR自体がビジネスとして市場の要素となっている。また企業においても，CSR担当の部署が組織化・内部化される傾向がみられる。

　最後に，「ビジネス・ケース（business case）」という観念も重要である。CSRについては，周知のように，経営者は株主に還元すべき資金をより広範な社会的利益のために支出する権限を有しない——配当として還元された資金の使い道は，本来株主個人の選択に委ねられるべきものである——という観点からの批判がある[23]。ビジネス・ケースは，それに対する正当化として，利害関係者（株主）に利益があり，それを行う理由があることを示すものである。NGOが企業に対してCSR方針を本業のなかに組み込むよう説得する際にも，その採用を正当化する論拠として持ち出されてきた。すなわち，直接的なコストの最小化にはつながらないが，評判の毀損とそれによる市場占有率の減少という潜在的コストを最小にするといった視点からの正当化である。こうして，リスクマネジメントは，CSR活動にかかわる企業のためのビジネス・ケースの強力な一部分となるともいわれている。

22）　たとえば，ナイキが生産委託していたベトナムの工場での児童労働の発覚が同社製品の不買運動に発展したことはその例を提示する。

23）　なお，この批判が示すように，会社，少なくとも経済的に重要な会社は社会的に責任を負うように行動すべきであるという考え方は，より根本的な会社の本質および目的についての問題に関係する。Kevin Cambell and Douglas Vick, *Disclosure law and the market for corporate social responsibility*, in: McBarnet, Voiculescu and Campbell（eds.）, *supra note 1*, at 241, 245. この問題について，たとえば仮屋広郷「CSR論とは何か」松本＝杉浦編・前掲注9）3頁参照。

2　問題点と留意事項

　上記のようなCSRを推進する要因は実際どの程度の影響力を持つか，また，その影響力は一貫性を保ち，かつ持続的なものといえるか。これらの点には，疑問の余地もある。

⑴　問題点

　以下は，しばしば指摘される主な問題点を列挙するものである[24]。

⒜　コスト要因

　CSRは本質的に伝統的な利益最大化の追求と矛盾せず，むしろそれと調和するとみられるとしても，CSRの遂行が，会社にとってコスト要因になることは否定し難い[25]。それゆえ，自発的な取組みとしてのCSRは，たとえば大きな市場の低迷期にも耐えうるかという疑問が生じうる。

⒝　自発的なCSR方針の採用における現実——CSRは企業の宣伝活動（PR）に終わるのではないか？

　CSRは多国籍企業から出発して大規模公開会社では普及してきているものの，中小企業においては必ずしもそうではなく，また，自発的なCSRの取組みは国ごとにも差がある。そして，CSR報告の信頼性・透明性はどの程度か，会社はCSR方針をどの程度実現しているかという点からみると，CSRが結局企業の宣伝活動に終わるのではないかとの批判を免れない場合がありうることは否定できない。なお，今日におけるグリーンウォッシング批判も，同じ文脈で理解できるであろう。

⒞　NGOや市場の力の有効性に対する疑問

　大きなブランド・ネームに圧力をかけるというNGOの手法は必然的に一貫性を欠いた影響力の行使になる。また，それが消費者行動等に影響を与え他のブランドが選択されることになるとしても，その選択された他のブランドの詳細がわからない場合も考えられ，CSRの観点からよりよい結果になるとは限らない。さらに，ブランドに敏感であることは，すべての企業に当てはまる問題ではないことも認識しておかねばならない。

24）　ここでも，とくに注記するもの以外に，McBarnet, *supra* note 1, at 24-29 を参照している。

25）　神作・前掲注2）26頁。

第1章　社会的責任を意識した企業活動の拡大・支援と法　◆　69

　以上のような疑問点に加え，明らかにしなければならない課題は少なくない。すなわち，CSRを重視する消費者市場はどの程度の影響力を有するか。そのような市場が成長してきていることは事実であるが，価格よりもCSRを選択する消費者の規模は，安全の問題を除き，小さいのではないか。また，CSRの保証書はどのくらい信頼できるものか，SRIはどの程度浸透しているか，投資ファンドは評価の対象となる会社の実践をどの程度綿密に調査しているか，等である。

⑷　社会的に責任のある行動という概念が非常に広範であることにかかわる問題

　CSRの取組みには相互に矛盾するものがあることや，多様なステークホルダー間のありうる利害の対立が，社会的に責任のある行動とは何かという問題を難しくする。例えば，food miles——その食料がどれだけの距離を輸送されてきたかを示す数字で，このマイルが小さければ小さいほど，輸送のために資源を使っておらず，環境に良いとされる——と，フェアトレード購入を通じての発展途上国の支援とが矛盾することは明らかであり，この間でどのようにバランスがとられるかといった問題が生じる。また，従業員や環境保護等に関する基準を調達条件に付する動きが，途上国からの輸入を抑える方向に働く可能性をもちうることも[26]，上記と同様の問題をもたらす例といえる。

　さらに，NGOはどのような権限に基づいて社会的基準を設けるのかという問題も指摘される。選挙されたわけでない組織・団体が基準を定めるだけではなく，マイナスの評判を広めることや，抗議および不買運動等の方法でその基準をエンフォースすることは，特に当該主張に争いの余地がある場合，正当化できるものであるか等である。

　以上，企業に対するNGOや市場の圧力等は，規範の発展，エンフォースメント，監視のいずれについても，個別的で，一貫性を欠くパッチワーク的対応をもたらしたにすぎないという見方を生じさせている[27]。

---

26)　藤井・前掲注2）85頁以下。
27)　神作・前掲注2）30頁。なお，本文に示したように，企業に対する抗議行動（キャンペーン）は依然NGOの重要な活動の1つであるが，その相対的重要性は低下していることにつき，藤井敏彦『サステナビリティ・ミックス—CSR，ESG，SDGs，タクソノミー，次に来るもの—』（日科技連出版社，2019）10～11頁。より包括的な対処を可能にするルールづくりにNGOの活動の中心が移っていく可能性が示唆されている。

(2) 批判についての留意事項

企業の任意の取組みというアプローチに対する上記の厳しい評価は，政府の役割を見直すべきであるという議論にも繋がっている[28]。ただし，このような評価については，留意しておくべき点もある。

(a) CSRが結局はPRに終わるとの批判について——その波及効果への着眼

たとえ最初はPRとして始まったとしても，その波及効果がたんなるPRにとどめさせない可能性がある。まず，組織の内部にあっては，CSR部署の担当者が，PRを超えて業務として定着させる方向へと取締役会に働きかけをすることが考えられる。また外部的には，そのPRを捉えて実務に影響を与える手がかりに利用しようとする動きが考えられるほか，場合によっては法的問題（不公正な競争や虚偽広告等）になる可能性もある。そしてそのような可能性は，今日におけるグリーンウォッシングへの制度的対応の進展（本篇第3章参照）により大きくなるであろう。このようにPRが諸刃の剣になりうることは，企業に対して，情報を透明，正確に開示することを重要なものとする[29]。

(b) 企業に対するNGOや市場の圧力等が個別的で一貫性を欠くパッチワーク的対応にとどまるとの批判について

この批判に関しては，法規制にも同様に限界があるとの指摘がなされていることに留意する必要がある。サプライチェーンが国境を越えて連鎖している場合に，法の限界は明らかであることがしばしば指摘され，国内の規制の場合にも，国家が適切な法規制を行い，確実にエンフォースするのは極めて困難である[30]。

このようにみると，自発的なCSRの取組みという枠組みはたやすく退けられるものではない。上記のような批判は有益であるが，同時に，「ベストを求めるあまり，ベターを失うことにならないようにすべきである（The best should not be allowed to be the enemy of better.）」[31]との観点も重要であるように思われる。

---

28) 神作・前掲注2）30頁参照。

29) CSR報告書のガイドラインとしては，GRI（Global Reporting Initiative）が作成した「持続可能性報告書ガイドライン（Sustainability Reporting Guidelines）」（2016年以降は，GRIスタンダードに名称変更）など。

30) 神作・前掲注2）29頁。

31) D.Vogel, *The Limits of the Market for Virtue*, Ethical Corporation（September 2005），44, McBarnet, *supra* note *1*, at 29.

第1章　社会的責任を意識した企業活動の拡大・支援と法　◆　71

Ⅳ　CSRの支援
——法または政府の役割を中心として

　Ⅲ2において示した問題点の指摘やそれについて留意を要すると思われる点を踏まえ，CSRをさらに支援すべきとした場合，どのような方策が考えられるであろうか。ここでは，法または政府の役割を中心に，イギリス政府における取組みを素材として，その考えうる方策を検討する。

　イギリス政府は，会社法においてはCSRを会社が自発的に取り組むべき事項とする立場を維持するが，それと同時に，会社，特に経済的に重要な会社がCSRの問題に注意を払う方向に向けて市場の圧力を支援し，強化する規制上の措置を講じてきたことはよく知られている。具体的には，会社に対するCSRの方針および活動の開示要求がその基本である（CSRへの自発主義と強制的な開示との結合）。以下，1においてそれを採り上げ，2では，「契約」を通じる方策をみる。これらは「法を通じたCSR」と捉えられることがあり[32]，それぞれの課題等については当該箇所で検討するが，CSRの中心的課題についての合意形成の必要という問題については，さらに3において検討する。

1　開示の手段を用いた間接的な規制

(1)　投資家に向けた開示規制

　イギリスにおける年金法の1999年改正[33]では，投資家に向けた開示規制が採られた。そのもとで，運用受託者（年金基金）はその投資判断において，社会・環境および倫理面の要素を考慮したか否か，考慮した場合はいかに考慮したかを述べること（考慮することは何ら要求されておらず，求められていることはただ考慮したかどうかの開示），および，投資に関連する権利行使（議決権の行使を含む）の基本方針が存在する場合は，その方針を述べることが要求される。

---

32)　*Id.* at 31-44.

33)　Occupational Pension Schemes (Investment, and Assignment, Forfeiture, Bankruptcy etc.) (Amendment) Regulations 1999, SI 1999 No.1849, reg. 11A(a). （Occupational Pension Schemes (Investment) Regulations 1996, SI 1996 No. 3127を改定。2000年7月施行）。

そして，同様の要求は，地方自治体職員の年金制度にも課された[34]。

　ここでは，CSR方針を考慮すること自体は要求されていないにもかかわらず，結果的に年金基金は，投資の対象とする会社のCSR方針を考慮するという選択を増加させたことが指摘されている[35]。これは，運用受託者としては，自らの評判を考慮すると，倫理，社会および環境などのCSRの問題に無関心であるということを公に宣言することはしにくいためであると考えられる。そして，その影響が年金基金からの投資を求める会社にも波及することになった。この手法では法的規制が用いられているが，間接的なものであり，法的にみて非強行法的アプローチと捉えることができる[36]。

(2)　事業会社に向けた開示規制

　イギリスの旧貿易産業省（Department of Trade and Industry：DTI）による2005年の会社法規則案では，「業務および財務報告書（Operating and Financial Review：OFR）」において，会社および子会社の従業員，環境問題，ならびに社会および地域社会の問題に関する情報を記載すべきことを提案していたが，これは国会での審議を経て2005年11月に廃案となった[37]。EUの会計現代化指令（2003/51/EEC）に，取締役報告の一部として，事業報告（business review）と呼ばれる新しい報告要求の導入が控えていること，および，規制が企業にもたらす負担を減少させることがその理由とされた[38]。そして，2006年英国会社法により定められたのは，制定法上の年次報告書の事業報告における開示要求であった。その具体的な内容については，次項(3)において，イギリス政府の開示要求の基本に据えられている考え方や仮定を検討するなかで述べる。

(3)　若干の考察——イギリス政府の開示要求の背後にある基本的な考え方

　上記のような取組みの先鞭をつけた労働法政権の下でのイギリスにおいても，CSRへの企業の自発的な取組みが基本であった[39]。ただ，それと同時に，政府は，市場の力だけでは倫理上の枠組みを生み出し，または維持することはでき

---

34)　Local Government Pension Scheme（Management and Investment of Funds）（Amendment）Regulations 1999, SI 1999 No.3259.（Local Government Pension Scheme（Management and Investment of Funds）Regulations 1998, SI 1198 No. 1831を改定）。

35)　McBarnet, *supra* note *1*, at 32.

36)　*Id.* at 33.

37)　Cambell and Vick, *supra* note *23*, at 257-258.

38)　*Id.* at 258.

ないことも認識していた[40]。すなわち，上記の自発主義は，実行されたCSR活動の性質や程度についての開示を強制するさまざまなルールと結びつけられるのである[41]。(1)でみた年金法の改正もそのようなアプローチに属するものである。投資者に焦点を当てたその試みは，SRIへの自発的な取組みを促進しようとする政府の努力を示すものと捉えられる[42]。

　次に，(2)に述べた事業会社に対する開示要求であるが，その基礎には，会社の利益，したがってその株主の利益は，積極的なCSRの姿勢を維持することによって最もよく達成されるという仮定（「啓発された株主価値（enlightened shareholder value）」アプローチ）がある。2006年英国会社法においては，次のようにして，その考え方が取り込まれていると考えられる。DTIの会社法見直し委員会（Company Law Review：CLR）の統括グループ（Steering Group）の最終報告書およびそれに続く政府の白書はすべて株主利益を第一義に考える原則を明確に支持し，2006年英国会社法172条1項においては，「会社の取締役は，誠実に，株主全体の利益のため会社の成功を促進する見込みが最も大きいと考えたやり方で行動しなければならない」と規定された。ところで，この条文には，次の文言が続いている：

「その際，（とりわけ）次のことを考慮しなければならない──

(a)　意思決定の長期的な視点から見込まれる結果

(b)　会社の従業員の利益

(c)　供給業者，消費者その他の者との会社の事業関係を発展させる必要性

(d)　会社の運営が地域社会および環境に及ぼす影響

(e)　会社が高い水準の事業活動を遂行しているとの評判を維持することの望ましさ

(f)　会社の株主の公正な取扱いの必要性」[43]。

---

39)　*Id.* at 253-254. なお，2000年3月に旧DTIの主務大臣はCSRに対する特別の責務を負うことになったが，当時開設されていた旧DTIのCSR専用ウェブサイトでも，CSRへの自発的なアプローチの政府による支援が強調されていた。

40)　*Id.* at 254.

41)　会社の自発性と強制的な開示の結びつきは，1997年に政権について以来，労働党のCSR政策の基本原則を成していた。*Id.* at 252.

42)　*Id.* at 254.

43)　邦訳につき，杉浦保友「イギリス新会社法の下での取締役によるステークホルダー利益考慮義務」松本＝杉浦編・前掲注9）197頁，212頁。

74 ◆ 第2篇　個別的問題についての検討

　そして，上記の考慮，とりわけ(a)〜(d)の考慮が追加されたことが，政府が会社法改革において「啓発された株主価値」アプローチを受け入れることを反映するものとみられる。そのアプローチは，上記のように，会社のステークホルダーとの関係が株主へのリターンに影響するということ，そしてそれゆえ，取締役がより広範なステークホルダーの事項を考慮することが株主の利益になるということを想定するが，それは，包括主義的（inclusive）アプローチを基礎とするものとされる。ここで包括主義的アプローチとは，取締役は株主利益を優先して行動すべきという伝統的な考えに立脚するが，それにとどまらず，株主利益を向上させるために，従業員の利益やその他もっと広い利益を考慮する義務があるとするものである[44]。

　(2)において言及した事業報告は2006年英国会社法417条（取締役報告書の内容：事業報告）に規定され[45]，上述した172条の取締役義務の履行を適切に評価

---

44)　杉浦・前掲注43) 218頁。なお，その解釈について，同・212頁以下，とくに213頁⑧参照。

45)　2006年英国会社法417条（取締役報告書の内容：事業報告）は，次のように定めている。
「(1)　小会社制度の下にない会社は，取締役報告書の中に事業評価を含む必要がある。
　(2)　事業報告の目的は，会社株主に対し，取締役が172条（会社の成功を推進する義務）の下でその義務をいかに果たしたか通知を行い，評価を助けるものである。
　(3)　事業評価は，次のことを含む。
　　(a)　会社の事業の公平な評価，および
　　(b)　会社が直面する主たるリスクおよび不確実要因の記述
　(4)　要求される事業評価は，事業の規模および複雑さと釣り合うように，次の事項に関しバランスが取れた包括的な分析であることを要する。
　　(a)　事業年度における会社の事業の発展および遂行
　　(b)　その年度末の会社事業の状況
　(5)　上場会社の場合，事業評価は，会社事業の発展，遂行または状況の理解に必要な範囲で，次のことを含むこと。
　　(a)　会社の事業の将来の発展，遂行および状況に影響をあたえるかもしれない主たる傾向および要素
　　(b)　次の情報
　　(ⅰ)　環境問題（会社事業が環境に与えるインパクトを含む）
　　(ⅱ)　会社の従業員
　　(ⅲ)　社会，地域問題
　　(c)　第11号（情報開示が取締役の判断で，重大な侵害になるか，公益に反するような場合は除外するというもの）に従うが，会社の事業に重要な契約その他の協定の相手方の情報」（6項〜11項まで省略）。
　　邦訳について，杉浦・前掲注43) 214〜215頁参照。

することに資する規定であると位置づけられる（417条2項）。この規定により，小会社以外の会社は，EUの会計現代化指令で要求されたところに従い，取締役報告書のなかに事業評価の作成が義務づけられる（同条1項）。そして，特に上場会社については，同条5項において，取締役は，会社の事業の環境に与えるインパクトを含む環境事項，会社の従業員および会社・地域問題に関する情報および会社の事業にとって重要な協定を結んでいる関係者の情報について必要な範囲で開示しなければならない[46]。

以上のようにして，2006年英国会社法では，株主に対する経営者のアカウンタビリティを確保するメカニズムを維持しつつ，取締役の義務についての包括主義的アプローチと上記のような開示強制――上場会社については，実質的にOFRの要求が残ったといえる――とによって，よりステークホルダーの利益に傾斜したアプローチ（pluralistアプローチ）との妥協が図られたと考えられる。

もっとも，この政策は，CSRにおける「ビジネス・ケース」を受け入れるものであるが，その当否については，解明を待たねばならない点がなお多く残されていた。とりわけ，この政策が仮定するとおりに，企業のCSR活動が価値を生み出すのであれば，よきCSRの業績をもつ会社の株価にそれが反映するはずであるが，少なくとも当時において，そのような経験的事実の存在が実証研究により明らかにされているとはいえなかったようである[47]。ともかく，CSRにおける「ビジネス・ケース」を受け入れる政府の立場は，CSRについての開示要求の拡大がもたらす効果についての実証研究の重要性を大きくしたといえるであろう。また，172条についても，短期の収益への圧力が依然存在する経営環境のため，同規定の前身である1985年英国会社法309条と同様，会社の意思決定にほとんど影響力をもたないとの見方もみられていた[48]。

---

46)　Explanatory Noteによると，もしこの問題について何も報告するものがない場合，その旨記載する必要がある。杉浦・前掲注43) 216頁。

47)　たとえば，Cambell and Vick, *supra* note 23, at 259-277 は，FTSE 4 Good倫理指数に含まれている会社のパフォーマンスを吟味することを通じて，CSRがどのように会社，ひいては株主の価値に影響するかを分析するが，それによると，株式市場においてCSRが会社の価値を改善するという明確な証拠は得られなかったが，他方，CSR活動が会社のパフォーマンスを害することを示すものでもなかったとのことである。なお，その後の実証研究に関する既存研究のサーベイ等につき，湯山智教『ESG投資とパフォーマンス――SDGs・持続可能な社会に向けた投資はどうあるべきか』（金融財政事情研究会，2020年）参照。

2 「契約」を通じる方策
──調達条件にCSRを採用することを通じてのCSRの伝播

　大企業（大手メーカー，スーパー，デパート等）が自ら採用したCSR原則および方針を世界中にある自らの子会社に及ぼすだけでなく，調達条件にCSRのコミットメント（労働条件や環境保護等に関する基準）を含めることにより外部の納入業者等にも自らのCSR原則および方針を守らせようとする傾向が増加している。この背景には，サプライチェーンに属するある企業の行った行為により，その中枢に属する企業が，自らの法的責任ではないにもかかわらず，CSR運動によりそのブランドや評判に深刻な打撃を受ける危険が現実に存在していたことがある[49]。そのため，その企業自身のみならず納入業者等にもCSRの行動規範を採用させるため，上記の手段を用いているものである。そして，情報の収集・管理のほか，納入業者等を監査することにコミットする例もみられる[50]。

　この手法は企業に限られない。国や地方政府，超国家的政府（EUなど）も，自らの市場における影響力を用い，自らの調達契約にCSRに関する義務を定めるという傾向が現れた（グリーン調達）。たとえばイギリス政府は，商品・サービスを購入する調達先企業に環境保護基準（エネルギーの効率さ，温室効果ガスの排出抑制，自然資源および原料の効率的な利用，輸送手段，汚染の防止，木材のような環境上取扱いに慎重を要する商品の適切な入手等広範に及ぶ）を要求することを提案する等の政策誘導的スタンスを採っている[51]。

　以上は，本質的には，市場の力および消費者の影響力という話に帰着するものであるが，ここでの消費者は企業それ自身または政府であり，消費者の力は契約上の義務を通じて法的な力を借りることができることにもなる[52]。

　もっとも，ここでの「契約」は，重要な条件全てについて明細に規定するタイプの契約ではなく，「ソフトな契約」または「関係的契約」に分類されるも

---

48)　Andrew Johnston, *Takeover Regulation: Historical and Theoretical Perspectives on the City Code*, 66 Cambridge Law Journal, 422, 456 (2007).
49)　McBarnet, *supra* note *1*, at 42. それを縮図的に示すのが，ナイキの経験である。
50)　この場合，財務的負担は大きくなる。なお，契約条項の策定の容易化については，たとえば国際労働機関（ILO）等によりすでに定められている基準をそのまま組み込むことにより，図られうる。
51)　McBarnet, *supra* note *1*, at 43.
52)　*Id.*

のである。契約上の義務や方針は大筋で定められ，その後にサプライチェーンの中枢企業による納入業者等への非公式の説明や監査を伴うという仕組みが通常であり，そこでは，始めから広い解釈やさらなる交渉・調整が予定されている。このことは，柔軟性および実現可能性の観点から，またサプライチェーンの中枢企業と納入業者等との協調の必要性という観点から，意義が認められる。経営環境の変化や法の変更によりCSRの要求の基準の実現可能性が影響を受けるため，それらの変化に対応する柔軟性は重要である。他方，協調は，信頼の構築や建設的な対話の前提となり，サプライチェーンの中枢企業に対してビジネス・ケースを提供するばかりでなく，納入業者等にとっても，追加の費用なしに，生産性の改善方法についての助言，問題の扱いやすい解決方法の発見の手助けを享受することが，CSRのビジネス・ケースのうえでの便益になるとされる。NGOも，CSRが事業上の便益にもなることを示すものとしてこの助言の重要性を認識し，納入業者等の側で進んでCSRを受け入れる要因と捉えているといわれる。エンフォースメントの面では，「契約」の不遵守が直ちに取引関係の断絶や法的手続等といった制裁につながるのではなく，合意を通じ時間をかけて納入業者等に遵守させるようにする手法が通常である。もっとも新規に納入業者等を選択する場合には，一般的にいって，より厳しい方針が採られる[53]。

　ただし，この「契約」を通じてのCSRという手法は比較的新しく，その有効性いかんについてCSRにおける「ビジネス・ケース」の一層深い進展を待たねばならないと指摘されていたのは[54]，開示を通じる手法の場合と同様である。また，特に政府調達について，幅が広く複雑なCSRに客観的な基準，指標を設定することが可能であるのか，そもそも指標や数値でCSRの取組み具合を判断できるのか等，公共調達基準が恣意性に流れる危険との関係での問題点も指摘された[55]。

53）　以上につき，Doreen McBarnet and Marina Kurkchiyan, *Corporate social responsibility through contractual control? Global supply chains and 'other-regulation'*, in: McBarnet, Voiculescu and Campbell（eds.), *supra* note *1*, at 59,68-81.

54）　*Id.* at 91.

55）　藤井・前掲注２）203頁。

3　CSRの中心的課題についての合意形成とその問題点

⑴　CSRの実務および評価等のさまざまな方法にかかる指針，原理の共通化の試み

　特に政府調達について示した上述の問題点からも明らかなように，CSRの支援にはCSRの中心的課題の明確化・合意の形成という問題が生じる。持続的発展のために解決すべき優先事項とその解決方法についての合意がないままに支援措置が先行した場合に，恣意性が市場を歪める等の危険が指摘される[56]。また，実際上各種のステークホルダーの活動が企業に影響を持ちうる状況下で，ステークホルダー間の利害が衝突するという場合に，経営者はどちらを向いて経営すればよいのか，あるいは，経営者の恣意的・独善的な経営に結びつかないかという問題もしばしば指摘される。このように，CSRの中心的課題の明確化の必要性という観点は，法令，規制という制度的合意のない領域でCSRを解釈し実行するという困難さ[57]に伴う問題にかかわって提起された。

　EUでは，「CSRについての理解のレベルを引き上げ，経営者，労働者，民間団体，その他の利害関係者間の対話を促進することにより，CSRを促進する」という目的の下に，EMSフォーラムが設置されるという試みもみられた。このような取組みは，上に示した観点から意義が認められ，その後，基準，指標の設定の面での進展が爆発的ともいえる様相を呈している（本章の【追記】や本篇第2章Ⅱはその一端）。また，次にみるように，規範遵守との関係でも一定の意味を持つように思われる。

⑵　CSRの内容を専ら利害関係者の適切な関与のもとでコンセンサスを得ようという枠組みと規範遵守とのかかわり

　CSRの内容・中心的課題についての理解を共通化するという作業は，規範作成のプロセスに位置するといえる。この規範作成過程において利害関係者の適切な関与が得られる場合，そのことが規範遵守に資する可能性がありうる。そ

---

56)　藤井・前掲注2）204頁。

57)　藤井・前掲注2）85頁。また，首藤・前掲注4）38頁においては，イギリスでも，2000年代に入って，紹介したような政府による制度的な後押しの下，CSRへの積極的な取組みがなされている反面，あまりにも企業活動に対する社会的要請が多様化し，評価の基準も曖昧であることから，企業側もどう対応すべきなのか戸惑っており，CSRは岐路に立たされているという危機感も広がっているとの指摘がなされている。

れは，規範作成過程への参加というプロセスにおいて，本来は従いたくない規範であっても従うことを約束するに至るという要素が見出される場合である。このことは，ソフトローがハードローに比べてエンフォースメントされにくいとは限らない（実際には逆の場合もある）ことに関してなされる説明の１つである[58]。

(3) 課題・問題点

　CSRに関わるさまざまなステークホルダーが表明する不満や要請を規範に組み込んでいく仕組みの構築が有用だとしても，解決すべき課題・問題点は少なくないように思われる。

　まず，その規範の共通化になじむ領域となじまない領域がありうるはずである。一般的には，創意工夫や発展に配慮する必要が大きい領域は規範の共通化になじみにくく，少なくとも選択の余地を残した規範化が求められることになる。

　また，合意形成を困難にする要素も少なくない。多様なステークホルダー間の利害の対立はもちろんのこと，同一のステークホルダーにおいても評価基準が一致する場合ばかりではない。対話，コミュニケーションを建設的なものにする条件が十分整っているかということに関して，たとえば日本のNGOについては，より高度な知識や専門性を備えるとともに，企業との間で有効な意思疎通ができる能力を磨く必要があるといった指摘もなされていた[59]。

　このような問題点を踏まえ，政府の役割は，CSRの中心的課題についての社会的合意の形成への側面支援であるといわれることがある。具体的には，情報提供のほか，EUにおいて欧州委員会が果たした役割（自らの見解を公式文書で表明するとともに，産業界，NGO，労働組合を集めた上述のEMSフォーラムの議長を務め，CSRを取りまとめるという役割）において，政府は最大の貢献をなしうるとの見解である[60]。

　ただし，それらの副作用にも配慮しなければならない。まず，政府の関与により，規範の策定，改廃がそれまでよりも形式的かつ硬直的になることが考え

---

58)　神田・前掲注11) 11頁。
59)　藤井・前掲注２) 183頁。多数のスタッフを抱える欧米のNGOとは資金力で比較にならず，また日本では，政府，企業，NGOの人材交流はまれであり，その環境も整っていないとの当時の状況を踏まえての記述である。
60)　藤井・前掲注２) 203〜204頁。

られる。たとえば，規範の策定，改廃の仕組みをフォーマルに構築，運営することから，必ずしも望ましいとはいえない不満や要望がフォーマルに確定してしまうこと等であり，柔軟かつ個別的な規範の迅速な提供というメリットに照らし，上記のような悪い面が出ないような仕組み・運用に留意することが必要になろう[61]。また，当然のことながら，ここでCSRの中心的課題の明確化・合意の形成が課題となるとする上述の問題関心を超えて，企業が公益に奉仕するように運営されるべきであることが強調されすぎてはならないであろう。さもなければ，政府は公認の公益保護者であることから，正統性を持って会社に何をなすべきかを指示し，また指針を示す役割を持つが，その指示・指針が企業が自主的に取り組むべきことにまで及んでしまいかねないことが危惧されるのである。

V　結びにかえて

　CSRの対象の拡大に伴い，CSRの外延をどのように線引きするかをめぐる議論が，従来さまざまになされてきた。その議論の困難さは，本章において考察の対象とした諸問題のなかにもいろいろと見出される。最後に，結びにかえて，対象の拡大やそれに基づく内容の明確化の要請に伴う問題につき，本章での考察においてなお課題としなければならない点をまとめておきたい。

　まず，CSRの項目に付け加えられるようになった事項のうちの1つに，「法を支えるCSR」と呼ぶことができるものがあり，そして，その面での拡大の意義を理解するにあたり，規制緩和の健全な目的達成や法の限界といった観点から検討を加えた。しかし，それらが肯定的に捉えられる場合でも，たとえば「法を支えるCSR」という場合の「法」には，社会規範が入るのかどうか，入るとしても，社会規範は非常に強固な規範として作用するものからその度合いが非常に低いものまで幅広いため，どの範囲のものを考えるかといった問題が残る。また，制定法や非常に強固な社会規範であっても，社会が前進，発展していくためには，環境の変化にあわせ，または国際的な評価をも視野に入れて，

---

61)　この点についてより詳しくは，野田博「ソフトローの生成・改廃過程を考察する若干の視点：神作報告へのコメント」ソフトロー研究4号（2005）34頁，39～40頁。

変えていく必要があるといえる場合も当然存する[62]。これらは,「法を支える CSR」という概念を持ち出す場合に,それが内包する困難さや限界を提示する重要な観点であると思われる。

次に,CSRの取組みの支援,促進における法または政府の役割との関係である。CSRへの企業の自発的な取組みを重視しつつも,市場の力だけでは倫理上の枠組みを生み出しまたは維持することはできないとの認識から,政府等が一定の役割を果たそうという試みがみられるようになっている。本章では,限られた範囲においてであるが,イギリス政府の試みとして,開示の手段を用いた間接的な法規制や「契約」を通じる方策を考察の対象として採り上げた。そして,そのような試みをどの程度進めるべきかについては,CSRにおけるビジネス・ケースがどの程度受け入れられているかについての実証研究の意義が大きくなるとともに,CSRの中心的課題が何であるかを明確化しそれに関するコンセンサスをいかに形成するかが大きな課題になることを述べた。それなしに支援措置が先行した場合,恣意性が市場を歪める等の問題が指摘されるからである。そのようなコンセンサス形成には,多様なSRIファンド(今日ではESG投資を担う投資家)が各々の観点からCSRの取組みを評価し,それらがまた市場からの評価を受けることを通じて,CSRの明確化に繋がるというプロセス等も考えられるが,それにとどまらず政府等に合意形成についての一定の役割を期待するということも考えられるところである。しかし,そのようなコンセンサス形成という課題にはCSRに対する企業の自主的取組みを阻害するという面があることは否定できず,とりわけ,政府等に一定の役割を期待する場合には,たとえ政府等がCSRの中心的課題を一義的に定めることを想定するのでなくても[63],それがもたらす副作用にも配慮する必要がある。

最後に,今日においては,ESG,サステナビリティの取組みを比較分析するための情報や指標の標準化のニーズが急速に高まり,著しい進展(本章の【追記】や本篇第2章Ⅱなど参照)がみられるところ,本章での考察は萌芽的な時期

---

62)　これらの観点は,落合誠一教授から教示されたものである。野田・前掲注6)63〜65頁。

63)　なお,Ⅳ3で検討した,多様な利害関係者の対話の促進に資するという形での政府の関与の場合,そのようなCSRのコンセンサス形成の過程を経て一定の方向づけが得られるとき,政府がそれを酌みとって立法に繋げることがあっても,それは一概に否定されるものではない。ただし,法制化しないほうが適切であるという場合も当然考えられ,ソフトロー的アプローチも含め,選択肢は多様でありうる。

82 ◆ 第2篇 個別的問題についての検討

における検討にとどまる。近時の動向に即しての検討が課題として残され，本章以降の章においても若干の考察を試みている。

【追記】「法を通じたCSR」の増加，および類型の多様化──「ビジネスと人権」分野における展開に着眼して

　本章にいう「法を通じたCSR」に属する類型として，本文では，「CSRへの自発主義と強制的な開示との結合」および「契約を通じる方策」を挙げている（Ⅳ1・2）。この「法を通じたCSR」に属する近時の「ビジネスと人権」分野の法制度について，「開示報告義務型」，「人権DD実施義務型」および「通商規制型」に区分するものがある[64]。ここでは，その分析を参考に，各類型の代表的な法制度を挙げつつ，「法を通じたCSR」の近時の展開の一端をみることとする。

　まず開示報告義務型は人権リスクの対応に関する開示報告を義務づけるものであり，2015年イギリス現代奴隷法[65]がその代表的な例とされる。たとえば同法54条は会社に対して，サプライチェーンの運用・管理において奴隷および人身売買が生じないことを確保するために報告年度中に講じた処置についてのステートメントを公表することを求める（サプライチェーンにおける透明性規定）。このように企業がまず自社なりの取組みをし，開示されたステートメントを閲覧した市民社会アクター等からの監視の目によるプレッシャーにさらすことによって企業による人権尊重を促進しようとするものであり[66]，その基本的な枠組みは本文（Ⅳ1）で示した例と共通するといってよいであろう[67]。

---

64)　西村あさひ法律事務所「ビジネスと人権」プラクティスグループ編著『「ビジネスと人権」の実務』（商事法務，2023）9頁〔加藤由美子発言〕。

65)　UK, Modern Slavery Act 2015.

66)　西村あさひ法律事務所「ビジネスと人権」プラクティスグループ編著・前掲注64）17頁〔渡邉純子発言〕。

67)　このような規定の有効性に関する評価を行ったものとして，The Business & Human Rights Resources Centre（BHRRC), Modern Slavery Act: Five Years of Reporting（February 2021）がある。それによると，多くの会社においては，それらの政策，実践，または成果に実質的な改善はみられないとされ，その理由としては，対象会社に対して，その事業運営において労働者の搾取のリスクを効果的に解決するための処置をとることを求める法的拘束力のある基準を課さないことが大きいとされている。対象会社のおよそ40％は6年にわたり一貫して報告をしなかったが（上記のように，強行的な報告基準が存在しないことのみならず，報告要求それ自体を貫徹する手段も欠いていることに留意），それに対する制裁（インジャンクション等）は皆無であったとされ，後述するアメリカの関税法307条と対照的であるとされる。アメリカ関税法307条の下では，COVID-19パンデミックの最中である2020年から2021年の間にも，貨物引渡保留命令が発動されている。Peter Yeoh, Environmental, Social and Governance（ESG）Laws, Regulations and

第1章 社会的責任を意識した企業活動の拡大・支援と法 ◆ 83

　次に人権DD実施義務型は人権デュー・ディリジェンス（DD）の実施と開示・報告を義務づけるものであり，ドイツのサプライチェーンDD法[68]はその典型例の1つである[69]。ドイツのサプライチェーンDD法の下で，対象企業[70]は，(1)リスク管理体制の構築，(2)人権および環境に関するリスク管理をモニタリングする責任者の明確化，(3)人権および環境侵害の定期的な分析，(4)人権尊重および環境保護に関する基本方針の策定，(5)企業と直接サプライヤーにおける人権および環境侵害の発生予防措置の策定・実行，(6)人権および環境侵害の是正措置の策定・実行，(7)苦情処理手続の策定・実行，(8)間接サプライヤーのリスクに関するデュー・ディリジェンス実施，(9)これらの履行に関する開示，報告書の作成および監督官庁への提出が求められる[71]。

　なお，この人権DD実施義務型と前述の開示報告義務型との相違に関して，開示報告の前提としてDDの実施が必要になるとも考えられるため，DDを行うか否かで両者が完全に区別できるかどうか疑問もありえる[72]。ただ，両者の相違を，義務の詳細をどこまで明記するかという点にのみ求めることもできないように思われる。前述のイギリス現代奴隷法は，あえて人権DDの内容についてまでは義務づけをしない法制化をすることによって，企業がまず自社なりに取り組みやすいようにしたとの指摘がみられる[73]。それに対し，ドイツのサプライチェーンDD法は上記のようにDDの内容についても定めているが，そのことは定められた事項について必然的にDDの実施が必要になるという効果を生み出すとも考えられる。もっと

Practices in the Digital Era（Wolters Kluwers, 2022），141.

[68]　Gesetz über die unternehmerischen Sorgfaltspflichten in Lieferketten-（Lieferkettensorgfaltspflichtengesetz-LkSG）.

[69]　ほかに，フランスの企業注意義務法（LOI n 2017-399 du 27 mars 2017 relative au devoir de vigilance des sociétés mères et des entreprises donneuses d'ordre（Law no. 2017-399 of March 27, 2017 relating to the duty of vigilance of parent companies and 2021ordering companies）），ノルウェーの透明性法（Lov om virksomheters åpenhet og arbeid med grunnleggende menneskerettigheter og anstendige arbeidsforhold（åpenhetsloven）LOV-2021-06-18-99（Act relating to enterprises'transparency and work on fundamental human rights and decent working conditions（Transparency Act).））も挙げられている。

[70]　ドイツにおける従業員3,000名以上の会社は2023年1月1日から，従業員1,000名以上の会社については2024年1月1日から適用開始される。

[71]　同法の概要につき，西村あさひ法律事務所「ビジネスと人権」プラクティスグループ編著・前掲注64）18頁〔加藤由美子発言〕。

[72]　西村あさひ法律事務所「ビジネスと人権」プラクティスグループ編著・前掲注64）16頁〔武井一浩発言〕。

[73]　西村あさひ法律事務所「ビジネスと人権」プラクティスグループ編著・前掲注64）17頁〔渡邉純子発言〕。

84 ◆ 第2篇 個別的問題についての検討

も，ドイツのサプライチェーンDD法も，適切なDDの範囲は各企業の規模，事業
活動の内容，影響力，活動地域によって各企業が判断するという立場が採られる
など，程度の差こそあれ，法律によって義務の詳細を定めすぎることの問題点へ
の配慮がみられるとされる[74]。

最後に通商規制型であるが，これは，強制労働により製造された産品等の輸出
入の禁止（輸入規制）や，サイバー監視技術利用機器等の一定品目の人権侵害の
おそれのある国への輸出禁止等の規制（輸出規制）を課す類型である[75]。以下，通
商規制型の類型のうち輸入規制に含まれる，アメリカの関税法307条[76]およびウィ
グル強制労働防止法[77]についてみると[78]，関税法307条による輸入規制は，強制労
働品であると合理的に認められるとき，貨物引渡保留命令（Withhold Release
Orders, WRO）が発出され輸入を止めて調査を行うことができるというものであ

---

74) 義務づけに際して，ビジネス撤退は人権DDの意図するところではないにもかかわらず，
企業がリスクを懸念する結果として特定のサプライヤーとのビジネスからの撤退につなが
りかねないという，本書第1篇第2章Ⅲ2で言及した課題も念頭に置かれていたとされる。
西村あさひ法律事務所「ビジネスと人権」プラクティスグループ編著・前掲注64) 20頁
〔加藤由美子発言〕。なお，EUでは，一定範囲の企業を対象に，人権・環境への悪影響に
対するデュー・ディリジェンスの実施を義務づける「企業のサステナビリティ・デュー・
ディリジェンス指令（CSDDD）」が，2024年5月24日に欧州理事会により正式に採択され
た。指令案（European Commission, Proposal for a Directive of the European Parliament
and of the Council on Corporate Sustainability Due Diligence and amending Directive
(EU) 2019/1937, COM (2022) 71 final) の段階での分析であるが，人権DDを義務とする
法令は，人権DDを形式的なコンプライアンスと捉えさせてしまう傾向がある等の問題意
識がみられることにつき，山田美和「『ビジネスと人権に関する国連指導原則』は企業行
動を変えるのか──国家の義務と企業の責任」法時95巻1号（2023）42頁参照。また，清
水真希子「EUコーポレート・サステナビリティ・デューディリジェンス指令案の争点」
法時95巻1号（2023）45頁においては，同指令案に対して各種団体等から提出された意見
を民事法（実定法）の観点から整理し，上記の点を含め，広く残された問題点が示されて
いる。

75) 西村あさひ法律事務所「ビジネスと人権」プラクティスグループ編著・前掲注64) 9
頁〔加藤由美子発言〕，同27頁〔平家正博発言〕。なお，通商規制型に含まれるものとして
ほかには，人権侵害を行った企業または個人を経済制裁の対象としてSDN List（Specially
Designated Nationals and Blocked Persons List：特別指定国民および資格停止者リスト）
に載せるといった経済制裁も挙げられる。

76) Section 307 of the Tariff Act of 1930 (19 U.S.C. 1307).

77) An act to ensure that goods made with forced labor in the Xinjiang Uyghur
Autonomous Region of the People's Republic of China do not enter the United States
market, and for other purposes (H.R.6256).

78) アメリカの制度の特徴は，人権の問題をハードローである通商規制に結びつける点に
あると指摘されている。西村あさひ法律事務所「ビジネスと人権」プラクティスグループ
編著・前掲注64) 27頁〔武井一浩発言〕，〔平家正博発言〕。

り，他方，ウィグル強制労働防止法は，新疆ウィグル自治区で作られた製品や，この法が定めるエンティティリストに掲載された企業が関与する製品については，立証責任を転換して，強制労働品であると推定するものである[79]。このような輸入禁止等の大きな影響を踏まえて，間接的に企業の人権DD等の人権尊重の取組みが拡大することが期待されているものであるが，その一方で，取引を完全に遮断するなど強い影響を持ち，現地において，状況改善を行うためのステークホルダー・エンゲージメントの機会が失われるといった，これまでも言及してきた問題点の指摘はここでもみられるようである[80]。

　以上のように，ここに参照しえたものに限っても，「法を通じたCSR」に含まれる法制度の増加とともに，その類型も多様化，厳格化してきていることがみてとれる[81]。なお，ここで例示したものは「ビジネスと人権」分野の法制度であるが，環境分野での展開については，本篇第2章Ⅱを参照されたい。

---

79)　両制度の概要につき，西村あさひ法律事務所「ビジネスと人権」プラクティスグループ編著・前掲注64) 28頁〔平家正博発言〕。

80)　西村あさひ法律事務所「ビジネスと人権」プラクティスグループ編著・前掲注64) 31頁〔田代夕貴発言〕。ただし，そのような問題点の指摘を受けて，輸入規制が真に人権侵害状況の改善につながるような制度上の工夫を取り入れる例もみられること，そしてそのような対応が特に効果を持ちうるのは，新疆ウィグル自治区のように極めて深刻な人権侵害が地域的に蔓延しているといわれている地域以外の場合であること（米国ウィグル強制労働防止法が成立している新疆ウィグル自治区の場合は，当該地域から輸入しているとされる物品について，強制労働産品でないとの反証することも難しく，高度な政治問題にもなっているため，サプライチェーン全体を遡ってもわからない物品については，アメリカの関税・国境警備局〔CBP〕が求める高い立証責任に沿うようなレベルで，最終的に大丈夫だと確認できなければ，リスクをとらずに当該物品の調達をやめるという判断をしている企業も存在）等も指摘されている。

81)　なお，2015年イギリス現代奴隷法についても，その効果が薄いという評価がみられること（この問題点につき，前掲注67) 参照）を踏まえ，規制強化の動きがみられる（UK, Modern Slavery（Amendment）Bill［HL］）。Yeoh, *supra* note *67*, at 141.

第 2 章

透明性の陥穽
——コーポレートガバナンス，とりわけESGの取組み 推進への利用において留意すべきこと——

> ESG開示の充実がより多くのESG活動をもたらすということは，直感的には受け入れられやすい。本章Ⅱで概観する，国内外のESG情報開示の制度面の取組みも，そのような関係が成り立つことを前提にしている場合が少なくないであろう。しかしながら，本章Ⅲで紹介する研究は，そのような直感に反する結果が生じる可能性に用心すべきことを説いている。そのような検討は，ESGの取組み推進に消極的な立場のみならず，それに積極的な立場にとっても意義深いものと思われる。なお，本章Ⅲでは，初出論文の際に扱えなかった研究を組み入れ，その関係で，初出論文の当該箇所の内容を大幅に書き換えている。

Ⅰ　はじめに

　今日の経営学やコーポレートガバナンスの文献，および国際的なコーポレートガバナンスの規制において，透明性（transparency）はキーワードの1つになっている。透明性は，上場会社等が直面する多くの問題について，その問題把握および解決策の両面において，資本市場への信頼を構築し，維持するための極めて重要な事項として研究者および規制の担い手によって広く受け入れられてきた[1]。その際，透明性の広範な活用は，取引コストを減少させること，

---

1) Finn Janning, Wafa Khlif, and Coral Ingley, The Illusion of Transparency in Corporate Governance——Does Transparency Help or Hinder True Ethical Conduct?, (palgrave macmillan, 2020), 3.

市場の情報を改善すること，および組織の効率性を増加させることへの関心と結びついているとされ[2)]，また，ビジネスの世界において透明性が関係者に責任をもたせるように機能することも強調される[3)]。

2021年6月11日に2度目の改訂がなされたわが国のコーポレートガバナンス・コードも，基本原則3において，「適切な情報開示と透明性の確保」の表題の下，「上場会社は，会社の財政状態・経営成績等の財務情報や経営戦略・経営課題，リスクやガバナンスに係る情報等の非財務情報について，法令に基づく開示を適切に行うとともに，法令に基づく開示以外の情報提供にも主体的に取り組むべきである」と述べている。そして，その「考え方」のなかで，会社の財政状態，経営戦略，リスク，ガバナンスや社会・環境問題に関する事項（いわゆるESG要素）などについて説明等を行ういわゆる非財務情報をめぐっては，ひな型的な記述や具体性を欠く記述となっており付加価値に乏しい場合が少なくない，との指摘があることに言及しつつ，「取締役会は，こうした情報を含め，開示・提供される情報が可能な限り利用者にとって有益な記載となるよう積極的に関与を行う必要がある」とするとともに，適切な情報の開示・提供は，上場会社の外側にいて情報の非対称性の下におかれている株主等のステークホルダーと認識を共有し，その理解を得るための有力な手段となりうるものであり，いわゆる日本版スチュワードシップ・コードを踏まえた建設的な対話にも資するものであるとしている。

さらに，透明性の考え方は，ビジネスの分野のみならず，科学，政治，その他あらゆる人間活動でのグローバルな信頼性の危機に対する強い応答として現れ，それらに対する解決策とみられてきた[4)]。今日，透明性を求めること自体に異を唱える余地はあまりないといってよい。本章が扱うESG開示の分野においても，開示の要請は最近になっての現象ではない[5)]。サステナビリティ報告またはESG報告の基準が数多くのESG基準設定機関によって定められ，それら

---

2) *Id.* at 60.

3) *Id.* at 126.

4) *Id.* at 7.

5) CSR報告につき，GRI（Global Reporting Initiative）が報告内容の準則を策定し，多くの企業が活用した。藤井敏彦『サステナビリティ・ミックス　CSR，ESG，SDGs，タクソノミー，次に来るもの』（日科技連出版社，2019）2頁，野田博「CSRと会社法」江頭憲治郎編『株式会社法大系』（有斐閣，2013）49頁〔本書24頁〕。

の任意のサステナビリティ報告またはESG報告を通じて透明性および一貫性を促進しようとされてきた。そこでは，多数の機関がさまざまな目的のためにESG情報を求める結果，会社は毎年のように多数の機関から類似の情報を，わずかに異なるフォーマットで要求されるという事態も生じた[6]。また，情報についてのアクセス可能性，比較可能性および信頼性を高める観点から，サステナビリティについての強行的な開示ルールを求める投資家等の声も高まった[7]。

　もちろん，開示規制の強化に際してはこれまでも，それに伴い個々の会社に見込まれる高いコスト等の問題が提起され，また考慮されてきた[8]。そして，近年におけるアメリカ証券取引委員会（SEC）のもとでのESG指標の開示についての強行的なルールの検討に対して事業会社側からなされた反対論においても，その主要な論拠として，情報の重要性（マテリアリティ）にかかる問題，情報提供のコストおよび開示責任の脅威の問題が挙げられた[9]。

　しかし，本章が「透明性の陥穽」という表題の下で検討しようとするのは，それらの問題点と完全に重なるわけではない。「ガバナンスを良くすれば企業は成長するという単純な関係にはない」[10]のと同様，透明性は，それ自体としては望ましいとしても，より良い世界を生み出すことに向けての直接的な会社行動を増加させるという単純な関係にはない[11]ことに改めて着眼する必要を論じることを目的とするものである。そのことをよく認識しておかないと，透明性が真の問題への誤った解決策になるという弊害をもたらしかねないことを懸念するためである。

---

6) Andrew W. Winden, *Jumpstarting Sustainability Disclosures*, 76 The Business Lawyer, 1215, 1224-25（2020-2021）. また，北川哲雄編著『サステナビリティ情報開示ハンドブック』（日本経済新聞出版，2023）4頁。

7) Winden, *supra* note 6, at 1237.

8) 伝統的な財務情報の開示との関係でも，強すぎる情報開示規制について，そのコストを最終的に負担する株主の利益に反する可能性はもちろん，経営者に情報操作を行うインセンティブを与えたり，適切なリスクをとるインセンティブを阻害したりする可能性も指摘される。宍戸善一＝大崎貞和『ゼミナール金融商品取引法』（日本経済新聞出版社，2013）53頁〔同『上場会社法』（弘文堂，2023）43頁〕。

9) Winden, *supra* note 6, at 1233-36. また，「惑うグリーンマネー4　開示基準『守らぬ企業出る』」日本経済新聞記事2022年4月29日2面参照。

10) 神田秀樹ほか「座談会　コーポレートガバナンス改革と上場会社法制のグランドデザイン〔I〕」商事2294号（2022）11頁〔神田秀樹発言〕。

11) Janning et al. *supra* note 1, at 3.

90 ◆ 第2篇　個別的問題についての検討

　以下においては，まずⅡにおいて，近時におけるサステナビリティないし
ESG関連情報の開示についての国内外の状況をまとめる。国際的にも大きく動
いている分野であり，またその日本における取込みのための作業も国際的な動
向に左右される面があるが，ここでは，とりわけ標準化の流れの把握に努める
ことを主眼としている。そのうえでⅢにおいて，そのようなESGの取組みを推
進するために採られている情報開示面での規制強化について，副作用が大きい，
目的とは逆の効果をもたらす等，かえってマイナスの影響をもたらす弊害はな
いかという側面の検討を行う。なお，情報開示がそのように目的と結果の齟齬
をもたらすとされることは他の場面でもみられている[12]。ここでは，ESG開示
の場面を対象に，どのようなメカニズムによりそのような結果が生じるかの検
討を中心としている。最後に，Ⅳを結びとする。

---

[12]　ある規制が目的と結果の齟齬を来したと論じられる例の1つに透明性要求とCEOの過
剰報酬の問題がある。その議論でもっともよく知られているものに，役員報酬についての
2002年ハーバードビジネススクール円卓会議での議論がある。そこにおいて，元デュポン
CEOであるEdgar S. Woolard, Jr.は，「CEOの報酬が毎年上がる理由は，取締役会が自社の
CEOの報酬額を平均額よりは上にしておきたいと思うからでしょう。そうしておけば，と
りあえず強い会社に見えますからね。ですから，2002年度にだれかが昇給すれば，たとえ
業績が悪くとも私の給料も上がるというわけです」と発言した（*"What's Wrong with
Executive Compensation?"* (A roundtable moderated by Charles Elson), 2003 Harvard
Business Review, 68, 72. 邦訳につき，Diamond Harvard Business Review（April, 2003）
129頁以下（西尚久訳）を参照）。そして同じ席上，「トップクラスのエグゼクティブたち
は競争心が非常に強く，彼らの関心事の1つはもちろん『最高報酬取得者』でしょう。93
年に法人税法が変更された時，プロクシー・ステートメントに経営者報酬について詳細に
開示する義務が課されたことはみなさんご存じのはずです。これは，『詳細なる開示を義
務付けることで，CEOたちはごまかしがきかなくなり，問題が解消されるはず』という着
想でした。ところが実際のデータを見ると，『CEO報酬加速法』なるものが成立したかと
見紛うほどに，その直後から報酬が上がり始めているのです。つまり，他社の金額が明ら
かとなって，エグゼクティブ間で競争が始まったと考えられます」（Brian Hall発言）（*Id.
at* 77.）。以上は，どの会社も自社のCEOが平均以下であることを認めたがらず，その結果，
各会社はCEOの報酬が類似会社の報酬額の中央値以上であることを望むという説明であり，
心理学の用語を援用し，ウォービゴン湖効果（Lake Wobegon Effect）とも呼ばれる。も
ちろんCEOの報酬高騰の原因をめぐってはさまざまな説明が存するが（中村友哉「経営者
報酬の高額化に関する研究動向」金融庁金融研究センター「FSAリサーチレビュー」第7
号〔2013〕10〜18頁），そのなかには，報酬の透明性と報酬額増額の関係について，一定
の条件の下でウォービゴン湖効果が起こりうるとする研究もみられる。Rachel M. Hayes
and Scott Schaefer, *CEO pay and the Lake Wobegon Effect*, 94 Journal of Financial
Economics, 280 (2009). なお，その研究では，市場参加者が報酬額に基づいて企業価値に
ついての推論を働かせるゆえに，報酬が過剰になりうる状況が考えられている。*Id. at* 281.

第2章 透明性の陥穽 ◆ 91

Ⅱ　ESG情報開示をめぐる国内外の潮流

　Ⅰに言及した2021年改訂コーポレートガバナンス・コードでは，ESG要素の
取組みについて，取締役会は，気候変動などの地球環境問題への配慮，人権の
尊重，従業員の健康・労働環境への配慮や公正・適正な処理，取引先との公
正・適正な取引，自然災害等への危機管理など，サステナビリティ（ESG要素
を含む中長期的な持続可能性）をめぐる課題への対応は，リスクの減少のみなら
ず収益機会にもつながる重要な経営課題であると認識し，中長期的な企業価値
の向上の観点から，これらの課題に積極的・能動的に取り組むよう検討を深め
るべきであるとする（補充原則2－3①）。そして，ESG情報開示について補充
原則3－1③は，「上場会社は，経営戦略の開示に当たって，自社のサステナ
ビリティについての取組みを適切に開示すべきである。また，人的資本や知的
財産への投資等についても，自社の経営戦略・経営課題との整合性を意識しつ
つ分かりやすく具体的に情報を開示・提供すべきである」とするとともに，特
にプライム市場上場会社に向けては，「気候変動に係るリスク及び収益機会が
自社の事業活動や収益等に与える影響について，必要なデータの収集と分析を
行い，国際的に確立された開示の枠組みであるTCFDまたはそれと同等の枠組
みに基づく開示の質と量の充実を進めるべき」ことを定める[13]。コーポレート
ガバナンス・コードが採用するコンプライ・オア・エクスプレインのアプロー
チのもとで，ESG課題への企業の取組状況は，東証規則に則って開示される
コーポレートガバナンスに関する報告書（以下「CG報告書」という）に反映す
ることが必要ということになる[14]。また従前から，ESG課題への企業の取組状
況は，サステナビリティ報告書や統合報告書において開示がなされている。こ
のようにESG情報開示については，任意開示書類（サステナビリティ報告書や統
合報告書）や制度開示でも東証規則に則ったCG報告書が先行していたところ，
金融庁の金融審議会ディスクロージャーワーキンググループにおいて非財務情

---

13)　その他，補充原則2－4①は，「上場会社は，女性・外国人・中途採用者の管理職への
　　登用等，中核人材の登用等における多様性の確保についての考え方と自主的かつ測定可能
　　な目標を示すとともに，その状況を開示すべきである」と規定している。
14)　小谷正彰＝高橋将光「統合報告書におけるESG情報開示の最新動向」資料版商事458号
　　（2022）52頁。

報開示の充実と開示の効率化等について検討が進められ，2022年6月に取りまとめられた「金融審議会ディスクロージャーワーキンググループ報告—中長期的な企業価値向上につながる資本市場の構築に向けて—」において，サステナビリティに関する企業の取組みの開示につき有価証券報告書においてサステナビリティ情報の『記載欄』を新設することが明示され，2023年1月31日に改正された「企業内容等の開示に関する内閣府令」等により，2023年3月期から有価証券報告書でサステナビリティ情報の開示が義務化されるに至った。以下では，近時における諸外国の制度化の流れの概要，およびそれらの日本への取込み等についてまとめておきたい[15]。

　諸外国の制度化の流れについて，上記のコーポレートガバナンス・コード補充原則3－1③が明示しているTCFD（Task Force on Climate-related Financial Disclosures：気候変動関連財務情報開示タスクフォース）から始めることとする。TCFDについては，第1篇第2章【追記】において述べているように，民間主体で構成されたタスクフォースであり，2015年に金融安定理事会（FSB）の意向を受けて設立され，2017年にTCFD提言（Final Report "Recommendations of the Task Force on Climate-related Financial Disclosures"）を発表した。同提言は気候変動関連情報を報告対象とし，あくまで任意的な情報開示のための原則主

---

15)　以下の概要の把握においては，主に，瀧澤裕也「非財務情報開示をめぐる世界の動向—「非財務情報の開示指針研究会」中間報告の前提として—」商事2282号（2021）32頁，小谷＝髙橋・前掲注14）50頁，宮下優一「IFRS財団（ISSB）による気候変動開示基準案の概要の解説」資料版商事457号（2022）34頁，住田孝之「ISSB（国際サステナビリティ基準審議会）発足のインパクト」企業会計74巻4号（2022）81頁，阪智香「高まりつつあるサステナビリティ情報の説明力——日本の開示が持つポテンシャル」企業会計74巻6号（2022）14頁，小西健太郎＝桐原和香「IFRS財団TRWGによるプロトタイプの概要」企業会計74巻6号（2022）（以下「小西＝桐原（2022）」という）21頁，川西安喜「SSBJの設立と今後の活動」企業会計74巻6号（2022）56頁，藤井・前掲注5）119頁以下，神田ほか・前掲注10）14頁以下，金融審議会「ディスクロージャーワーキンググループ報告—中長期的な企業価値向上につながる資本市場の構築に向けて—」（2022年6月13日），北川哲雄編著『ESGカオスを超えて：新たな資本市場構築への道標』（中央経済社，2022）第1章・第2章，北川編著・前掲注6）第1部第1章，小西健太郎＝桐原和香「IFRS S1号・IFRS S2号の全体像」企業会計75巻10号（2023）（以下「小西＝桐原（2023）」という）16頁以下，森洋一「ISSB国際サステナビリティ開示基準（S1，S2）の概要と主要論点」月刊監査役757号（2023）71頁，小森博司「ISSBの活動の進展にわが国企業・投資家はどう対処すべきか」証券アナリストジャーナル62巻3号（2024）6頁，松山将之「わが国におけるサステナビリティ情報開示基準の動向」証券アナリストジャーナル62巻3号（2024）16頁等を参考にした。

義の枠組みとして考案されたものであり，「ガバナンス」・「戦略」・「リスク管理」・「指標と目標」の４つの項目（それらの項目はさらに細分化され，計11の開示内容となる）での開示を推奨する。TCFD提言については，民間のみならず[16]，後にみるように，各国の気候変動に関する開示制度のなかで開示内容についてTCFDと連動させる動きが生じている。

　次に，TCFDが民間主体で構成されているのに対し，公的機関による取組みとして，EUの非財務報告指令（Non-Financial Reporting Directive：NFRD）がある。NFRDは2014年に制定され，域内の従業員500人以上の大規模上場企業が非財務情報——環境保護，社会的責任と従業員の処遇，人権の尊重，腐敗防止・贈収賄防止に関する方針，取締役の多様性に関する事項——の開示を法定開示の構成要素であるマネジメントレポートで2018年以降行うことを要求した（コンプライ・オア・エクスプレイン）。また2017年に，指令を補足するものとして具体的で詳細な開示事項を示す非財務情報開示ガイドラインが公表された。2018年に欧州委員会が発表した「サステナブルファイナンスに関するアクションプラン（行動計画）」のなかには，「企業報告の透明性の向上や財務報告基準の再構成：TCFD提言とさらに整合させるため，非財務情報開示ガイドラインを改訂することを検討する」（アクション９）との項目が含まれ，2019年に「気候関連情報の開示に係るガイドライン」が追加された。なお，上記行動計画では，最優先課題としてタクソノミーが掲げられていた。タクソノミーは，次章で取り上げるが，開示のガイドラインと相互補完的な面がある[17]。上記行動計画に基づいて，欧州委員会は「サステナブル投資を促進するための枠組みの確立に関する規則」（以下「タクソノミー規則」という）を作成し，2019年に「金融サービスセクターにおけるサステナビリティ関連開示規則（Regulation on Sustainability-related disclosures in the financial services sector)」が採択された（適用は2021年３月10日から）。そして2021年４月に欧州委員会は，「持続可能な経済活動」の詳細な条件（気候変動の緩和；気候変動への適用に寄与する経済活動

16）　早い段階では，たとえばブラックロックは2017年12月に気候変動リスクの大きい投資先企業約120社に対してTCFD提言に沿う情報開示を要請している。一般社団法人環境金融研究機構2017年12月15日記事〈https://rief-jp.org/ct6/75305〉（最終閲覧日：2024年６月25日）。

17）　各種の開示ガイドラインが「書くべきこと」を規定するのに対し，タクソノミーはむしろ「書いてはいけないこと」を規定する面があるとの捉え方ができるとされる。藤井・前掲注５）111頁。

の詳細）を規定した委員会委任規則（2021/2139）を公表するとともに，NFRD
の改訂版として企業サステナビリティ報告指令（Corporate Sustainability
Reporting Directive：CSRD）の案を公表した[18]。CSRDは2023年1月に発効され，
会計年度2024年度の報告（2025年実施）から段階的に適用開始となる。主な改
訂点としては，①対象企業の拡大，②開示内容の追加や詳細化，③監査・保証
の義務化などがある。②について，それが具体化されたのが欧州サステナビリ
ティ報告基準（European Sustainability Reporting Standards：ESRS）である。
ESRSは，CSRDに基づく開示・報告のための詳細な開示項目および内容を規
定するものと位置づけられる。なお，そこでの開示基準の開発においては，ダ
ブルマテリアリティをもとにしたものとなっており，それが最大の特徴とされ
ている。ダブルマテリアリティという概念は，開示すべき要素の検討の際に重
要となるマテリアリティの視点について，（ⅰ）企業の収益に影響を与えるサ
ステナビリティ要素と，（ⅱ）企業が環境や社会に与えるインパクトの両面か
ら開示を行うことを求めるものである[19]。

　TCFDやEUの取組み以外の動きとして，まず，これまでサステナブル投資
に向けて，投資判断のためのサステナビリティ開示の量・質を確保するために，
さまざまなガイドラインが公表されてきたところ，それらの設定主体から公表
されてきた開示指針の統一化を図る動きが顕著になってきていることに着目し
てみたい。2020年9月に，主要な民間団体である，カーボン・ディスクロー
ジャー・プロジェクト（Carbon Disclosure Project：CDP），気候変動開示基準
委員会（Climate Disclosure Standards Board：CDSB），グローバル・レポーティ
ング・イニシアティブ（Global Reporting Initiative：GRI），統合報告評議会
（International Integrated Reporting Council：IIRC），サステナビリティ会計標準
理事会（Sustainability Accounting Standards Board：SASB）の5団体は，包括
的な企業報告の実現に向けた協同を進めるとの共同声明（Statement of Intent
to Working Towards Comprehensive Corporate Reporting）を発表し，同年12月
には共同声明に基づく取組みの1つとして，「企業価値に関する報告——気候

---

18) 　NFRDの枠組みでは，開示企業も限定的であるうえ，開示情報に関しても情報量が不
　十分，あるいは信頼性や比較可能性が不十分な状況が指摘されてきたことにつき，北川編
　著・前掲注15) 21頁。
19) 　以上につき，瀧澤・前掲注15) 36～37頁，北川編著・前掲注15) 21～23頁，北川編著・
　前掲注6) 8～9頁，16～17頁。

関連の財務報告基準プロトタイプの例示（Reporting on enterprise value：Illustrated with a prototype climate-related financial disclosure standard）」を公表した[20]。2021年6月には，その中核であるIIRCとSASBが統合して，価値報告財団（Value Reporting Foundation：VRE）となった。組織の統合は，統合されたフレームワークを提供することを意味する。

　他方，2021年11月，グラスゴーで開催された気候変動枠組条約締約国会議（COP26）でIFRS財団評議員会がサステナビリティに関する情報開示の標準策定のための新組織である国際サステナビリティ基準審議会（International Sustainability Standard Board：ISSB）の設立を発表した。この場では，2022年6月までに，CDSBおよびVREがIFRS財団と統合する予定である旨も伝えられた。また，同財団が設置した技術的準備ワーキンググループ（Technical Readiness Working Group：TRWG）がサステナビリティ関連財務情報開示に関する全般的要求事項のプロトタイプ（General Requirements for Disclosure of Sustainability-related Financial Information Prototype）と気候関連開示のプロトタイプ（Climate-related Disclosures Prototype）を公表したが[21]，実質的に5団体が示していた考え方を踏襲しており，内容面でもIFRS財団の方向性を5団体が主導していると評されている[22]。そして，ISSBは，2022年3月31日に，それらのプロトタイプをベースにして，「サステナビリティ関連財務情報開示に関する全般的要求事項」と「気候関連開示」に関する2つの公開草案を公表し，また，公開協議で寄せられたフィードバックを検討し再協議を行い，2023年6月26日に，「サステナビリティ関連財務情報開示に関する全般的要求事項（IFRS S1）」および「気候関連開示（IFRS S2）」の確定基準を公表している[23]。上記のようなIFRS財団を中心とする動きについて，前述のように，欧州のルール作

---

20)　このプロトタイプでは，TCFD提言の4つの項目（ガバナンス，戦略，リスク管理，指標と目標）の構造を，組織の中核要素が表されるものであり，市場で広く受け入れられているとの考えに基づき採用している。瀧澤・前掲注15) 33頁。

21)　これらのプロトタイプの概要につき，小西＝桐原（2022）・前掲注15) 24頁以下参照。

22)　住田・前掲注15) 83頁。なお，TRWGには，IFRS財団のほか，会計との整合性を保つため国際会計基準審議会（IASB），そしてTCFD，VRF（SASBとIIRC），CDSB，世界経済フォーラム（WEF）が参加し，オブザーバーとして証券監督者国際機構（IOSCO），国際公会計基準が加わった。5団体のうち3団体（SASB，IIRC，およびCDSB）がIFRS財団と公式に協力して基準作りを行うことになったわけであり，また，TRWGが作成した最初の基準のもととなるプロトタイプは，5団体が2020年12月に作成したプロトタイプを土台にしていた。北川編著・前掲注6) 14頁。

りの根底には，企業は，財務上重要な情報以外に，環境や社会へのインパクト
において重要な事柄も報告すべきとの考え方があるところ，欧州委員会が重要
と考える環境や社会へのインパクトの項目が決められて広がれば，統合報告が
注目するような企業固有の価値創造とは異なる観点からの世界の標準ができて
しまうという懸念がもたれ，そのため世界で非財務情報開示に関する標準関連
団体が動き出したという見方が示されている[24]。

　なお，国際的な動きとして，以上においては欧州のものとIFRS財団を中心
とするものを主にみてきたが[25]，アメリカにおいても，Ⅰで言及したように，
SEC規則案の提起を経て，特定の気候関連情報の提供を義務づける規則改正の
採択がなされている[26]。

---

23)　2022年3月の公開草案の概要につき宮下・前掲注15) 34頁以下，2023年6月に公表さ
れたIFRS S1号およびIFRS S2号の概要につき小西＝桐原（2023)・前掲注15) 16頁以下，
森・前掲注15) 71頁以下等参照。なお，全般的要求事項基準（S1基準）は，開示対象とな
るサステナビリティ開示基準のテーマにかかわらず適用することが求められる事項を取り
扱っており，目的，範囲，基礎となる概念，コアコンテンツ，一般的要求事項，判断・不
確実性および誤謬から構成される（森・同上73～77頁）。他方，気候関連開示（S2基準）は，
サステナビリティ開示に関するテーマ別基準であり，気候関連のリスク・機会に特化した
要求事項を定めている（森・同上77～79頁）。なお，S2基準に関し，現状，気候以外のサ
ステナビリティ関連トピックの基準は開発されていないが，将来的には，他のテーマにつ
いても個別的な開示要請を含む基準整備が進むことが想定される（森・同上72頁）。

24)　住田・前掲注15) 82頁。この動きの考え方は，「欧州が重視する企業活動の社会や環境
へのインパクトについては，それが逆に企業のビジネスモデルに正負の影響をもたらし，
企業価値や財務資本の提供者のリターンに影響を与える場合（だけ）は，サステナビリ
ティ関連財務情報として開示すべきとし，環境価値や社会価値自体を重視する欧州のアプ
ローチとは顕著に異なる」と指摘される（住田・同上85頁）。こうして，ISSB開示基準で
は，各開示のタイミングでその時々の状況等を踏まえて重要性の判断を行わなければなら
ないとされ，いわゆるダイナミックマテリアリティの考え方が採用されているが，これは，
いわゆるシングルマテリアリティ（「気候変動が企業に与える影響」についての重要性を
基準とする考え方）を採用するものであり，ダブルマテリアリティを採用するものではな
い。宮下・前掲注15) 37頁。

25)　住田・前掲注15) 83頁は，世界の動きは，この2つに収れんすることになったとみて
いる。

26)　SECは，2022年3月に気候リスク開示規則案を公表し，また，2022年5月にはESG投
資に関する情報開示で統一基準を導入するための規制案を提案していたが，2024年3月，
1933年証券法および1934年証券取引所法に基づく規則の改正を採択し（5名のSEC委員の
うち2名が反対），登録者が登録届出書および年次報告書に特定の気候関連情報を提供す
ることを義務づけるに至った。そこでは，温室効果ガスの排出量（スコープ1およびス
コープ2の温室効果ガス排出に重要性がある場合）を含め，登録企業の事業戦略，業績，

また，日本においても，上述したコーポレートガバナンス・コードの改訂の
ほか，財務会計基準機構（FASF）が，2022年7月，わが国のサステナビリティ
開示基準の開発とISSBによる国際的なサステナビリティ開示基準への貢献を
目的とした組織として，サステナビリティ基準委員会（SSBJ）を設立した。ま
た，上述したように，2023年1月31日に改正された「企業内容等の開示に関す
る内閣府令」等により，2023年3月期から有価証券報告書でサステナビリティ
情報の開示が義務化されるに至った。有価証券報告書においてサステナビリ
ティ情報の『記載欄』が設けられ，『記載欄』には，TCFDの4つのコア項目
に依拠し，「ガバナンス」と「リスク管理」はすべての企業が開示し，「戦略」
および「指標と目標」については，各企業が重要性を判断して開示することと
されている。気候変動，人的資本・多様性の情報開示のあり方についても言及
されている。気候変動に関しては，企業が気候変動対応を重要と判断する場合
に上記『記載欄』で情報開示を行うべきとされ，人的資本について，「人材育
成方針」，「社内環境整備方針」が記載項目に追加され，多様性については，
「女性管理職比率」，「男性育児休業取得率」，「男女間賃金格差」が記載項目に
追加されている[27]。さらに，2022年7月に設立されたSSBJがIFRS S1，IFRS
S2に相当する基準の開発を進めている[28]。

　または財務状況に重大な影響を与えた，または重大な影響を与える可能性が合理的に高い
　気候関連リスクに関する情報等の提供が要求される。
[27]　既存のフレームワークとの整合性およびサステナビリティ情報開示の今後の動向への
　対応の2つの特徴が挙げられる。前者の特徴については，新設される記載欄が有価証券報
　告書の事業の状況のなかに設けられること，その内容は，企業全体のサステナビリティ活
　動について，「ガバナンス」・「戦略」・「リスク管理」・「指標と目標」の4つの項目につい
　て開示を行うことになっており，TCFDの開示フレームワークやISSBが開発する開示基準
　（IFRS S1およびIFRS S2は，TCFD推奨の4つのコア項目をベースにしつつ，産業別開示
　を組み入れている）とも整合した構成になっていること，気候変動や人的資本，多様性が
　開示する企業にとって重要課題であれば，それらの個別テーマについても詳細に開示がで
　きる枠組みが用意されていること，後者の特徴については，2023年の開示府令の改正では，
　ISSBにおける今後の基準開発の動向，ならびにSSBJによるIFRS S1およびIFRS S2に相当
　する新たな基準を踏まえた内容になっていることが挙げられる。松山・前掲注15）21～22
　頁。
[28]　作業の進捗として，2024年3月29日，SSBJはわが国のサステナビリティ開示基準とし
　て，サステナビリティ開示ユニバーサル基準公開草案「サステナビリティ開示基準の適用
　（案）」，サステナビリティ開示テーマ別基準公開草案第1号「一般開示基準（案）」および
　サステナビリティ開示テーマ別基準公開草案第2号「気候関連開示基準（案）」という3
　つの公開草案（以下「SSBJ基準（案）」という）を公表した〈https://www.ssb-j.jp/jp/〉

Ⅲ　透明性要求により生じうるマイナスの効果について

1　本節での考察のねらいと対象

　上述したISSBが策定する基準について[29]，欧州がサステナブルファイナンスの判断基準とするため全企業に統一的なESG項目の開示を求めようとしていることと対照的であるとしつつも[30]，「一般要求事項は自由度が高いとしても，分野別の標準や産業別の標準で開示項目が詳細化されていくと，結果的に，企業価値にとっての重要性の観点から自由度のある開示ができなくなることが懸念される」とし，続けて，「経済産業省の非財務情報開示の研究会，（一社）ESG情報開示研究会，（一社）WICIジャパンなどの議論においては，社会市民としての企業の活動に必要な限定された数の項目（いわばsocial license to operate）については，『規定演技』的に全社（あるいは業界）共通に開示し，企業固有の価値創造に関する部分については，『自由演技』としてよりその会社の特徴が明確になるような開示をするのが適切との考え方が共有されつつある。この考え方と整合的なベースラインであり続けるのかどうかは心配なところである」との懸念も示す見解も存する[31]。

　（最終閲覧日：2024年6月23日）。SSBJ基準（案）について概観するものとして，川西安喜「SSBJによるサステナビリティ開示基準案の概要〔上〕〔下〕」商事2358号42頁・2359号47頁（2024）。

29)　小谷＝高橋・前掲注14）52頁。コーポレートガバナンス・コードで求めているESG情報開示について，Ⅱで概観した国際的な動向，特に標準化の流れを理解すると，ISSB産業別開示の要求に従って開示していくことで対応可能であるとされている。なお，IFRS S1およびIFRS S2がTCFD推奨の4つのコア項目をベースにしつつ，産業別開示を組み入れていることにつき，小森・前掲注15）10～11頁。また，前掲注27）も参照。

30)　一般要求事項のプロトタイプでは，ガバナンス，戦略，リスクマネジメント，数字や目標に焦点を当てた情報の開示を求め，具体的な開示項目は特定していないこと，利用者が企業価値を評価するうえで必要であれば，この要求事項以上のものを提供することを考慮すべきとしていることにつき，住田・前掲注15）86頁。なお，小森・前掲注15）12頁では，S1，S2につき，「原則主義ということと同時に，投資家と企業との間の『コミュニケーションツール』と位置づけている」と述べられている。

31)　住田・前掲注15）86頁。また，同様の問題意識は，「サステナビリティ関連情報開示と企業価値創造の好循環に向けて――『非財務情報の開示指針研究会』中間報告」（2021年11月12日）にもみられる。瀧澤裕也「質の高いサステナビリティ関連情報開示実現のための四つの提言」商事2281号（2021年）26頁，27頁参照。

第2章　透明性の陥穽　◆　99

　以上の懸念は，開示制度のあり方によっては，ある企業が自身にとって重要度の高いESG要素についての取組みの特徴を明確にするような開示をしにくくなるというものと思われる。開示の強化をめぐる懸念は，そのような開示の内容にかかわること以外にも，本章Ⅰで述べたように，副作用が大きい，目的とは逆の効果をもたらす等，かえって企業の実際の取組みにマイナスの影響をもたらす弊害はないかという側面の検討も行われてきた。本節では，そのような検討を行うものとして，近時の2つの研究を採り上げ[32]，以下の2および3において，それぞれの主張を整理，紹介する。いずれも，ESG取組み推進において開示という手法を活用する際に留意すべき問題点，課題を提起しており，ESG開示の制度設計を考えるうえで看過できないものと考える。

2　Janning＝Khlif＝Ingleyの見解

(1)　検討の方針等

　Janningらの研究は，その書籍の題名が『コーポレートガバナンスにおける透明性の幻想――透明性は倫理的行動を促進するか，それとも妨げるか？』とされていることからもわかるように，コーポレートガバナンスの幅広い分野における透明性の問題を扱う。そのなかで真の問題への正しい解決策であるかを問い，過度に高い期待が透明性に置かれているとの危惧を繰り返し述べている。その分析が示す問題点の指摘には，本章が対象とするESG開示がESG要素の取組み推進に及ぼす影響はどうかという問題にも妥当すると思われるものが少なくない。以下で挙げるのは，そのような指摘のいくつかである。なお，そこでは，企業側に生じうるマイナスの効果だけでなく，投資家の側にも妥当する問題点の指摘が含まれていると思われるため[33]，以下では，まず企業および投資家に共通して生じうるマイナスの効果として指摘されている点をみ，続いて特

---

32)　具体的に採り上げる研究は，Janning et al., *supra* note 1 およびSeth C. Oranburg, *The Unintended Consequences of Mandatory ESG Disclosures*, 77 The Business Lawyer, 697-712（2022）である。

33)　なお，金融審議会「ディスクロージャーワーキンググループ報告―中長期的な企業価値向上につながる資本市場の構築に向けて―」（2022年6月13日）も，「有価証券報告書以外の任意開示等において，企業の創意工夫を生かしつつ，気候変動対応をはじめとするサステナビリティ開示の質と量の充実が進むよう企業を促すとともに，投資家も含め，サステナビリティ開示の適切な評価・分析，さらにはそれを活用した対話が進むよう促すこと」を，取り組むべき課題の1つとして挙げており，投資家への言及がみられる。

に企業の側に生じうるマイナスの効果をみることとする。

(2) 企業および投資家に共通して生じうるマイナスの効果

透明性は，際限のない情報需要の循環に導く[34]。そのことは，「われわれは多く知るほど，知りたいと望むことが増え，開示されねばならないことも増える」というメカニズムによるとされる[35]。ここでいわれる際限のない情報需要の循環は投資家，その他各種のステークホルダーが自らの決定を最善にするための必要性と関連し，そして従来，企業の任意の開示のなかでみられた[36]。この際限のない情報需要の循環という透明性の特徴づけとの関係で，企業側および投資家（またはESG評価機関・データ提供機関）側の双方に生じうるマイナスの効果として，以下のような問題点が指摘されている。

まず第1に，情報を求める側が情報の殺到する状態に置かれると，重要な情報であっても，たんに「雑音」として無視されるという危険があることが挙げられる[37]。このことは，情報を受ける側である投資家側におけるマイナス効果であるだけでなく，情報を提供する企業の側にとっても，マイナスの効果を生み出すことになるであろう。たとえば金融庁が国内でESG関連の投資信託を提供する資産運用会社37社を調査したところ，約4割でESG担当の専門人材がいないことがわかったとの報道がみられたが[38]，そのような調査は，この問題意識に基づく面もあるであろう[39]。

第2に，負荷をかけすぎた状態は，企業側にも投資家やステークホルダー側にも，より内容の乏しい，より性急な意思決定に帰する可能性が大きいというマイナスの効果が挙げられる[40]。開示の定型化という弊害について，たとえば

---

34)　Janning et al., *supra* note *1*, at 61.

35)　Fiammetta Borgia, *Corporate Governance & Transparency Role of Disclosure: How Prevent New Financial Scandals and Crimes?* Working Paper, American University Transnational Crime and Corruption Center（TRACCC）, School of International Service, June 1, 2005, at 22.〈https://traccc.gmu.edu/wp-content/uproads/2020/09/borgia02.pdf〉（最終閲覧日：2024年6月25日）

36)　Janning et al., *supra* note *1*, at 61-62.

37)　*Id.* at 62.

38)　日本経済新聞記事2022年4月26日3面（「運用会社の4割ESG人材ゼロ」）。

39)　また，ESG評価機関の中には，企業への質問票に対する回答や公開情報からデータを集めるが，これをもとにどう評価スコアを算出しているか明らかにしていないケースが多いことも指摘されてきた。日本経済新聞記事2022年3月9日9面（「ESG格付け評価法公開へ」）。

サステナビリティ関連情報開示の特徴や国際的な開示基準の策定により企業の創意工夫の余地が狭まることへの言及がみられるが[41]，それに加えて，ここで指摘されている観点（過重な負荷の問題）も無視できないであろう。そして，上記の性急さに関して，情報を分かち持つことと知識の形成とは同じではなく，情報を知識に転換するために時間を要することにも言及がなされている[42]。このようにして，Janningらは，透明性がそれだけでは会社の意図や信頼性の評価のための真の知識を生み出すことに資するものではないことについて注意を喚起している。

(3) 企業の側に生じうるマイナスの効果

まず，会社は，表面上は透明性要求に合致しているが，実際には，自らに向き合っているのではなく，主な投資家の望み，期待に沿った会社のイメージを作り出すこと，競争者との比較において自らの評判やイメージを保護することを優先したものになりうることが指摘される[43]。これは，会社がESG要素の取組みにおいて，外在的な規範のベースラインに従って行動すること自体を無責任な会社行動であるとして否定するものではない。ベースラインとしての規範や基準の多くは，道理に叶ったものであろう[44]。しかし，上記指摘に関わる問題点として，以下のような諸点が挙げられる。

第1に，会社は，より複雑な問題を戦術的に隠しまたは回避する方向に傾きがちであるかもしれないことである[45]。この関係で，「透明性は，会社がより深くより扱いにくい道徳的問題，倫理的ジレンマ，およびそれらを定義する課

---

40) Janning et al., *supra* note *1*, at 63.

41) 瀧澤・前掲注31) 26頁，27頁。

42) 知識の形成は，受け取った情報の正確さ，誠実性および有用性について問い，検証するというプロセスから生まれるものであるとされる。Janning et al., *supra* note *1*, at 63.

43) *Id.* at 74, 84-85.

44) ただし，そのようなベースラインは，過去の経験のうえに立てられていることも多く，地域によってさまざまであり，そして公正無私な第三者によって判断されることはあまりないことも指摘される。*Id.* at 74. 最後の点について付言すると，ESG問題への積極的・能動的な取組みと収益性の関係についての実証研究は，正の相関関係を示すものばかりではなく，統一的な見解はみられていないのが実情である（湯山智教『ESG投資とパフォーマンス──SDGs・持続可能な社会に向けた投資はどうあるべきか』（金融財政事情研究会，2020）116頁以下）ことからすると，一定の立場（ESGの取組みが企業価値向上につながる社会作り）に立つものであり，ここでもその指摘は妥当しよう。

45) Janning et al., *supra* note *1*, at 83.

題を認識し，それに取り組むことを避ける傾向を有する」ともされている[46]。この問題点は，しばしば指摘される開示の定型化，チェックボックス的な対応，その所在を探り出すだけが必要な出来合いの解決等という問題とも共通するであろう。

　第2に，会社が外生的に生み出された透明性の要求によってのみ駆り立てられるなら，従前の決定枠組が通用しないかもしれない予期せぬ課題に直面した場合に，その課題に責任のあるように取り組むことを可能にする向き合い方をはぐくまず，かえって会社を脆弱にしてしまうおそれのあることが挙げられる[47]。会社は，自身が行っているものが何かということを突き詰めて考え，分析することが必要であるが，その行為が社会的に合意された規範に従っている場合には，それらのことは往々にして行われないとされるのである[48]。

　第3に，比較可能性の担保という要請が高まっていることに関連する事項になると思われるが，いわば「実績対比一覧表」によって管理することは，真に責任のある行動になるよりも，「実績対比一覧表」それ自体をどうにかうまく処理することになるとの懸念があることも挙げられている[49]。

　第4に，会社が，自らが「よいことをしている」と信じているなら，この信念は透明性と密接に結びついて，容易に自己増強，固定化し，その結果，疑うことのできない立場として受け入れられることになることも問題点として挙げられている。その結果として，会社は，状況に挑戦し，変えるようには動機づけられない。むしろ，行っていることがその信念と合致しているかどうかを問うよりも，よいことをしているというイメージを正当化し，維持するために透明であることに精力が費やされるとされる[50]。

3　Oranburgの見解

(1)　検討の方針等
　2でみたJanningらの研究がコーポレートガバナンスの幅広い分野における

---

46)　*Id.* at 134.
47)　*Id.* at 85.
48)　*Id.* at 112. また，「会社との関係で，想像を働かせる自由，および他の選択肢を生み出すための作用は，社会規範に盲目的に従うことによって妨げられる」とも指摘されている。*Id.* at 115.
49)　*Id.* at 139.
50)　以上につき，*Id.* at 123-124.

透明性の問題を扱うのに対し，ここでみるOranburgの研究[51]は，「強行法的なESG開示の意図しない結果（The Unintended Consequences of Mandatory ESG Disclosures）」（以下「本論文」という）という題名からもわかるように，ESG開示の義務化が企業によるESG活動[52]を増加させるかという問題に絞った考察を行うものである。ここで，ESG開示の義務づけの規範的な目標はESG活動を一層促進することにあると捉えられ，それに対応して，題名に含まれる「意図しない結果」とは，ESG活動を減少させ，代わりにグリーンウォッシングを増加させることを指している。

　本論文は，3部構成になっている。まず第1部においては，そのような直観に反する結果が生ずるとすれば，それはどのようなメカニズムによると考えられるかの理論的な説明が提示される。続いて第2部では，ESG開示がESG活動に対して及ぼす影響についての近時の実証研究のいくつかを採り上げ，分析されている。最後に第3部では，ESG開示のコストについて考察されている。その検討は，ESG開示の義務づけないしは強化について慎重な立場を示すものである。しかし，そのことは，必ずしも反ESGの立場を意味するものではないことにも注意を要する。Oranburgも，本論文の目的は，法によるESG開示の義務づけに対して注意を喚起することによって広範に及ぶ規制の失敗を阻止することにあるのであり，それは，ESGに反対する立場だけでなく，賛成する立場にとっても意味があると述べている[53]。以下においては，上記第1部で論じられている点を中心とし，その後，第2部・第3部の内容にも簡単に言及することとする。

(2)　理論的説明

(a)　前提的事項

　Oranburgは，より多くのESG開示を求めることがより少ないCSR活動につながるという，直感に反する結果が生じうる理論的説明を提示する際に，いくつかの前提事項を挙げることから始めている。まず，2000年に制定された，投資判断に影響を与えるような重要な未公表情報を選択的に開示することを禁じるSEC規則レギュレーションFD（公正開示規制）[54]により，上場会社の開示は，

---

51)　Oranburg, *supra* note *32*.
52)　Oranburgは「CSR活動（CSR activity）」という言葉を用いている。*Id.* at 697.
53)　*Id.* at 699.
54)　17 C.F.R. § § 243.100-243.103（2022）.

それが財務的な事項に関するものであれ，環境に関するものであれ，株主利益最大化を求める投資家には財務的な事項に関する開示を行い，ESG要素に関心を持つ投資家には環境事項について開示するといった選択的な開示をなすことはできないことを述べるとともに，その公正開示規制について，それが拡大しようと意図した開示を阻止する結果をもたらしたとする研究[55] に言及している[56]。

　また，大部分の投資家は，自らESG情報に接近・分析できるとしても，投資判断をなす際，一般的にはアナリストのレポートに依存することが前提事項として述べられている。そのため，アナリストが質の高いESG情報を広めるうえで非常に重要な役割を果たすところ，個々のアナリストが特定の会社を分析するかどうかは，そのレポートがどれだけの価値を持ち，投資家に売れるかの見通しに依存することが指摘されている[57]。

(b) **中核的問題**についての検討

　本論文は，強行的なESG開示制度の是非を問うている。その中核的問題は，ESG開示についてどのような制度を採ることがより高い質の情報を生み出し，現実社会により良い結果をもたらすかである。すなわち，強行的な開示を通じて得られる情報の価値は，開示するかどうかの選択を会社に許容する任意的開示により失われる情報よりも大きいかである[58]。

　この中核的問題を検討するにあたって，Oranburgは，まず情報過多の効果（over-information effect）の問題に言及している。これは，Janningらの指摘にもみられる問題であり（2(2)参照），それが情報パラドックスと呼ばれる現象，すなわち，情報量が大きくなればなるほど，結局は，情報の理解の質を低めることにつながることが述べられている[59]。

　そして，Oranburgの説明の骨組みを示すと，この情報パラドックスを誘発するものとして「プーリング均衡（pooling equilibrium）」が挙げられるとし，そしてすべての企業にESG情報の開示を命じることはプーリング均衡を生み出

---

55) Anil Arya, Jonathan Glover, Brian Mittendorf, and Ganapathi Narayanamoorthy, *Unintended Consequences of Regulating Disclosures: The Case of Regulation Fair Disclosure*, 24 Journal of Accounting and Public Policy 243, 244-245 (2005).

56) Oranburg, *supra* note *32*, at 701.

57) *Id.*

58) *Id.*

59) *Id.* at 702.

しがちであるというものである。ここで，「プーリング均衡」が成り立っている場合，「プール」に属するある会社は自身を「プール」の残りの会社と差別化するのに過度に費用がかかることを意味し[60]，その均衡下で，ESG要素の現実の取組みに関して異なる特徴をもつ会社が同じ行動，すなわち市場に従った開示を選択するとされる[61]。たとえば真にESG要素に取り組む会社とグリーンウォッシングにより対応しようとする会社があるとして，プーリング均衡がよく成り立っているとき，すべての会社が同様の情報を報告することになるゆえ，両者を区分することが実際には困難になるということである。なお，「プーリング均衡」に対する言葉として「セパレーティング均衡（separating equilibrium）」が用いられており，それが成り立っている場合は，他の会社との差別化が容易になされうるとされている[62]。

　それでは，強行的な開示制度がプーリング均衡を生み出しがちであることはどのように説明されているか。強行的な開示制度の要点は規制対象会社に情報開示を強いることであり，政府は，規制に反する会社に対して科料，営業停止等の制裁を課す権限を有する。必然的に，開示される情報は増大することになる。ところで，アナリスト，そして最終的には投資家のなかには，上記のプーリング均衡を想定する者もいれば，セパレーティング均衡を想定する者もおり，前者は，開示の義務づけが生み出す情報の質は低いこと，または価値を有さないことを見込み，後者は，真にESG要素に取り組む会社とグリーンウォッシングにより対応しようとする会社とは区別できると見込む。前者の投資家は後者の投資家と比べ，つねに投資の価値を低く評価する。そして，強行的な開示制度のもとで開示される情報が上記のように増大することを知ることによって，投資家は，その制度が会社の差別化よりも，会社の「プール」へと導くということを根拠に，会社情報を低く評価するようになる。そうすると，差別化した行動をとろうとする会社は，そのような行動がますます高くつき，最終的には利益にならないと認識し，それらの会社も，プーリング均衡が想定するような戦略をとるように方向を転換するとされている[63]。

　以上の説明は，強行的な開示制度と任意的な開示制度との間で得られる情報

60）　*Id.* at 704.
61）　*Id.* at 702.
62）　*Id.* at 703.
63）　*Id.*

の価値についてトレードオフがありえることを示唆している。またそれは，Janningらの研究が指摘する開示の定型化（2⑵参照）をより掘り下げて分析したものといえるようにも思われる。

⑶　**実証研究についての分析等**

⒜　近時の実証研究についての分析

　欧州コーポレートガバナンス協会（European Corporate Governance Institute：ECGI）による近時（2021年12月）の実証研究[64]は，2000年から2017年までを分析対象期間とし，"GRI" や "Asset 4" のデータベースに登録された数多くのESGレポートに基づき，52か国をサンプル国としてESG開示を強制する制度導入の前後でESG報告の数量や質が上昇するかを分析している[65]。同研究では，ESG報告の数量については，ESG開示を強制する制度を導入したすべての国で企業のESG報告が増加したことが認められるとし，質については，そのような相関関係は発見できなかったと結論づけた。

　Oranburgは，前者の結果については，そのような結果が生じることにほとんど疑いをさしはさむ余地はないとし[66]，相関関係を見出せなかったという後者の結果については，平均的な会社は表面的には強行的なESG開示の最低限の基準に合致したESG報告をするが，しかしアナリストまたは投資家によって評価されうる高い質の結果を生み出そうとはしないという解釈と整合的であるとしている[67]。

　実証研究に関する分析としてその他，任意的なESG開示制度がESG情報の質に正の影響をもつかという点との関係で，本論文の射程を超えるとしつつ，対象期間において強行的なESG報告の仕組みを有していなかった米国および日本がESG報告の量においては上位2国を占めているところ，そのことは政府による命令以外にESG情報の産出および開示のインセンティブを高める一定のメカニズムがあると考えられるが，そのメカニズムは何か，そして，そのメカニズ

---

64)　Philipp Krueger et al., *The Effects of Mandatory ESG Disclosure Around the World* 1 (Eur. Corp. Governance Inst., Working Paper No. 754, 2021).

65)　2000年から2017年までの分析対象期間において，サンプル国52か国のうち29か国は何らかの形で強行的にESG開示を求めており，また52か国のうち15か国は皆一斉に包括的な形で強行的にESG開示を求めた。

66)　Oranburg, *supra* note *32*, at 705.

67)　*Id.* なお，ESG情報の質を測定するに際しECGIが用いている代替的尺度についても言及されている。

ムは高い質のESG情報を生み出すかということが解明すべき課題となることを述べている[68]。

⒝　ESG開示のコストについて

Oranburgは，ESG開示のコストについては，米国で新しい規制を設けるにあたって規制機関には費用対効果分析（cost-benefit analysis：CBA）[69]が求められることに言及しつつ，強行的なESG開示が測定可能な効果を持つかどうかについて疑問を呈している。すなわち，当該分析において問題になる「効果（benefit）」としては，①ESG活動についてのより質の高い情報，②より多くのESG活動，または③投資家が真にESG要素に取り組む会社かグリーンウォッシングにより対応しようとする会社かの区別を容易にできるようになること，等の達成が考えられるが，これまでの分析では，それらの効果が正でありそうであることは明らかにされていないとしている[70]。

Ⅳ　結び

今日，透明性にはESG要素の取組み推進において極めて重要な位置づけが与えられている。それに照らして，透明性の真の有用性を吟味し，またその限界を探るという作業の重要性は増してきているものと考える。

ESG開示について，Ⅱにおいて概要を示した取組みをはじめとして，ESG評価機関・データ提供機関を対象とした行動規範やインパクト指標の策定など，質の高い情報開示を実現するとしてさまざまな取組みが進められている。しかし他方で，少なくとも各企業におけるESG要素の取組み推進という目的との関係において，過度に高い期待が透明性要求に置かれると，かえってマイナスの効果をもたらしかねないということも危惧されている。Ⅲにおいては，そのような観点からESG開示において目的と結果の離齬が生じる可能性を説く見解を採り上げ，検討したが，その際には，開示の定型化，チェックボックス的な対応，その所在を探り出すことだけが必要な出来合いの解決等，これまでもしばしば指摘されてきたものと共通するものも含め，可能な限り，透明性要求がど

---

68)　*Id.* at 706.
69)　CBAにつき，たとえばキャス・サンスティーン（田総恵子［訳]）『シンプルな政府――'規制'をいかにデザインするか』（NTT出版，2017）228～265頁参照。
70)　Oranburg, *supra* note *32*, at 711.

108 ◆ 第2篇　個別的問題についての検討

のようにしてそうした問題を生み出すかという面に光を当てるようにした。な
お，わが国でも，ESG開示の義務づけが一定の範囲で実現したが，開示情報の
内容等について，今後も議論が重ねられるであろう。Ⅲで採り上げた研究は，
そのような議論において寄与するところが少なくないように思われる。

【追記】企業と投資家との対話への期待と課題——開示基準の性格との関連で
　2023年6月26日にISSBが公表したIFRSサステナビリティ開示基準（IFRS S1号
およびIFRS S2号）につき，「原則主義ということと同時に，投資家と企業との間
の『コミュニケーションツール』と位置づけている」と述べられている[71]。ここに
おいて，投資家と企業とのコミュニケーションまたは対話は，本章の問題関心か
らみた場合，どのような効果が期待されるのであろうか。
　まず，情報開示の質に着目するものがある。たとえば，IFRS S1号およびIFRS
S2号において求められる開示情報の大部分は記述的情報であることを指摘したう
えで，記述的情報の開示においては，GHG排出量など具体的に指定された指標の
開示[72]に比べて，その情報の質が開示側の企業努力に依存する割合が大きいとこ
ろ，究極的には，情報利用者である投資家が企業の開示情報を適切に評価・分析し，
企業と投資家との対話を通じて，あるいは投資家の評価が市場価格に反映される
ことを通じて，望ましい情報開示に向けた企業努力が促される「市場メカニズム」
が働くことが極めて重要であるとの指摘がある[73]。また，定量的な情報を時系列で
みることができる財務情報と比較すると，サステナビリティ情報は定性情報が多
く，また定量化された情報についても認識・測定手法が確立する途上にある段階
にあるため，そのような情報の非対称性を埋め合わせるため，企業と投資家の対

---

71)　前掲注30)参照。
72)　IFRS S2号では，「戦略」と併せて，「指標・目標」が気候関連情報の中核的要素とし
　て位置づけられ，その「指標」では，企業の気候関連リスク・機会に関する実績（パ
　フォーマンス）を報告することが求められる。そして，指標の中核となる情報がCO_2を含
　む温室効果ガス（GHG）排出量である。その算定については，GHGプロトコル（2004）に
　基づく算定を原則としつつ，法規制により他の方法での算定が求められる場合には，当該
　方法の採用が認められるとされている。なお，バリューチェーン全体にわたるスコープ3
　排出量については，気候変動関連リスク・機会を把握するための重要な情報という認識か
　ら，基準準拠のための必須要求事項として位置づけられる一方，実務の負担にも配慮し，
　見積もりに基づく算定を想定していることを明示しつつ，情報の質を高めるための測定フ
　レームワークが提供されている。以上につき，森・前掲注15)78〜79頁。
73)　林寿和「市場からみたIFRSサステナビリティ開示基準——ESG投資の枠を超えて」企
　業会計75巻10号（2023）51頁。

話がESG投資においては，より重要な要素になるとの指摘が存するが[74]，これも情報開示の質に着目したものに含めてよいであろう。

そのほかにも，企業が取り組むべき中身を明らかにするという面に着目した指摘もみられる。たとえば国際人権基準に関して，同基準は基本的に国向けなので，実は企業に求められる内容があまり明確ではなく，ステークホルダーとの対話のなかで責任の中身が決まっていくという指摘[75]はその1つである。

ただ，現状では課題も多く指摘される。まず，サステナビリティ情報が複雑化・多様化・専門化していることを背景の1つとして，対話が「チェックボックス」，すなわち，開示する企業側も，情報を活用する投資家側も，開示の有無や取組みの有無だけの議論に終始しているのではないかという懸念である。開示の有無や取組みの有無を勘案するだけでは，開示に係る無駄なコストを使っているだけに終わってしまうのであり，経営そのものとのかかわりで，どのように価値創造につながっているかを問う必要があるとされる[76]。

また，上記「チェックボックス」の背景の1つであるサステナビリティ情報の複雑化・多様化・専門化（それに対応して，対話の担い手の役割の細分化と専門化）とのかかわりで，対話がかみ合っているのかが明確でないことも大きな問題であるとされている。気候変動に関するものだけを採り上げても，GHG排出量やカーボンプライシングなどの制度に関する知見や先端技術に関する知見など多様な専門的知識が必要になるが，この状況に企業と投資家の双方が対応できていないのではないかという問題である。各企業の特徴が必ずしも明らかにされないという企業側の問題のみならず，投資家側の問題としては，企業アナリストとESGアナリストの分断，企業の内容を理解していない議決権行使担当者といった事項が指摘される。そして，この関係で，企業と投資家の双方が，サステナビリティと企業価値創造を一体として捉えることができる人材の育成に向けた取組みを進める必要があり，そうでなければ，ESG投資が表層的なものになるリスクをはらんでいるとされる[77]。

さらに，国際人権基準では，ステークホルダーとの対話のなかで企業に求められる内容を明確になるとの上記の考え方について，ステークホルダーのなかでは結局投資家の意向が強く反映されてしまい，企業が人権課題を捉え切れていない

---

74) 北川編著・前掲注6）107頁。
75) 宍戸常寿ほか「座談会『ビジネスと人権』規範の企業への拘束力の背景と諸相—ソフトローが企業に及ぼす『ハード』な効力—」商事2348号（2024）15頁〔菅原絵美発言〕。
76) 北川編著・前掲注6）107頁，109頁。
77) 以上につき，北川編著・前掲注6）107〜110頁。

110 ◆ 第2篇　個別的問題についての検討

という課題も指摘されている[78]。

　これらの指摘のなかには，コーポレートガバナンス・コードやスチュワードシップ・コードの下で，それらが前提とする企業と投資家の積極的な対話に関して従来指摘されてきた課題と共通するものも少なくない[79]。ただ，指摘されるようなサステナビリティ情報の特性に根差す分，一層容易でない課題が突き付けられている面もあり，これらの問題点については，今後の大きな検討課題になるように思われる[80]。

---

78)　宍戸ほか座談会・前掲注75）15頁〔菅原絵美発言〕。

79)　スチュワードシップ・コードにおける対象とする課題の変化（気候変動等のESGへの言及の増加）について，後藤元「スチュワードシップコードの国際的動向と日本の現状」商事2323号（2023）5頁参照。

80)　本章では採り上げることができなかったが，企業情報の取扱いに関し，他の法領域との調整の問題も課題となる。たとえば，「カーボンフットプリントなどで，サプライチェーン全体で各企業がどこでどういう取引をしたかのデータを集積して追いかけていくと，下手をすると企業活動が丸裸になってしまう」という懸念があり，競争法的な課題を生じさせることなどである。宍戸ほか座談会・前掲注75）25頁〔宍戸常寿発言〕。具体的には，たとえばCSDDD（本篇第1章注74）参照）5条3項参照。

第 **3** 章

グリーンウォッシングへの対応と課題

持続可能な社会を実現するための金融への移行が進展するなか，グリーンウォッシング（うわべだけの欺瞞的な環境訴求）への批判は増加している。グリーンウォッシングは，消費者や投資家が環境上有益な成果を生み出す企業に報いることを躊躇させ，その結果，企業が環境面での取組みの意欲をそがれるという事態を生じさせうる。各国での対応も進展しているが，そのアプローチはさまざまである。本章では，サステナブルファイナンスにおけるグリーンウォッシングを対象に，金融庁の近時の対応とEUのタクソノミー規制を採り上げるとともに，それらを踏まえた検討を行う。

Ⅰ　はじめに

　持続可能な社会の構築が大きな課題となり，基調としてESG（環境・社会・統治）重視の潮流という現象がみられるなか，事業会社が，強行的開示，任意のサステナビリティ報告，NGOsに対する報告，その他一般的に広告文書または会社のウェブサイト等において，気候変動リスクをはじめとするESG要素への配慮や取組みを公にする機会は急速に増加している[1]。また，世界的に，ESG要素を考慮に入れた投資商品や運用（ESG投資）への市場の需要が高まり，持続可能な社会を実現するための金融への移行が進展している[2]。これには，

1）　Amanda Shanor & Sarah E. Light, *Greenwashing and the First Amendment*, 122 Columbia Law Review, 2044（2022）.

持続可能な金融への移行において，金融市場はその移行を支える主要な役割を演じることができ，またそうしなければならないという考え方がある[3]。同時に，グリーン金融市場における信頼性は金融の転換において極めて重要になっているとの認識のもとで，提供される情報の真実性についての関心が高まり，いわゆるグリーンウォッシング，ESGウォッシングへの懸念や批判も増えてきている。

グリーンウォッシングについては，さまざまな定義がみられる。たとえば，「グリーンウォッシングは，公に向けての声明や行動，ならびに広告および販売促進の資料などを通じて……会社が実際よりも環境に責任のある行動をしているという誤った印象を伝え，それによって消費者がその商品を購入するように誘導する行為である」[4]と述べるものがある。また，「グリーンウォッシングは，実際には基礎的な環境基準に適合していないときに，金融商品を環境と調和していると謳うことによって不当な競争上の優越的地位を得ようとする行為である」[5]ともされている[6]。

上記2つの定義のうち，前者は主に消費者に向けたグリーンウォッシング，後者は投資者に向けたグリーンウォッシングを，それぞれ念頭に置くものである。本章は後者，すなわち何ら環境課題の解決に結びつかないにもかかわらず，ある金融商品を環境に調和していると謳って投資家に販売する取組み等を主に

---

2) Virginia Harper Ho, *Sustainable Investment and Asset Management: From Resistance to Retooling*, in: Iris H-Y Chiu and Hans-Christoph Hirt（eds），Investment Management, Stewardship and Sustainability――Transformation and Challenges in Law and Regulation（Hart, 2023），137．高田英樹＝西田勇樹＝池田友理「『ESG評価・データ提供機関に係る行動規範』の概要」商事2324号（2023）17頁。

3) Catherine Malecki, *The EU Taxonomy: A Key Step for Sustainable Finance*, in: Iris H-Y Chiu and Hans-Christoph Hirt（eds），Investment Management, Stewardship and Sustainability――Transformation and Challenges in Law and Regulation（Hart, 2023），165-166．

4) Massachusetts v. Exxon Mobil Corp., 462 F. Supp. 3d 31, 37（D. Mass. 2020）．

5) Regulation 2020/852, Recital 11. 後述するタクソノミー規制の定義である。

6) その他の定義につき，たとえば足達英一郎「ESG投資に対するウォッシング批判とその対応」証券アナリストジャーナル61巻2号（2023）17頁参照。アメリカ証券取引委員会（SEC）の投資家教育・擁護局やISO（「ISO/TR 32220：2021」（持続可能な金融――基本的な概念と主要なイニシアティブ）および「ISO32210：2022」（持続可能な金融――金融セクターの組織に対する持続可能性原則の適用に関するガイダンス））の定義等が紹介されている。

念頭に置いている。その実態について,「サステナブルファイナンスはグリーンウォッシングであふれている」等,厳しい見方が散見されるが,その一方,それらの批判に対しては,自身のESG観に合わないものを「ウォッシュ」だとする主張になっている等,その前提とするところに留意すべき点もあることが指摘されている[7]。

サステナブルファイナンスにおけるグリーンウォッシングに対しては,当然のことながら規制当局も関心を持ち,一定の対応がみられるようになっている。ただその対応は発展途上にあり,各国の対応も区々である。たとえば日本における対応(金融庁等)と欧州の対応とは異なっており,日本の対応は,欧州がタクソノミーベース・アプローチであるのに対し,原則ベース・アプローチと特徴づけられることがある[8]。そして,どのような対応のアプローチをとるかに関しては,グリーンウォッシングの原因(ドライバー)やESG要素の特性等

---

7) 厳しい見方の1つとして,たとえばイギリスの経済誌Economistは2021年5月22日に本文に引用したとおりのタイトルの記事を配信している〈https:www.economist.com/leaders/2021/05/22/sustainable-finance-is-rife-with-greenwash-time-for-more-disclosure〉(最終閲覧日:2024年6月28日)。ただし,この記事のグリーンウォッシングの捉え方に対しては,「『ESGファンドはこうでなければならぬ』という標準もしくは規範を置いて,そうでないものをウォッシュだとする主張」が前提になっていると指摘されている。足達・前掲注6)19頁。厳しい見方をもう1つ挙げておくと,Stephen M. Bainbridgeは,2023年に刊行された著書のなかで,ビッグ3(三大資産運用会社:ブラックロック,ステートストリートおよびバンガード)のESGについてのコミットメントはほとんどグリーンウォッシングであるという見方(この見方に関して,アリ・ファテミ([翻訳・編集]白須洋子)「グリーンウォッシング:原因と結果」証券アナリストジャーナル59巻9号(2021)60頁も参照。ビッグ3が自らで担保しうる行動以上に,ESGコミットメントを公言することで,彼ら自身がグリーンウォッシング〔合理的偽善〕を行っているとの主張を紹介)を採り上げ,株式市場価格がその間接的な証拠を示していると述べている。すなわち,株価がある会社のESGのパフォーマンスについての新しい情報に反応するのは,問題となっている情報が会社の財務上の見通しに重要である場合に限られるとの観察結果を挙げつつ,このことは,投資家は非金銭的な要素に基づいて売買の決定をしない——むしろ,投資家の決定は財務上の考慮によって駆り立てられる——ということを示唆すると述べている。Stephen M. Bainbridge, The Profit Motive——Defending Shareholder Value Maximization, (Cambridge University Press, 2023), 159.この捉え方についても,たとえばサステナビリティ開示法制における重要性の考え方の相違(いわゆるシングルマテリアリティかダブルマテリアリティかなど)にみられるように,立場によってグリーンウォッシングと捉えるかどうかは異なるのかもしれない。グリーンウォッシング批判については,以上のように,それらがどのような前提を置いているかについて注意する必要がある。

8) 足達・前掲注6)25頁。

が重要な考慮要素になると思われる[9]。

　以下では，まずⅡにおいて，グリーンウォッシングへの対応について，上記のように原則ベース・アプローチといわれるわが国の金融庁の対応，およびタクソノミーベース・アプローチをとる欧州の対応を述べる。次いでⅢにおいて，それらを踏まえた検討を行う。検討に際しては，上述したように，どのような対応のアプローチをとるかについて重要な考慮要素になる，グリーンウォッシングの原因およびESG要素の（財務情報と比較した場合の）特性をまず確認し，そのうえで，若干の課題について考察する。主に考察の対象とするのは，タクソノミーベース・アプローチと原則ベース・アプローチの長短，および「口を閉ざす（開示を控える）」現象をどうみるかの問題である。最後にⅣを結びとする。

Ⅱ　グリーンウォッシングへの対応
──日本と欧州を中心として

　ここでは，近時進展するグリーンウォッシングへの対応として，わが国の金融庁の対応および欧州のタクソノミー規制を採り上げるが[10]，前者については「金融商品取引業者等向けの総合的な監督指針」の一部改正において新設された「ESG考慮に関する留意事項」の内容に沿って述べていく。また，後者のEUのタクソノミー規制はわが国においても大きな関心を持たれているところであるが，ここでも，後の検討における必要上，同規制について，意義・目的，規制の枠組みと内容，サステナブルファイナンスへのタクソノミーの適用，技術進歩やESG要素の複雑さへの配慮の側面，の順に述べ，その特徴を示す一助としたい。

---

9)　足達・前掲注6）17頁も，「ESG投資自体の有する特性が，どのような監視や措置を講じるべきかの議論に，複雑な影響を及ぼしている面も否定できない」と指摘している。
10)　SECの一連の対応については，たとえば足達・前掲注6）16〜17頁参照。

第3章　グリーンウォッシングへの対応と課題　◆　115

1　日本，とりわけ近時における金融庁の対応
——原則ベース・アプローチ

⑴　「金融商品取引業者等向けの総合的な監督指針」の一部改正の意義について

　2023年3月31日，金融庁は，「金融商品取引業者等向けの総合的な監督指針」（以下「本監督指針」という）の一部改正を公表・施行した。その一部改正において，「ESG考慮に関する留意事項」（本監督指針Ⅵ-2-3-5）が新設されている。新設された当該留意事項は，「意義」，「ESG投信の範囲」，「開示」，「態勢整備等」に区分されている。以下では，公開協議（パブリックコンサルテーション）に寄せられたコメントに対する金融庁の回答（以下「本パブコメ回答」という）も含めて，留意事項の記載順に述べていくが，その際には，できるだけ原則ベース・アプローチと呼ばれる特徴に光を当てることを心掛ける[11]。

　改正の意義（本監督指針Ⅵ-2-3-5⑴）について本監督指針は，「名称や投資戦略にESG（Environmental-Social-Governance）を掲げるファンドが国内外で増加しており，運用実態が見合っていないのではないかとの懸念（グリーンウォッシング問題）が世界的に指摘されている。こうした中，名称や投資戦略にESGを掲げる我が国の公募投資信託について，市場の信頼性を確保し，ESG投資の促進を通じた持続可能な社会構築を図る必要がある」と述べたうえで，投資家の投資判断に資するよう，ESGに関する公募投資信託の情報開示や投資信託委託会社の態勢整備について留意すべき点を検証するとしている。

⑵　本監督指針が対象とする「ESG投信」の範囲

　本監督指針が対象とする「ESG投信」の範囲に含まれるのは，公募投資信託のうち，①ESGを投資対象選定の主要な要素としており，かつ，②交付目論見書の「ファンドの目的・特色」に，その旨（①の内容）を記載しているものである（本監督指針Ⅵ-2-3-5⑵）。ここで示されたESG投信の範囲に含まれるかどうかについては，上記①の「主要な要素」の意義・範囲が重要になる。この「主要な要素」に該当するかどうかについて，「投資対象の選定プロセスにおい

11）　本監督指針の改正につき，より詳細には，山本俊之＝京藤充央「公募ESG投信に関する金融庁の監督指針」西村あさひ法律事務所・金融ニューズレター2023年4月12日号等を参照。

て，ESGが決定的に重要な要素になっている場合（例えば設定したESG基準を満たさない場合には投資対象に含まれない，又は，基準に応じて投資割合が決定されるような場合），『ESGは主要な要素である』に該当し（本パブコメ回答12～14号），他方，「ESGを投資対象選定の『重要な要素』としているものの，結果的に『ESGを主要な要素として投資対象を選定している』と見做せないような場合には，ESG投信には該当し」ないとされている（本パブコメ回答13号）。なお，「主要な要素」は複数存在しうるが，いずれも決定的な要素である必要があるとされている（本パブコメ回答13号）。

　ところで，ESG投信該当性の判断に関しては，「本監督指針ではESG投信について画一的な定義を定めるものでは」なく（本パブコメ回答4号），また，ESGを主要な要素として選定した投資対象への投資割合やESGの評価指標についての目標や目安について，「明確な数値基準は定めて」いない（本パブコメ回答11号）等とされている。「主要な要素」は，「監督指針を踏まえ，資産運用会社において個別に判断されるもの」とされるのである（本パブコメ回答9号。同8号，10号，11号も参照）。また，ESG投信への該当性の判断が各社に委ねられていることに関して，「ESGを画一的に定義することは難しい」こと（本パブコメ回答10号），「ESG考慮の方法，程度は多様である」と考えていること（本パブコメ回答27号）も述べられている。なお，後者の「ESG考慮の方法，程度は多様である」と考えていることはESGインテグレーション[12]との関係で述べられており，その手法を一律にESG投信に含めることは，投資家の誤認に繋がる恐れがあるとされている。このように，ESG投信該当性の判断において，「主要な要素」が「監督指針を踏まえ，資産運用会社において個別に判断されるもの」とされていることは，わが国の対応が原則ベース・アプローチと呼ばれることをよく反映しているといえるであろう[13]。

---

12)　運用プロセスにおいて企業の財務情報に加えてESG要素を考慮する手法。その代表的な方式には，企業のESGの取組みへの総合評価（評点など）を基に，これに応じ投融資先や割合を選定する方式がある。高田＝西田＝池田・前掲注2）17頁。

13)　なお，原則ベース・アプローチについては，同時期にやはり金融庁により策定・公表された『ESG評価・データ提供機関に係る行動規範』において，より明瞭に打ち出されている。そこでは，「原則主義」について，行動規範の基本的な柱となる「原則」とその実施に当たっての留意点や方法論をまとめた「指針」，さらにそれらの設定にあたっての背景，理由等をまとめた「考え方」に分けて記述しているところ，『『原則』・『指針』の内容を如何に実現していくかについては，『考え方』の記載も踏まえ，それぞれの市場関係者が自

第3章　グリーンウォッシングへの対応と課題　◆　117

(3)　開示

　次に，開示（本監督指針Ⅵ-2-3-5(3)）については，①投資家の誤認防止，
②投資戦略，③ポートフォリオ構成，④参照指数，⑤定期開示，⑥外部委託の
各観点から，それぞれグリーンウォッシング問題に対処するための留意事項が
記されている。ここでも，わが国の対応が原則ベース・アプローチとされる特
徴を示すと思われる点を意識しながら述べていく。

　まず①投資家の誤認防止の観点からは，「投資家に誤解を与えることがない
よう，ESG投信に該当しない公募投資信託の名称又は愛称に，ESG，SDGs
(Sustainable Development Goals)，グリーン，脱炭素，インパクト，サステナブ
ルなど，ESGに関連する用語が含まれていないか」などの事項が記されている。
ESG投信に該当しない公募投資信託にESGに関連する用語（以下「ESG関連用
語」という）を用いて投資家の誤認を招くことへの懸念を示すものである。こ
こで例示されている「ESG関連用語」について，ESGをめぐる動向は国際的に
も動きが早い分野であることを挙げ，限定列挙するよりも，状況変化に応じて
資産運用会社が適切に判断することが期待されるとされている（本パブコメ回
答77号等）[14]。

　次に②投資戦略の観点からは，ESG投信の交付目論見書の「ファンドの目
的・特色」に記載すべき事項が，「イ．ESGの総合評価又は環境や社会の特定
課題等，投資対象選定の主要な要素となるESGの具体的内容」，「ロ．主要な要
素となるESGの運用プロセスにおける勘案方法（関連する基準や指標，評価方法
等の説明を含む）」等，イ〜ヘに記されている。そのうちニは，「持続可能な社
会の構築に向けて，環境や社会のインパクト創出を目的としているESG投信に
ついて，その目的，インパクトの内容，及び，目標とする指標・数値，方法論
等を含むインパクトの評価，達成方法」として，インパクト投資について言及
している。インパクト創出を目的としているものはESG投信の一種ではあるが，
インパクト創出を目的とすることが必ずしもESG投信に不可欠ではないとされ

らの置かれた状況に応じて判断，工夫していくべきものと位置づけている」とされる。上
記の金融庁行動規範のEUおよびイギリスの規律との異同について，髙橋真弓「ESG評価
機関の法的規律――企業情報仲介者としての特性と規律のアプローチ――」一橋法学23巻
1号（2024）86〜99頁参照。

14)　なお同号は，「更なる投資家の誤認防止のために業界全体における基準を設けることは
望ましい」ともしている。

（本パブコメ回答118号），ESG投信の多義性が示されている。また，インパクト創出を目的としている場合に，インパクトの評価・達成方法として記載が求められる事項は例示であることが明らかになる形（「目標とする指標・数値，方法論等」）で書かれ，目標とする数値等について，開示が困難な項目について記載を求めるものではないが，創意工夫により投資家にとってわかりやすい説明とする必要があることや，目標とする数値が開示できない場合であっても，当該インパクトの評価・達成方法の開示は求められるとされている（本パブコメ回答119〜122号）。また，「ウ．主要な要素となるESGの運用プロセスにおいて勘案する際の制約要因やリスク」については，ESG投信の運用における固有の制約やリスクを記載することとされるとともに，「創意工夫のある開示」を期待するとされている（本パブコメ回答116号・117号）。

　以上のほか，③ポートフォリオ構成については，ESGを主要な要素として選定する投資対象への投資額の比率や，ESG投信の投資対象の選定において主要な要素となるESGのポートフォリオ全体の評価指標の達成状況について，目標や目安を設けている場合の開示を求めるとともに，そのような「目標や目安を設定していない場合に，その理由を説明しているか」と書かれ，いわゆる「コンプライ・オア・エクスプレイン」に類した手法が用いられている。④参照指数は，ESG指数への連動を目指すパッシブ／インデックスファンドの場合（本パブコメ回答145号・148号参照）には，交付目論見書の「ファンドの目的・特色」に，参照するインデックスにおけるESGの勘案方法や選定理由についての説明を求めるものである。この関係でも，コメントにおいてData Providerの開示に制限があるため，参照指数におけるESGの勘案方法が記載できない場合についての質問が寄せられたのに対し，その旨の記載が必要であるとされ（本パブコメ回答150号），これも「コンプライ・オア・エクスプレイン」に通じる考え方といえる。さらに⑤定期開示は，交付目論見書において投資家に開示・説明した事項につき，「実際の投資比率」，「達成状況」等を交付運用報告書（上場投資信託の場合には継続的な開示書類）を通じて投資家に説明することを求める内容になっている。最後に⑥外部委託は，ESG投信の運用を外部委託する場合の開示事項を定めており，外部委託先における投資戦略等を検証し，投資戦略，ポートフォリオ構成，参照指数，定期開示に関する開示（上記②〜⑤の観点）に対応する情報を開示すれば，本監督指針の求める開示を充足するとされている。なお「これらの開示が困難な場合には，その理由を説明しているか」とさ

れ，ここでも「コンプライ・オア・エクスプレイン」に類する手法が用いられている。

(4) 態勢整備等

態勢整備等に関しては，①組織体制において，「ESGに関連するデータやITインフラの整備，人材の確保等，投資戦略に沿った運用を適切に実施し，実施状況を継続的にモニタリングするためのリソースを確保しているか」等の項目が挙げられるとともに，②ESG評価・データ提供機関の利用に関しては，公募投資信託の運用プロセスにおいて第三者が提供するESG評価を利用する場合や自社のESG評価に第三者が提供するデータを利用する場合について，デュー・デリジェンスについての言及がなされている。なお，ESG評価・データ提供機関の役割が増し，またそれらの機関による評価の透明性と公平性をいかに確保するかの課題も存するなかで，金融庁は，2022年12月に「ESG評価・データ提供機関に係る行動規範」を策定・公表している。同行動規範は，基本的に，ESG評価・データ提供機関に期待される事項を詳細に規定するのではなく，各機関が自らのサービス・市場状況に応じて，適切な実施のあり方を検討するものとして取りまとめられており，その基本的なスタンスは，紹介してきた本監督指針と共通している[15]。

2 欧州の対応
——タクソノミーベース・アプローチ

(1) 意義・目的——出発点

欧州委員会は，2018年に「持続可能な成長のファイナンスに関する行動計画」[16]を採択した。その主要な目的の１つは，持続可能で，包括的な成長を達成するために，資金の流れがサステナブル投資に向くようにすることであり，その他，とりわけ気候変動および社会問題から生じる金融リスクを管理すること，および金融および経済活動における透明性および長期主義を促進することも目的とされている[17]。それらの目的は10の行動計画に具体化され，その最優

---

15) 前掲注13) およびそれに対応する本文参照。

16) Action Plan: Financing Sustainable Growth（Communication）COM（2018）97 final.

17) Hanne S. Birkmose, *Institutional Investors and Sustainable Finance——Developing the Shareholder Engagement Framework in Light of the Emerging Sustainable Finance Regime in the EU*, in :Iris H-Y Chiu and Hans-Christoph Hirt（eds), Investment

先課題とされたのがタクソノミー（action 1）であった。そして，非常に野心的なタイムスケジュールで作業が行われ，2020年7月に「サステナブル投資を促進するための枠組みの確立に関する規則」（以下「タクソノミー規制」という）[18]が発効し，その後2021年4月に「気候変動への適応と緩和を目的とした持続可能な活動に関する最初の委任規則」[19]を，さらに2022年3月には補足的委任規則[20]を，それぞれ欧州委員会が採択した。また，タクソノミー規制よりも7か月早く2019年11月に「サステナブルファイナンス開示規則」（以下「SFDR」という）[21]が制定され，その後これについても，欧州委員会が委任規則[22]を採択している。

タクソノミー規制とSFDRのようなESG開示とは，相互に密接に結びつきながら，EUにおけるサステナブルファイナンス政策の土台をなす。タクソノミーは，何が「サステナブル」であるかの特定を可能にする分類の典拠であり，サステナブルの意味の共通理解を形成しようとする。それは，上述した，資金の流れがサステナブル投資に向くようにする目的に関連しており，ヨーロッパの会社が環境上持続可能な活動のための資金調達を行いやすくしようとする[23]。このような金融の移行にとっては，上記のように，市場および投資家に提供される情報が信頼できるものであることが極めて重要であり，金融市場参加者は「サステナブル」と謳う投資商品すべてに関して，タクソノミーに基づいて開示しなければならないことになる[24]。

なお，タクソノミーに従って分類されるのは個別の行為等であり，会社全体

Management, Stewardship and Sustainability——Transformation and Challenges in Law and Regulation（Hart, 2023）, 121.

18) Council Regulation（EU）2020/852 18 June 2020 on the establishment of a framework to facilitate sustainable investment and amending Regulation.

19) Commission Delegated Regulation（EU）2021/2139 of June 2021, OJUE, 9.12.2021, L 442/1: the Climate Delegated Act（気候委任規則）. なお, 'delegated act' につき，庄司亮宏『新EU法基礎編』（岩波書店，2013）100〜101頁。

20) Commission Delegated Regulation（EU）2022/1214 of March 2022, OJUE, 15.7.2022, L 188/1.

21) Council Regulation（EU）2019/2088 of 27 November 2019 on sustainability-related disclosures in the financial services sector［2019］OL JL 317/1.

22) Commission Delegated Regulation（EU）2021/2178 of 6 July 2021, OJUE 10.12.2021, L 443/9.

23) Birkmose, *supra note 17*, at 122.

24) 最終投資家にとっての意義等につき, *Id.* at 124.

の評価を行おうとするものではない[25]。また現時点において，開示規制においては，社会およびガバナンスの側面も扱われるのに対し，タクソノミーは環境面でのサステナブルな投資の枠組みを確立するのみであり，社会的に持続可能な投資のための枠組みはまだ表れていない。

(2) 規制の枠組みと内容

上述したように，タクソノミーは，どの活動が「サステナブル」または「グリーン」と考えられるかの共通理解を金融市場関係者に対して提供し，それによりサステナブルな金融商品の比較可能性をもたらすことを企図する。タクソノミーにより明らかにされるのは，より詳細には以下の(a)(b)で示すが，大きくは，環境目標に資する経済活動のリストおよびそれらの活動の環境目標への貢献の閾値（「実質的な貢献」になっているか否か）という技術的なスクリーニング基準である。後者の技術的なスクリーニング基準のルールは委任規則で具体化されている。以下では，どのようにしてサステナブルな活動と判定されるか（タクソノミー規制が定める事項）と，技術的なスクリーニング基準（委任規則が定める事項）とに分け，規制の枠組みと内容について述べていく。なお，内容については，断片的な言及にとどまることをお断りする。

(a) どのようにしてサステナブルな活動と判定されるか

(イ) 出発点は，環境目標の設定である。タクソノミー規制は，次の6つの項目を環境目標と規定する。すなわち，①気候変動の緩和，②気候変動への適応，③水および海洋資源の持続可能な使用と保護，④循環経済への移行，⑤汚染の防止と管理，⑥生物多様性および生態系の保護と修復である。環境上サステナブルな活動と認められるためには，6つの項目の少なくとも1つに貢献するものでなければならない。

(ロ) 次に，6つの目標の1つに寄与する活動[26]であっても，同時に他の環

---

25) この点で，TCFD提言やEU非財務情報開示ガイドラインと異なる。

26) 目標ごとに当該目標の実現に資する行為類型としてタクソノミー規制が定める例につき，堀尾健太＝富田基史「EUにおける『タクソノミー』の動向—スクリーニング基準の策定状況と今後の見通し—」（一財）電力中央研究所ディスカッションペーパー（SERC Discussion Paper）：SERC21003（2021）10頁参照。たとえば気候変動の緩和に貢献する活動であれば，ⅰ）再生可能エネルギーによる発電，送電，配電，蓄電，および利用，ⅱ）エネルギー効率の向上（ただし，石炭火力発電を除く），ⅲ）クリーンまたは気候中立なモビリティ，ⅳ）再生可能な材料への転換，ⅴ）炭素の回収・有効利用（CCU）および回収・貯留（CCS），ⅵ）土地による吸収の強化，ⅶ）エネルギーシステムの脱炭素化を可

境目標のいずれにも著しい害悪を与えてはならないとの原則（DNSH原則：the 'do no significant harm' principle）に反する場合は，環境上サステナブルな活動と認められない。

(ハ)　さらに，その経済活動が環境上サステナブルな活動と認められるためには，ミニマムセーフガード，すなわち，OECD多国籍企業ガイドラインおよび国際連合のビジネスと人権に関する指導原則（ILO労働基本的原則と権利宣言，ILOの8つの基本協定および国際人権章典を含む）を遵守したうえで実施されることが必要である。

(ニ)　上記(イ)における環境目標への貢献は，単なる貢献ではなく，実質的に（substantially）貢献するものでなければならない。実質的な貢献といえるかどうかの線引きは，(b)でみる，技術的なスクリーニング基準に依存するところが大きい。

(b)　技術的なスクリーニング基準

上記(a)(ニ)に言及した技術的なスクリーニング基準のルールは，気候委任規則により定められる。サステナブルファイナンスに関する技術専門家グループ（Technical Expert Group on Sustainable Finance：TEG）が策定にあたった。それが極めて骨の折れる作業であることは想像に難くないが，200人以上の専門家による20か月の作業により達成され，それは空前のスピードであったとされている[27]。上述のように，タクソノミー規制が6つの環境目標を設定し，目標ごとに当該目標実現に資する行為類型[28]を定めるのに対し，技術的なスクリーニング基準は具体的閾値などを規定する。

技術的なスクリーニング基準の設定作業は，①気候変動の緩和と②気候変動への適応についての項目を先行させた（③水および海洋資源の持続可能な使用と保護，④循環経済への移行，⑤汚染の防止と管理，⑥生物多様性および生態系の保護と修復については，2023年6月に環境委任規則により設定）。気候変動の緩和についてみると，9のセクター，88の経済活動についてスクリーニング基準（具

能にするインフラ，ⅷ）再生可能または炭素中立な原料を用いた燃料製造，である。なお，環境目標に貢献する経済活動に加えて，過渡的な活動（transitional activity）および可能にする活動（enabling activity）の分類も設けられ，これらも持続可能な経済活動とみなされる。同上9頁。

27)　Malecki, *supra* note *3*, at 168.
28)　前掲注26)参照。

体的な指標や尺度）が設定されている。9のセクターは，林業，自然再生，製造業，電力等，上下水道・廃棄物管理・CO₂輸送・貯留，運輸，建設・不動産，情報・通信，専門・科学・技術サービスである。この技術的なスクリーニング基準には，気候変動緩和に実質的に貢献するといえるための基準とともに，他の環境目標に著しい害を及ぼさないかどうかを決定するための基準（DNSH基準）も設けられている[29]。

上記のスクリーニング基準については，「個々のセクターや経済活動ごとの特性を踏まえたものになっている」と評されている[30]。また，気候変動緩和に実質的に貢献するといえるための基準のみならず，DNSH基準についても，「いつ著しい害があるとされ，またいつ他のサステナブル目標を阻害するかの明瞭な指標を提供し，そのことから，グリーンウォッシング，またはタクソノミー自体もしくはタクソノミーに基づく投資商品のラベルへの信頼の喪失を阻止しようとするものであるが，著しい害とはどの程度かとの関係で明瞭さが乏しい」との指摘がみられる[31]。

(3) サステナブルファイナンスへのタクソノミーの適用

タクソノミー規制の発効により，金融市場参加者は「サステナブル」を謳う投資商品すべてについての正確な情報の開示義務に直面する[32]。環境上持続可能な投資を目的とする金融商品はどの環境目標に対して貢献するのかを特定したうえで，タクソノミーに合致する投資の割合を，投資，ファンドまたはポートフォリオの比率（パーセンテージ）で示し，また，環境目標ごとに別々に計

---

29) なお，気候変動の緩和に関するDNSH基準案は，気候変動への適応に貢献する経済活動が満たすべき基準として，気候変動への適応のセクションに記載されている。これもセクター別に設けられているが，9つのセクターのうち情報・通信は気候変動への適応に貢献する経済活動には含まれていないため，当該セクターに関しての気候変動の緩和に関するDNSH基準案は示されていない。堀尾＝富田・前掲注26）20頁。

30) 堀尾＝富田・前掲注26）17頁。

31) Malecki, *supra* note 3, at 172-173. この関係で，DNSH基準は，「電力等」や「運輸」など一部のセクターでは定量的な閾値が提案されているが，定性的な記述も多いことも指摘されている。堀尾＝富田・前掲注26）20頁。

32) Malecki, *supra* note 3, at 172-173. なお，タクソノミー規制は，「グリーン」セクターに分類される事業への従事や投資を義務づけてはおらず，それへの対応状況を開示することを求めているにとどまる。そして，その開示のフォーマットの1つがSFDRということになる。鈴木利光「EUにおける運用商品向けの『グリーンウォッシング』対策」資本市場447号（2022）72頁。

算されなければならない。この関係でMaleckiは，投資仲介業者を例にとって，以下のような取組みが求められるとしている。すなわち，「投資仲介業者は，そのポートフォリオのタクソノミー適合性を評価するために会社情報にアクセスするとともに，その意味を理解することに取り組まなければならないであろう。投資仲介業者は，会社が実施した活動のどれが適合的でありうるか，そしてどの環境目標に適合するかを特定すべきである。適合的でありうる各活動に対して，投資仲介業者は，会社または発行体に係る基準（たとえば水力・地熱・再生可能な非化石ガス火力等における閾値：100gCO₂e/kWh）に合致するかどうかをチェックすべきである。投資仲介業者は，他の環境目標に対するDNSH基準の違反がないことを証明すべきである。投資仲介業者はまた，社会の面についてのミニマムセーフガードについてのいかなる違反も起こらないようにするためデュー・デリジェンスの審査を実行すべきである」[33]とされる[34]。

　その他，タクソノミーは，グリーンボンドの自発的なラベルにも適用されうる。これは，いわゆるオプトイン型の仕組みが採られており，強行的な枠組みではない[35]。

⑷　技術進歩やESG要素の複雑さへの配慮の側面

　タクソノミー規制は不断に変化・進展していく典拠というべきものであり，この分野における急速かつ不断の知識の進展に依存した，必然的に柔軟な手段であるといわれる[36]。

　この不断の変化・進展に関して，2020年以降TEGの後継としてその役割を担うのは，タクソノミー規制の規定に基づきEU委員会の常設機関として設けられた「持続可能な金融のプラットフォーム（the Platform on Sustainable Finance）」（以下「プラットフォーム」という）である。プラットフォームのメンバーは，タクソノミー規制の規定を通じて直接任命されたEU機関および団体

---

33)　Malecki, *supra* note *3*, at 173.
34)　非財務情報開示（Non-Financial Reporting Directive：NFRD）との関係でも，2021年7月6日に委任規則が採択されており，環境上持続可能な経済活動に関する情報開示の基準を，非金融業の企業（non-financial undertakings）と金融機関（financial undertakings）それぞれについて定める。非財務情報開示に関する基準の概要について，堀尾＝富田・前掲注26）23頁参照。
35)　Malecki, *supra* note *3*, at 174.
36)　*Id.* at 175. Maleckiは，気候変動への適応や循環経済への移行，汚染の防止と管理との関係でも，個別的に同様のことを指摘している。*Id.* at 170-171.

からの出向者7名，環境ファイナンスとサステナブルファイナンスの専門知識に基づき，地理的，性別，ステークホルダーの種類の各要素のバランスにより選出された専門家28名，およびオブザーバー14名からなる[37]。そのもとで，個々の基準の新設や見直しが恒常的になされていく。その意味で，プラットフォームは，サステナブルファイナンスの将来にとって極めて重要な存在であるということができる。

　ところで，ESG要素の複雑さをよく例示するものとして天然ガスや原子力発電の扱いがある。原子力発電に関して，EU委員会は，DNSH原則との関係で387頁にも及ぶ大部の技術評価を公表したが[38]，その段階では，タクソノミー規制は含めるとも除外するとも明らかにせず，よく知られているように，2022年7月15日になってタクソノミーの対象となる経済活動のリストに特定の原子力・ガス発電活動を含める補完的委任規則が官報に掲載され，2023年1月から適用されている。

III　検討

1　グリーンウォッシングへの対応を考える際の考慮要素
——グリーンウォッシングを誘発する原因およびESG要素の特性を中心として

(1)　グリーンウォッシングを誘発する原因

　グリーンウォッシングについての研究が対象とする項目の1つにグリーンウォッシングを誘発する原因をめぐるものがあり，従来経営学やマーケティングの領域での研究における重要な着眼点とされてきた[39]。そして，そのような研究において，原因の検討を踏まえたうえで，グリーンウォッシングを防止するための政策上の提言をなすものもみられ[40]，それは，原因の探求がグリーン

---

37)　*See*〈https://ec.europa.eu/info/business-economy-euro/banking-and-finance/sustainable-finance/overview-sustainable-finance/platform-sustainable-finance_en〉（最終閲覧日：2024年6月28日）

38)　JRC report, 'Technical assessment of nuclear energy with respect to the "do no significant harm" criteria of Regulation（EU）2020/852（"Taxonomy Regulation"）, Ares（2021）1988129-19/03/2021.

39)　Shanor & Light, *supra* note *1*, at 2042.

40)　たとえばMagali A. Delmas and Vanessa Cuerel Burbano, *The Drivers of Greenwash-*

ウォッシングへの対応を考える際の重要な考慮要素になることを示唆している。

　グリーンウォッシングにはさまざまな形態があり問題の深刻度も異なるが[41]，それが発覚した場合，当該企業にとって多かれ少なかれ打撃になりうる。それにもかかわらず，なぜ企業はグリーンウォッシング行動をとるのかにつき，多様な観点から分析がなされてきた。

　(a)まず，経済的インセンティブである。Bainbridgeは，この観点について，以下のように説明している。すなわち，「消費者がたとえば環境上有益な製品・サービスを選好するなら，企業は環境への有害な影響を緩和する動機を有する。また投資家がたとえばESG要素に配慮した投資を選好するなら，資金は強くESGを志向するとの評判を有する会社に流れ，そしてそれらの会社の株価は，その資本コストの低さを反映して上昇すると考えられるため，経営者はそのような評判を高めるインセンティブを持つことになり，特に経営者の報酬が株式その他業績連動型である場合，一層そのようにいえる。このような市場の力は，そうでなければ会社が外部化しようとしたかもしれないコストを会社自身が引き受けるように動機づけることさえありうる」としたうえで，消費者と一口にいっても，サステナビリティおよび生産者が公正な競争を得られるようにすることに価値を見出す――価格が高くてもフェアトレードコーヒーを選択する――者がいる一方で，サステナビリティや人権よりも価格に関心を持つ者もおり，それらの者は価格の安いコーヒーを選択すると指摘し，このように消費者が均一でなければ，すべての会社がコストを内部化するとは限らないこと，そして，会社のなかには，自らの行動を変えることによって上記のインセンティブに応えるのではなく，グリーンウォッシングによって応えようとするものも少なからず出てくるとしている[42]。またBainbridgeは，かなりの数の企業がいわゆる「ステークホルダー資本主義」を真に受け入れるなら，それらの企業の生産に係る限界コストは上昇する点に着眼した説明も提示している。これは，

---

ing, 54 California Management Review（CMR），64-87（2011），ファテミ・前掲注7）57
～58頁。

41)　形態として，TerraChoise「グリーンウォッシングの7つの罪」がよく知られる。また，真実か虚偽か明白に分けられるとは限らないことも指摘される。これらにつき，Shanor & Light, *supra* note *1,* at 2044, Delmas and Burbano, *supra* note *40,* at 66.

42)　Bainbridge, *supra* note *7,* at 133-134. なお，言及されている経営者の報酬のタイプに関して，排出削減目標の達成状況などを役員報酬と連動させる動きも広まっている（日本経済新聞記事2023年1月23日16面（「便乗ESG，深まる監視の目」）。

環境面の取組みが企業にも利益になることがあるといっても，「低いところに
ぶら下がっている果物」（実行が容易なこと）が取り尽くされた場合には，採算
が合わなくなる可能性があるといわれる[43]ことと同様のことをいうものであ
り，そのように行動する企業が増えれば増えるほど，そのような行動をとらな
い企業のほうが優位になることを指摘したうえで，とりわけグリーンウォッシ
ングのインセンティブが極めて強くなること，そして消費者等が，見せかけ・
誇張か否かを区別することが難しい場合，一層グリーンウォッシングが蔓延る
ことになるとしている[44]。

　なお，企業による経済的インセンティブ（評判上の便益等）の追求の観点に
関して，上記のことに加えて，ハロー効果に言及されることもある。これは，
たとえば再生可能エネルギーですべての電力をまかなっている会社は，水の使
い方や森林の管理についても環境リーダーだと受け止めてしまうといったよう
に，人々が，ある企業の特定の側面（ある製品や一定の取組み等）について肯定
的な認識を持つと，その企業の他の側面についても，たとえそれらについては
そのプラスの効果が証明されていなくても，同様にプラスの印象を持つように
なるというものであるが，この効果もグリーンウォッシングを誘発するように
働きうると捉えられている[45]。

　(b)次に，内部的な要因である。上述した要因がステークホルダーの目を意識
して正当性を獲得しようとするもので，外部的な要因といえるのに対し，内部
的要因としては，企業の緩い倫理的気風，組織の慣性，企業内の意思疎通の有

---

43)　デービット・ボーゲル（小松由紀子＝村上美智子＝田村勝省訳）『企業の社会的責任
　　（CSR）の徹底研究』（一灯社，2007）232，304頁〔原著：David Vogel, The Market for
　　Virtue: The Potential and Limits of Corporate Social Responsibility（2005）〕。

44)　Bainbridge, *supra* note 7, at 133-134.

45)　Shanor & Light, *supra* note 1, at 2046. とりわけ重要なこととして，グリーンウォッシ
　　ングを行う組織は環境面の取組みを謳わないブラウン組織よりも環境パフォーマンスにつ
　　いての消費者の認識においてわずかながらプラスのスコアを得られたことを挙げ，たとえ
　　消費者が，グリーン情報が（完全には）真実ではないということを知っているときでさえ，
　　明示的に環境上の問題への関心を伝えようとする組織は，環境を関心事として無視する組
　　織よりもより望ましいイメージを生み出すことを意味するとしている。*Id.* at 2049. なお，
　　ハロー効果は，ESG評価機関との関係でも言及される。すなわち，ある評価機関があるカ
　　テゴリーで良いスコアを出すと，その企業は他のカテゴリーでも良いスコアを出す傾向
　　（カテゴリー間での相関）があるとのことである。越智信仁「ESG評価情報の意義と課題
　　―行動規範の実践へ―」証券アナリストジャーナル61巻2号（2023）9頁。

128 ◆ 第2篇 個別的問題についての検討

効性の欠如等が挙げられ，これらも，なぜ企業がグリーンウォッシングを行うのかについての理解を深めることの一助になるとされる。第1番目の倫理的気風とは意思決定の際の規範として組織構成員に共有された信念等のことであるが，グリーンウォッシングは非倫理的行為の1つであるため，善を行おうとする気風の企業または倫理コードや明確な企業の行動準則といった原則に従おうとする気風の企業に比べ，自己利益の満足を追求する気風のブラウン企業で一層起こりやすいとされる。また第2番目の組織の慣性とは，基層にある現在の形態や機能がいつまでも残ることを意味し，戦略的な変化を阻害するものである。この慣性により，経営者による環境上の取組みについての宣言と会社の実際の取組みとの間でタイムラグが生じることも指摘される。第3番目の企業内の意思疎通の有効性如何もグリーンウォッシングを生じうる要素となる。たとえば，マーケティング部と製品開発部との間での頻繁かつ密接な相互作用を欠く会社の場合，グリーンウォッシングが生じがちになるとされる[46]。

　(c)最後に，従来の研究の多くは，上記の(a)(b)で示した要因に加えて，緩く不確かな規制の現状がグリーンウォッシングを生じさせる主要な原因の1つであるとしてきた[47]。そして，明確な輪郭の欠如やエンフォースメントについての法的不確かさが間接的に(a)(b)で示した要因を強めるように働くとされる[48]。ところで，本章Ⅱにおいて，わが国およびEUの対応の進展を紹介した。規制の緩さ・曖昧さという原因については，そのような対応の進展の度合いによっては重要でなくなる可能性もあると考えられるが，現状では，この原因が無視できる状況にはないであろう。

(2) ESG要素の特性

　Ⅱ1において紹介した「金融商品取引業者等向けの総合的な監督指針」の一部改正におけるグリーンウォッシングへの対応において原則ベース・アプローチを採用することについて，金融庁は，「ESGを画一的に定義することは難しい」ことや，「ESG考慮の方法，程度は多様である」と考えていることを述べ，

---

46) 以上について，Delmas and Burbano, *supra* note *40*, at 72-75.

47) たとえば *Id.* at 65, Shanor & Light, *supra* note *1*, at 2051.

48) Delmas and Burbano, *supra* note *40*, at 69. たとえば(a)の原因から，「ブラウン企業は，環境に優しく，その環境パフォーマンスについてプラスの効果を謳うインセンティブに直面する」ことになるが，そうすることに対して法的または規制上の効果がほとんどないことが，そのインセンティブを強めるとしている。*Id.* at 71-72.

ほぼ同時期に策定・公表された「ESG評価・データ提供機関に係る行動規範」においても，透明性の確保（原則四）との関係で，「ESG要素はそもそも多様な概念や価値観を包含するものである」ことが述べられている。ここからも，ESG要素の特性が，グリーンウォッシングに対しどのような対応を取るべきかの議論の考慮要素になることをみてとることができる。

「多様な概念や価値観を包含する」とのESG要素の特性は，Ⅱ2のEUの対応を紹介するなかで言及した原子力・ガス発電活動の扱いにもよく表れているといえるであろう。また，ロシアのウクライナ侵攻との関係でBainbridgeは以下のように述べているが，それもこの特性をよく示すものである。すなわち，「2022年のロシアのウクライナ侵攻以前，ESGパフォーマンスの尺度では，防衛産業の企業は低く評価された。しかしながら，戦争勃発の結果として，多くの格付会社，ESGファンドおよびインデックス供給者は，防衛産業の企業の排除を再考している。また，ロシア－ウクライナ戦争は，気候変動と格闘することは，インフレーションやエネルギー価格の貧困層への悪影響と取り組むよりも一層社会的に責任のあることかどうかという問題を提起することになった。……社会的に責任を負う行動をとろうとすることは，何が社会的責任であるかについて相対立する目的が含まれていたり，何が社会のためになるかの見方が急速に変化する場合に，極めて難しい」[49]と。

この「多様な概念や価値観を包含する」というESG要素の特性は当然ESG投資にも持ち込まれることになる。ESG投資が従来の株式投資や債券投資と様相を異にすることについて，投資成績を判断する材料に，①リスク・リターン以外のものを位置づけようとする，もしくは②長期的にかなり先の将来のリスク・リターンを位置づけようとする，といった意図が入り込むことに着眼される[50]。ここで詳細は省くが，①については，多様な価値観が流入することになるほか，その目標達成の進捗を計測することが必ずしも容易ではないという課題も指摘される[51]。また，②については，長期的にかなり先の将来の投資成績

---

49) Bainbridge, *supra* note 7, at 141.
50) 足達・前掲注6）19〜20頁。
51) この指摘に関して，仮に一国の温室効果ガス排出量のように計測可能な指標が存在する場合にも，「その投資がどれだけの改善効果を生んだか」，「投資がなかったならその改善効果は本当に生まれなかったのか」を判断することの難しさが挙げられる。足達・前掲注6）20頁。なお，先進国は気候変動枠組み条約に基づき，温暖化ガスの排出・吸収量を毎年推計して国連に報告しているが，最近は二酸化炭素やメタンが特定の波長の電波を吸

を意識すればするほど，確からしさが失われるという課題が挙げられている[52]。

　次に，ESG要素の他の特性として，その対象の広さも重要であろう。「現在はあまりにもESGにかかわる案件で注目しなければならないことが多くなり，投資家のキャパシティがオーバーフローしてきていると感じている」[53]といった記述はそれを反映するものである。このことが投資家側の悩みだけにとどまらず，ESG評価のばらつきなどにつながるとすれば，それが企業側にもたらす徒労感やESGパフォーマンスを向上させるインセンティブの低下といった課題も重要になるであろう。

　なお，対象の広さに伴う課題との関係で，ESG評価におけるAI活用にも着眼されるが，これについても，「スコアリングモデル（アルゴリズム）がブラックボックス化するなかで，情報収集のアルゴリズムがバイアスを含み意図せざる偏向を生み出す懸念，情報源にチェリーピッキングがないとしても，開示企業のESG／SDGsウォッシュや特定メディアの偏向報道，誘導記事などを無批判に受け入れて評価を下してしまう危うさなどを内包している」等の課題が指摘されている[54]。

2　いくつかの課題についての若干の考察

⑴　原則ベース・アプローチおよびタクソノミーベース・アプローチの長短

　原則ベース・アプローチとタクソノミーベース・アプローチそれぞれの長短は，相互に裏表の関係にあるといえそうである。加賀谷哲之教授は，「サステナビリティに関わる取り組みをいかに分析・評価するべきかという軸が十分に定まっていないにもかかわらず，それを比較分析するための情報や指標の標準

収するといった科学的な特性を利用する技術が進んでいるところ，それらを利用して排出量の実測を試みている民間団体から，先進国が示す温暖化ガスの排出量の推計に異論が出るといった事態も生じている。日本経済新聞記事2023年3月20日3面（「先進国　排出量推計に異論」）。

52)　足達・前掲注6）20頁。

53)　三井千絵「気候変動株主提案と米国の投資家」資料版商事463号（2022）9頁。また，越智・前掲注45）11頁は，「ESGは幅広いデータを扱うだけに，温暖化については知見が高くても廃棄問題には知見が不足するなど，個人が扱うには対象が広すぎるという課題なども指摘されてきた」と述べる。

54)　越智・前掲注45）12頁。

化のニーズが急速に高まっているという現実にわれわれが直面している」[55] と述べられている。これに即して述べると，EUが採用するタクソノミーベース・アプローチは，Ⅱ2に示したような形で，何がサステナビリティに実質的に貢献する活動であるかの判断基準を示すという極めて骨の折れる作業に取り組み，上記引用文にある「比較分析するための情報や指標の標準化のニーズ」に正面から応じようとするものといえる。他方，Ⅱ1で紹介した原則ベース・アプローチは，引用文にいう「サステナビリティに関わる取り組みをいかに分析・評価するべきかという軸が十分に定まっていない」という，発展段階にある状況において，一律の対応を求めるよりも，各主体による創意工夫に基づきさらに改善されることを促すといった手法によるべきであると考えるものであり[56]，他分野でも同様の状況において採られてきた手法に沿ったものである。このことは，タクソノミーベース・アプローチと原則ベース・アプローチとでは，原因分析（Ⅲ1(1)）およびESG要素の特性の検討（Ⅲ2(2)）それぞれの知見に対する配慮の度合いが異なり，その結果，前者はいくぶん急進的な立場になっているのに対し，後者は漸進的な立場にとどまっていると言い換えることもできそうである。

　それぞれの短所は，それらの裏返しである。とくに原則ベース・アプローチは，明確な基準・境界のもとでの環境面の取組みの強行的開示および提供された情報の第三者による監視がなければグリーンウォッシングをほとんど阻止することができないとの批判に直面するかもしれない。そして，「ESG投資やサステナブルファイナンスが主流化してきても，地球や社会のサステナビリティ（持続可能性）課題が一向に改善の方向に向かわないことへの危機感が拡大している」状況のもとでは，「資金提供が行われる対象を明確に定めて，資金誘導の効果を高める必要がある」という声が高まると，わが国でもタクソノミー規制を求める声が強まる可能性も否定できない[57]。

　しかし，タクソノミーベース・アプローチにも課題は存する。「投資判断や

---

55)　加賀谷哲之「サステナビリティ開示の拡充とその影響」資本市場450号（2023）8頁。

56)　このようなソフトローのアプローチの利点につき，たとえばコーポレートガバナンスの文脈で述べたものであるが，野田博「コーポレート・ガバナンスにおける規制手法の考察―ソフトローの側面を中心として―」商事2109号（2016）16頁。

57)　足達・前掲注6）25頁。金融庁が「本監督指針を踏まえた今後の資産運用会社の対応やESGを巡る世界的な動向も踏まえ，本監督指針を定期的にレビューする，と述べている（本パブコメ回答6号）ことにも留意。

投資対象が画一化されると，市場の価格機能の衰退とダイナミズムの喪失，ひいては企業活動のダイナミズムの喪失につながりかねないという指摘」は，その代表的なものであろう[58]。また，EUタクソノミーは，6つの環境目標のうち，①気候変動の緩和と，②気候変動への適応についての項目を先行させ，その後，③水および海洋資源の持続可能な使用と保護，④循環経済への移行，⑤汚染の防止と管理，⑥生物多様性および生態系の保護と修復についての項目についても設定されたが，このように対象が拡大される場合には，上記の指摘が示す懸念は一層大きくなりうることにも留意する必要がある[59]。さらに，計測可能な指標が存在する場合（温室効果ガス排出量等）にも，ESG要素の特性として，その目標達成の進捗を計測することが必ずしも容易ではないと指摘されていることは，すでに言及したとおりである。加えて，下記(2)で採り上げる「口を閉ざす反応」の誘発という課題も，原則ベース・アプローチかタクソノミーベース・アプローチかを考えるうえで，考慮要素になるかもしれない。わが国においてタクソノミーベース・アプローチの採用を検討する場合が生じることも将来ありえようが，その際には，以上に示した両アプローチの長短，諸課題を踏まえた慎重な検討を要すると考える。

(2) 口を閉ざす反応について

2023年3月20日付日本経済新聞は，「ESGファンド設定急減」と題し，ESGを重視する投資信託の新規設定が世界で急減し，年初からの設定本数は1年前の2割にとどまり，6年半ぶりに低いペースであることを報じた。また，その原因として，ESGを打ち出しながら内実の異なるウォッシュに対して規制強化が進んだ影響が大きいとの見方を示している。このような現象は，どう評価すべきであろうか。グリーンウォッシング阻止の観点からは，悪いことではないであろう。また，これが一時的な現象に過ぎないのであれば，問題とするに値しない。しかし，上記記事が述べるように，規制強化により環境パフォーマン

---

58) 足達・前掲注6）25頁参照。なお，SEC委員のHester M. Peirce氏は，ブルッキングス研究所での演説において，「20世紀全体を通じて，中央集権的な資本配分は機能しないと私たちに教えてくれており，中央集権的に開発されたESG指標——たとえ比較可能で信頼性が高く，正確であったとしても（そしてそれらには大きな疑問符が付く）——は例外であると考える理由はない」と発言されている〈https://www.sec.gov/news/peirce-chocolate-covered-cicadas-072021〉（最終閲覧日：2024年5月30日）。

59) タクソノミーは進化する典拠であり，柔軟性を有することもしばしば指摘されるが，タクソノミーの狙いと柔軟性とは衝突する面もあるであろう。

スについて口を閉ざす（開示を控える）会社が増えるとすれば，それは手放し
で喜べることではない。従来においては，たとえば増大するアクティビストの
プレッシャーが企業の開示行動にいかに影響するかを分析したLyon &
Maxwellの研究が存在している[60]。ところ，こうした「口を閉ざす」会社が増
えるという効果は，規制強化との関係でも関心を持たなければならない事項で
あるように思われる。ここでは，今後の研究の手掛かりの1つとして，以下，
Lyon & Maxwellの研究の検討結果の一端を示しておくこととしたい。

　さて，Lyon & Maxwellの研究により示された結果のうち，ここでの関心事
として特に重要と思われるのは，アクティビストによるグリーンウォッシング
に対する激しい反発の脅威はグリーンウォッシュを阻止するが，ある企業につ
いては，よりオープンで透明になるよりも，むしろ口を閉じてしまうように作
用してしまう可能性が現実に存在するということである。そしてLyon &
Maxwellは，そのような反応は，とりわけ成功する見込みの高いプロジェクト
を有するが，しかしそれらの活動の環境への影響について完全には情報を有し
ない企業（同論文では，「情報を有しないグリーン企業（uninformed green firms）」
と呼ぶ）から出てきうるとしている[61]。すでにみたように，ESG要素の特性の
1つとして，目標達成の進捗を計測することが必ずしも容易ではないことが指
摘されており，その観点からも，このような反応が出てくることは理解できる
ように思われる。しかし，そのような企業において開示が減り，ひいては環境
上の取組み自体へのインセンティブを低減させるとすれば，それは望ましいこ
ととはいえない。ここでは，次の2点のみ指摘しておきたい。

　第1に，増大するアクティビストのプレッシャーとの関係でのLyon &
Maxwellの分析が示す効果は規制強化との関係でも生じるかもしれないが，た
だ，そうだとしても，規制の必要性に照らして，そのような効果が生じること
は受け入れざるを得ず，規制を控えることにはならないことである。第2に，
どのような規制を設けるかによって作用の仕方は異なる可能性はあるが，ある
規制においてこの問題への配慮がなされたとしても，そのもとでの投資家の行
動も同時に重要になると思われることである。アクティビスト等の行動が変わ

60）　Thomas P. Lyon & John W. Maxwell, *Greenwash: Corporate Environmental
　　Disclosure under Threat of Audit, 20 Journal of Economic & Management Strategy, 3
　　（2011）.
61）　*Id.* at 21.

らないとすれば[62]，この問題が規制のあり方によって緩和することは考えにくいためである。投資家側においても，「情報を有しないグリーン企業」について上記の反応ができるだけ出ないようにするという問題意識を共有する必要があると思われる。

Ⅳ　結び

　グリーンウォッシングは，消費者や投資家等が環境に有益な成果を生み出す企業を報いることを躊躇させ，そのことが今度は，企業が環境に害になる行為を行うインセンティブを増加させる可能性さえ有する[63]。各国においてグリーンウォッシングへの対応が進展しているが，そのアプローチはさまざまである。本章では，特にESG投資についてのグリーンウォッシングを対象として，日本の対応，とりわけ金融庁の近時の対応とEUのタクソノミー規制とを対照させて採り上げ，それぞれの特徴が明らかになるように試みた。そして，それらを踏まえた検討としては，どのようなアプローチを採るべきかにとって重要な2つの考慮要素，すなわちグリーンウォッシングの原因とESG要素の特性をめぐる議論を整理したうえで，原則ベース・アプローチおよびタクソノミーベース・アプローチの長短，および「口を閉ざす（開示の減少）」という現象をどうみるかという2つの問題を採り上げ，暫定的な検討結果や課題として残る若干の問題点を示した。

　ところで，近時は「ESGに逆風」といった報道に接する機会も少なくない。周知のとおり，米国ではESGが党派対立の対象にもなっている。しかし，ESGの言葉を用いるかどうかは別にして，気候変動や社会課題，企業統治の取組みを促すことに大きな変化が生じているとはいえないし[64]，また，変化の如何にかかわらず，グリーンウォッシングを阻止する対応の必要性は変わらないはずである。本章での考察が，グリーンウォッシングへの対応を巡る研究にとって

62）　たとえばわが国の原則ベース・アプローチのもとでも，EUのタクソノミーベース・アプローチ等を背景に，アクティビストのプレッシャーが強まる可能性があることなどを想起のこと。

63）　Delmas and Burbano, *supra note 40*, at 84.

64）　三井・前掲注53）9頁，日本経済新聞記事2023年8月22日11面（「脱炭素投資　米国から逆風」）。

幾ばくかでも資するところがあれば，幸甚である。

【追記】

　ここでは，EUタクソノミー規制におけるDNSH原則やミニマムセーフガードの趣旨を出発点に，サステナブルファイナンスにおけるグリーンウォッシングのさまざまな形態について述べる。また，簡略ながら，消費者に向けたグリーンウォッシングとわが国において採られている対応策にも言及する。

○グリーンウォッシングのさまざまな形態

　本章Ⅱ2で紹介したEUタクソノミー規制において，気候変動の緩和や気候変動への適応に寄与する活動であっても，その他の環境目的に著しい害悪を与える事業活動をしてはならないとされ（DNSH原則），また，国連の「ビジネスと人権に関する指導原則」等に準拠していない事業活動をしてはならない（ミニマムセーフガード）とされていることをみた。これらは「肯定面を強調し否定面を除外する情報の偏り」を抑制しようとするものと捉えられる[65]。懸念される他の重大な問題は隠しながら，有利な環境情報ばかりを用いてアピールするという弊害に着目するものであり，本章注41）で言及した，カナダのTerraChoise（のちにULにより買収）の「グリーンウォッシングの罪」にいう「隠れたトレードオフの罪」に該当するものと考えられる[66]。

65）　上妻京子「気候関連情報の保証をめぐる国際動向」企業会計75巻10号（2023）40頁。なお，ミニマムセーフガードが要求されていることについては，環境と人権を抱き合わせることで，ESGにおけるS強化（「弱いS」問題の解決策）に資するものであることも指摘される。藤井敏彦『サステナビリティ・ミックス―CSR，ESG，SDGs，タクソノミー，次に来るもの―』（日科技連出版社，2019）85頁。

66）　なお，本章が主にサステナブルファイナンスにおける投資家に向けたグリーンウォッシングを対象にするのに対し，TerraChoiseが発表した「グリーンウォッシングの罪」は，消費者の誤解を招くような環境主張をしている製品を特定するのに役立つように開発されたものであり，①「隠れたトレードオフの罪」以外に，②「証拠のない罪」（裏付情報や第三者による信用性の高い認証によって立証できない環境に関する主張），③「曖昧さの罪」（単に「環境に良い」，「オールナチュラル」等，定義が不十分であったり，広範であったりするため，その本当の意味が消費者に誤解される可能性が高い主張），④「偽りのレッテルを貼る罪」（言葉や画像を通じて，第三者による推奨が存在しないのに，第三者による推奨の印象を与える製品），⑤「無関係の罪」（その内容自体は事実であっても，環境配慮を求める消費者にとって重要でない，または役に立たない環境主張），⑥「2つの悪のうちましであるとする罪」（その製品単体でみると環境にとって有害であるにもかかわらず，さらに害悪である製品と比較して，環境によいと錯覚させるリスクをもつ主張），⑦「捏造の罪」（単なる虚偽による環境アピール）がある。*See* "Sins of Greenwashing", UL

それでは，サステナブルファイナンスの場合において，上記の「隠れたトレードオフの罪」には，どのような事例が考えられるであろうか。証券監督者国際機構（International Organization of Securities Commissions：IOSCO）が2021年11月に公表した「資産運用におけるサステナビリティに関連した実務，方針，手続及び開示に関する提言　最終報告書」[67]の第3章「投資商品の開示に対する規制上の諸手法」においてグリーンウォッシングの事例を5つに分類した箇所があるが，そのうちの第5分類「商品の投資戦略についての開示の欠如」の例示にある，「マーケティング資料ではESG要因を投資戦略に考慮すると強調している商品にもかかわらず，一定の罪ある株式（sin stock）セクターの組入比率が大きく，投資戦略の開示において一定の罪ある株式に投資する可能性があることを説明していない」ものや，「サステナビリティを名称に含む商品であるが鉱業および石油などの問題になっているセクターに投資をしており，その投資戦略の開示では，そのような投資が行われる可能性および理由について明確にしていない」というものはこの範疇に含まれるといってよいと思われる[68]。なお，上記第3章におけるその他の分類としては，ⅰ）商品のサステナビリティに関連した名称とその投資の目的，戦略の両方または一方との整合性がないケース，ⅱ）商品の投資目的，戦略の両方または一方を正確に反映しないマーケティングが行われているケース，ⅲ）サステナビリティ関連の投資の目的，戦略の両方または一方に従わない商品実態のケース，ⅳ）商品のサステナビリティ関連の実績と結果について誤解を招く主張がなされているケース，が挙げられている[69]。

〇消費者に向けてのグリーンウォッシングとわが国における対応
　本章はサステナブルファイナンスにおけるグリーンウォッシングを主な対象としたが，消費者に向けてのグリーンウォッシングへの対応については，わが国では，

Sols.，〈https://www.ul.com/insights/sins-greenwashing〉（最終閲覧日：2024年5月30日）
67）　The Board of the International Organization of Securities Commissions, Recommendations on Sustainability-Related Practices, Policies, Procedures, and Disclosure in Asset Management　Final Report（2021）〈https://www.iosco.org/library/pubdocs/pdf/IOSCOPD688.pdf〉（最終閲覧日：2024年5月30日）
68）　例示された事案の邦訳につき足達・前掲注6）21頁を参考にした。なお，これらの例示につき，一定の罪ある株式セクターの組入比率が大きいこと自体，または問題になっているセクターへの投資自体を問題にする広義のグリーンウォッシング批判のケースに分類するのではなく，あくまで「明確にしていないこと」「説明していないこと」が問題なのだとして，開示の欠如のケースに分類している点は極めて保守的であるといわざるをえないと指摘されている。
69）　足達・前掲注6）21頁〔図表1〕。

環境省の「環境表示ガイドライン（平成25年3月版）」があり，また不当景品類及び不当表示防止法（以下「景品表示法」という）による優良誤認表示規制のもとでの規制が存する。

前者は，主に事業者等から消費者に向けて発信されるさまざまな環境情報について検討し，事業者および消費者双方にとって有益な環境情報の提供の促進に向けて，事業者等が取り組むべき内容を取りまとめたものである。自己宣言による環境アピールをする企業に対しては，基本項目として，「①あいまいな表現や環境主張は行わないこと，②環境主張の内容に説明文を付けること，③環境主張の検証に必要なデータ及び評価方法が提供可能であること，④製品又は工程における比較主張はLCA，数値等により適切になされていること，⑤評価及び検証のための情報にアクセス可能であること」の5つの事項が挙げられている。

後者については，景品表示法5条1号は，実際のものよりもまたは事実に相違して競争業者に係るものよりも著しく優良であると一般消費者に示す不当（虚偽，誇大）な表示を禁止しており，環境表示も規制の対象となっている。また，内閣総理大臣は，同法7条2項により，優良誤認表示に該当するか否かを判断するために，当該表示を行う事業者に対して，表示の裏付けとなる合理的な根拠を示す資料の提出を求めることができ，これに応じない場合や提出された資料が合理的な根拠と認められない場合は，当該表示は優良誤認表示に該当する表示とみなされ，事業者が環境配慮型製品について環境表示を行う場合には，客観的合理的根拠に基づいて適切に行わなければならないことになる[70]。この規制の下で，消費者庁は2022年12月，「生分解性」をうたっていたプラスチック性製品の表示が「優良誤認」にあたるとして，カトラリー，ストロー，カップ等の販売事業者（2社），ゴミ袋およびレジ袋の販売事業者（2社），釣り用品の販売事業者（1社）ならびにエアガン用BB弾の販売事業者（5社）の計10社に対し景品表示法7条1項に基づき再発防止等の措置命令を行い，さらに2023年10月には，そのうちの1社（釣り用品の販売事業者）に対し同法8条1項に基づき課徴金納付命令を発出した[71]。

---

70) 環境省「環境表示ガイドライン（平成25年3月版）」37頁参照。

71) 消費者庁（caa.go.jp）の景品表示法関連発表資料の執行状況2022年度12月分および2023年度10月分参照。

第 4 章

ESGと取締役の義務
──企業の社会的責任と会社法との交錯──

ESG要素でも，環境法や労働法等を通じて企業が一定の行動を義務づけられた場合には，取締役会がそれらの法規制の遵守を監視すべき体制を整備するなど，ESG要素に配慮する義務を負うことは明らかである。また，あるESG要素に配慮することが必要であると判断される場合には，環境法や労働法といった個別分野の法律の改正ないし制定により対処するのが望ましいと考えられる。しかし，ESGが問題になる分野においては，変化が早く，また正解が何か明確ではないなどにより，柔軟性が求められるという要請も大きいと考えられる。もちろん制定法による場合でも，柔軟性の要請に応えることは可能であるが（ある程度の裁量を伴う義務づけをするなど），制定法による対処にあまりなじまないという場合もありえる。そして，そのようにして制定法による対処が及んでいない場合にも取締役がESG要素を考慮する義務を負うことがあるかを考察課題とした研究が近時みられるようになってきている。従来においても議論はなかったわけではないが，近時におけるESG重視の潮流の下でのそうした議論は緒に就いたばかりということもできる。本章での考察は，そのような近時の議論を基に，それらを深める一助になることを企図したものである。

I　はじめに

　持続可能な社会の構築が課題となるなか，ESG（環境〔Environment〕・社会〔Social〕・企業統治〔Governance〕）の要素に配慮した企業活動（ESG経営）の重要性への認識が広まっている。また，ESG要素を考慮に入れた投資商品や運用への市場の需要が高まり（ESG投資），企業は機関投資家や運用機関からさま

ざまなESG情報を開示することが求められるようになった。そして，これらの傾向を後押しすべく，情報開示の強化，提供される情報についての監査（外部保証）やグリーンウォッシングへの対策等，制度的な対応の模索も進められている。

このようなESG重視の潮流のなかで，取締役の義務をめぐる考察も改めてなされるようになっている。それらは，次の２つに大別できる。１つは，①取締役は株主の利益を犠牲にしても，すなわちESG要素を考慮した経営判断が究極的に株主の利益に還元できない場合であっても，そのような経営判断をすることができるか，できるとしてそれはどの程度かであり，もう１つは，②取締役がESG要素を考慮する義務を負うことがあるか，またそうしなかった取締役が会社または株主に対し法的責任を負うことはあるか，である。

従来，会社法の議論では，環境や社会的課題等に関する会社の取組みについては，そのような行動を「してもよいか否か」や「どこまでできるか」が主要な着眼点であった。上記①はそれに属する問題であり，株主第一主義（株主利益最大化の立場）が確立した判例になっている米国[1]に対し，わが国では，八幡製鉄政治献金事件最高裁判決[2]を基礎にして，「社会通念上，期待ないし要

---

1)　著名なDodge v. Ford Motor Co., 170 N.W. 668（Mich. 1919）と，これを確認した近時のデラウェア州判例であるeBay Domestic Holdings, Inc. v. Newmark, 16 A.3d 1（Del. 2010）につき，田中亘「株主第一主義の合理性と限界（上）」法時92巻５号（2020）127～128頁参照。株主第一主義の下でも，その義務の履行の仕方については広範な裁量が認められる（Revlon, Inc. v. MacAndrews & Forbes Holdings, Inc., 506 A.2d 173（Del. 1986））。株主の利益を図る義務の履行の仕方について広範な裁量が認められること，または経営者の意思決定に介入することにつき裁判所が一般的に抑制的な態度を取ることは，事実上株主第一主義の変更に等しいとの主張も存在する（たとえばLynn A. Stout, *Why We Should Stop Teaching Dodge v. Ford*, 3 Virginia Law & Business Review, 163）が，取締役が最終的に株主の利益を図る目的ではなく他者の利益を図っていると認められる場合には，そのような行為は違法とされる（田中・同上127頁）。なお，上記Stoutらの主張およびそれに対する反論に関して，Ann M. Lipton, *Book Review: Will The Real Shareholder Primacy Please Stand Up?*（The Profit Motive: Defending Shareholder Value Maximization. By Stephan M. Bainbridge. Cambridge, U.K.: Cambridge University Press. 2023.）, 137 Harvard Law Review 1584, 1596-1597（2024）参照。以上のほか，いわゆる「利害関係者法（constituency statute）」の法域に属する州の場合については，藤田友敬ほか「座談会『企業買収における行動指針』の検討」ソフトロー研究33号（2023）138頁〔田中亘発言〕，深澤泰弘「米国における『会社の目的』に関する一考察—コーポレート・ガバナンス・リステイトメント試案１の検討を中心に—」法学86巻４号（2023）141頁参照。

2)　最大判昭和45・6・24民集24巻６号625頁。

請」される行為にあってはたとえ株主の利益に寄与しなくても相当の範囲でこれを行うことができるというように，株主利益最大化の原則に限界ないし例外を認める立場が有力になっており[3]，近時においても，社会貢献を含めた会社の社会的責任が強調される現在においてそのような立場の意義は大きいと改めて指摘される[4]。その一方，この問題について，最高裁のいう「社会の期待ないし要請」というだけでは行為規範として機能しがたいとし，株主利益最大化の原則に限界・例外を認めるにしても，その範囲について他の基準を探求しようとする試みが現れており[5]，注目される。

　他方②は，そのような行動を「しなければならない」という面に踏み込む議論である。この問題についてのわが国の近時における議論の展開としては，東京電力株主代表訴訟第一審判決[6]を契機とした議論がとくに注目されるように思われる[7]。

---

3)　江頭憲治郎『株式会社法〔第9版〕』（有斐閣，2024）23頁，27頁注6等。なお，日本の会社法学界において有力になっているこの見解も，出発点としては，アメリカで主流を占める見解と同様，株主の利益最大化原則を支持し，株主の利益最大化が会社を取り巻く関係者の利害調整の原則になり，そして具体的な法的効果として，その原則に反する場合，取締役・執行役の善管注意義務・忠実義務違反になりうるとしている（江頭・同上23頁，25～26頁注3，落合誠一『会社法要説〔第2版〕』（有斐閣，2016）49頁以下等）。また，株主の利益最大化原則が少なからぬ支持を得ていることは学説にとどまらない。会社法実務に関係する法律家の間における認識について，日本における著名な敵対的買収の事例であるニッポン放送事件に関する裁判例（東京地決平成17・3・16判タ1173号140頁および東京高決平成17・3・23判時1899号56頁）はいずれも，買収防衛策発動の可否を「株主全体の利益」の確保という観点から論じており，同事件にかかわった法律家の大半が株主利益最大化原則を暗黙のうちに認めていたとの見方も示されている。草野耕一『株主の利益に反する経営の適法性と持続可能性——会社が築く豊かで住みよい社会』（有斐閣，2018）22頁。
4)　川口恭弘「判批」神作裕之・藤田友敬・加藤貴仁編『会社法判例百選〔第4版〕』（有斐閣，2021）9頁。
5)　そのような問題意識につき，草野・前掲注3）92頁注107，田中・前掲注1）129～130頁。
6)　東京地判令和4・7・13（平成24年(ワ)第6274号，平成24年(ワ)第20524号，平成24年(ワ)第30356号，平成25年(ワ)第29835号）LEX/DB25593168。原告団のウェブサイト〈http://tepcodaihyososho.blog.fc2.com/blog-entry-403.html〉（最終閲覧日：2024年7月1日）から判決原文を入手可能。
7)　大杉謙一「ソフトローと取締役の義務—東京電力株主代表訴訟事件・東京地裁判決を参考に—」商事2341号（2023）4頁，後藤元「取締役の義務，経営判断原則，そしてステークホルダーの利益——東京電力株主代表訴訟第一審判決が提起する問題」『岩原紳作先生・山下友信先生・神田秀樹先生古稀記念　商法学の再構築』（有斐閣，2023）183頁。同判決に注目されるのは，「会社法の観点からは具体的な法令違反の有無を問わないとしている

本章は、ESG要素への配慮に関する取締役の義務について上記①，②の視点から検討することを目的とするものである。なお，①，②それぞれに関する，上述した近時の議論・提案のいくつかの考察にとどめることをお断りする。

そのような考察に際し，留意しておくべき事項を以下に示しておきたい。まず，株主以外のステークホルダーの利益の考慮を主張する見解のなかにもさまざまなものがある。株主以外のステークホルダーの利益を株主の利益と並列的に扱う，または優先していくという議論は「強いステークホルダー論（strong forms of stakeholder theory）」と呼ばれることがある[8]。これに対して，ESGの用語を用いてそれらの取組みが唱道される場合（以下「ESGアプローチ」ということがある）には，ESGの取組みは株主以外のステークホルダーの利益になるとともに，中長期的には株主の利益にもなると主張するものが多い。日本においてESG重視を説く議論の多くも後者の範疇に属しており，これは「弱いステークホルダー論（weaker forms of stakeholder theory）」と呼ばれることがある[9]。本章における検討も，後者の範疇のステークホルダー論を主に念頭に置いている。

次に，1960年代後半の「企業の社会的責任論」や2004年頃から活発になった「CSR（Corporate Social Responsibility）」の用語を用いての企業活動における環境・社会的課題の考慮の議論[10]など，企業に対してESG要素（特に環境・社会の要素）への配慮を求める考え方に対しては，その概念・内容の曖昧さが常に問題にされてきた[11]。一方，ESGアプローチにおいては，具体的な基準，指標

点で，取締役の法令遵守義務（会社法355条）に留まらず，法令によって要請される水準を超えて株主以外のステークホルダーの利益を考慮する義務を取締役に課しているようにも読める」（後藤・上掲186頁）ためである。

8) Robert T. Miller, *How Would Directors Make Business Decisions Under a Stakeholder Models*, 77 The Business Lawyer, 773, 776（2022），「大塚章男先生追悼記念シンポジウム伊達竜太郎先生コメントおよび討論のパート」国際取引法学会8号（2023）25頁〔小塚荘一郎発言〕。

9) Miller, *supra* note 8, at 776.

10) これらにつき，竹内昭夫「企業と社会」『会社法の理論Ⅲ——総論・株式・機関・合併』（有斐閣，1990）67頁，神作裕之「ソフトローの『企業の社会的責任（CSR）』論への拡張？」中山信弘〔編集代表〕＝神田秀樹編『市場取引とソフトロー』（有斐閣，2009）193頁，野田博「ESG重視の潮流と会社法」名城法学69巻1・2合併号（2019）373頁〔本書40頁〕等。

11) 竹内昭夫「企業の社会的責任に関する商法の一般規定の是非」『会社法の理論Ⅰ——総論・株式』（有斐閣，1984）128頁，神田秀樹＝久保田安彦「対談　サステナビリティを深

の提供という面が重視されていることが指摘され，ESGを，環境，社会および企業統治の次元での会社のパフォーマンスを測定するための一連の指標（メトリックス）と定義づける見解も存在している[12]。しかし，そのような特徴を有するとされるにもかかわらず，企業の社会的責任またはCSRを唱道する考え方に対して投げかけられてきた上記の問題点は，ESG要素に関する取締役の義務の検討においても重要な考慮要素とされている[13]。ESGアプローチにおいて進展する基準の統一化によっても解消しない問題は何かを確認しておくことは，本章の主題との関係でも意義があると考えられる。以下では，まずⅡにおいてその問題を考察し，その上でⅢ1・2において上記①，②それぞれの問題に関する考察を行う。

Ⅱ　ESGアプローチにおける基準の統一化と取締役の義務の検討に関し必要になる基準

1　ESGアプローチにおける基準の統一化

今日における非財務情報開示の進展について，以下のような観察ないし見通しが示されている。

　「グローバルに今やろうとしていることは，まず基準を作る，基準ができたら，その基準に従っての情報開示を求める。その次に監査（外部保証）制度を導入する。ロジカルに考えると当然そういう順番になる。時間が若干かかるかもしれないが，情報開示という手法については世界はこの順番で進むし，日本もこの順番で進むことはまず間違いない」[14]。

く理解する」商事2302号（2022）7頁等。

12)　CSRと対比してのESGの特徴につき，たとえばPiyush Gupta, *The Evolution of ESG from CSR*（Mar. 30, 2021），〈http://www.rhtlawasia.com/understanding-and-adopting-esg-an-overview-part-i-the-evolution-of-esg-from-csr/〉（最終閲覧日：2024年3月30日）は，「CSRは企業に責任を持たせようとする一方，ESGの基準はそのような企業の努力を測定できるようにする」と述べる。また，Peter Yeoh, Environmental, Social and Governance (ESG) Laws, Regulations and Practices in the Digital Era（Wolters Kluwers, 2022），35も参照。

13)　田中亘「株主第一主義の合理性と限界（下）」法時92巻7号（2020）82～83頁。

14)　神田秀樹「サステナビリティ総論」神田秀樹［責任編集］＝公益財団法人資本市場研究会［編］『企業法制の将来展望―資本市場制度の改革への提言―2023年度版』（財経詳報

上記引用文は，ESGアプローチの特徴の1つとされる基準の統一化の傾向をよく示している。そこにいう基準の代表的な例は，「グリーンの定義集」と呼ばれることもあるEUタクソノミー規制である[15]。また，わが国におけるサステナビリティ情報開示においては，タクソノミーに基づくアプローチは採られていないが[16]，2021年改訂コーポレートガバナンス・コードに基づくコーポレートガバナンス報告書での開示の要求や，2023年には有価証券報告書でのサステナビリティ情報の開示——TCFD（Task Force on Climate-related Financial Disclosures）提言の4つの構成要素に依拠した開示——が義務化されたことなどの進展がみられる[17]。

2　ESG要素の配慮に関する取締役の義務を検討するうえで必要になる基準とは

1では，ESGアプローチの特徴をなすとされる基準の統一化の一端に触れた。しかしながら，そのような状況の下でも，取締役の義務が論じられる際には，たとえば「取締役が，株主の利益に反する場合にも，従業員や取引先などの会社関係者の利益を図ることが認められる場合，取締役は，どのような会社経営も，会社関係者のうち誰かの利益になるということから正当化することが可能となり，結果として，取締役のアカウンタビリティの喪失につながる恐れがある」[18]と述べられるなど，従来の企業の社会的責任論に対していわれてきたのと同様の指摘が繰り返されている。そしてその際に，会社関係者にはさまざま

社，2022）21～22頁。

15）　EUタクソノミー規制は，大きくは(a)環境目標（6つの項目が定められている）に資する経済活動のリスト，および(b)それらの活動の環境目標への貢献の閾値という技術的なスクリーニング基準を柱としており，EUでは，金融市場参加者は「サステナブル」と謳う製品等に関して，タクソノミーに基づいて開示しなければならないことになる。タクソノミー規制につき，たとえば野田博「グリーンウォッシングへの対応と課題」法学新報130巻9・10号（2024）375～382頁〔本書119～125頁〕。

16）　たとえば金融庁による「金融商品取引業者等向けの総合的な監督指針」の一部改正における「ESG考慮に関する留意事項」（本監督指針Ⅵ-2-3-5）の新設（2023年3月31日）が原則ベースアプローチを採っていることにつき，野田・前掲注15）371頁〔本書115頁〕。

17）　詳細については，本書第2篇第2章Ⅱ参照。なお，デロイトトーマツグループが2023年7月に実施した有価証券報告書での開示に関する調査の概要およびそこから見出される今後の課題（データ整備の必要性等）につき，日本経済新聞朝刊2023年11月22日16面・32面。

18）　田中・前掲注13）82頁。

第4章　ESGと取締役の義務　◆　145

な者が存在し，そのうち一部の者の利益には資するが，それにより他の関係者の利益が損なわれるということも起こりがちであることが指摘される[19]。この関係では，「ロシア－ウクライナ戦争は，気候変動と格闘することはインフレーションやエネルギー価格の貧困層への悪影響と取り組むよりも一層社会的に責任のあることかどうかの問題を提起することになった」と指摘し，ESGが多様な概念や価値観を包含することを示す例とするものもある[20]。

　ステークホルダー間にトレードオフおよび利害衝突の関係を生じる事項に直面することは，実際のビジネス上の意思決定において枚挙にいとまがないであろう。挙げられた例は，そのようなトレードオフ・利害衝突により，あるESGの取組みがなされた場合に，それが株主の利益を犠牲にする一方，必ずしも社会厚生を高めることにならない場合もありうることを示す。

　さて，上述した取締役のアカウンタビリティの喪失につながるおそれがあるという問題提起との関係で必要とされる基準は，どのステークホルダーに利益を与える取扱いをすべきか，そして，その取扱いをするために株主はどの程度まで不利益を被ってもよいかを決する基準であろう[21]。そのような基準が欠けていることは，（強い）ステークホルダー論に対する批判的検討において，常に持ち出されてきた問題点である[22]。

　なお，明確な基準が欠けていることについて，ステークホルダー，とりわけ投資家との対話を通じてその中身が定まっていくという考え方[23]についても

---

19)　田中・前掲注13）82〜83頁（雇用の維持の取組みが新規採用の抑制をもたらしうることを例示）。

20)　Stephen M. Bainbridge, The Profit Motive——Defending Shareholder Value Maximization (Cambridge University Press, 2023), 141. なお，2023年9月20日，イギリス政府が2030年としてきたガソリン車とディーゼル車の新車販売の禁止を2035年まで先送りしたこと等が耳目を集めたが（「英，選挙控え脱炭素足踏み」日本経済新聞2023年9月22日13面），これも気候変動への対応と貧困層への悪影響に取り組むこととが対立し合う関係にあることを示している。

21)　Miller, *supra* note 8, at 777.

22)　*Id.* at 777-778, Bainbridge, *supra* note 20, at 135. 特定のステークホルダーの利益の最大化が会社の利益の最大化と両立しない場合には，取締役のなす選択は誰かからの非難を免れえない（各ステークホルダーの利害が多岐にわたるため）ことなどに留意。

23)　林寿和「市場からみたIFRSサステナビリティ開示基準——ESG投資の枠を超えて」企業会計75巻10号（2023）51頁，宍戸常寿ほか「座談会『ビジネスと人権』規範の企業への拘束力の背景と諸相—ソフトローが企業に及ぼす『ハード』な効力—」商事2348号15頁〔菅原絵美発言〕。

触れておきたい。企業と投資家との対話によって企業に対して新たな情報，判断材料が追加されることは疑いないであろう。しかし，少なくともここでの関心事であるトレードオフおよび利害衝突の場合の選択・順序づけの困難さとそれに伴う取締役のアカウンタビリティの喪失の問題がそれによってどのように改善されるかについては，取締役が多様なステークホルダーの要望の中からチェリーピッキングする可能性をどのように抑制できるかを含め，明確な道筋が示されているとまではいえないように思われる[24]。

Ⅲ　近時の提案についての若干の考察

1　株主利益最大化原則の限界・例外の範囲に関する議論をめぐって

Ⅰにおいて言及したように，ESG要素の考慮に関する取締役の義務についての1つに，ESG要素を考慮した経営判断が究極的に株主の利益に還元できない場合であっても，当該要素に配慮した経営判断をすることができるか，できるとしてそれはどの程度かという問題がある。そして，この問題に関して，Ⅰでみたとおり，わが国では八幡製鉄政治献金事件最高裁判決を基礎に株主利益最大化の原則に限界ないし例外を認める立場が有力になっているところ，近時，そのような限界ないし例外を設けるにしても，「社会の期待ないし要請」あるいは「相当」とか「合理的」といった抽象的な基準では，行為規範として機能しがたく，裁判所が不明確な基準によって取締役に責任を課すとすれば，経営を著しく委縮させる恐れがあるし，逆に，相当性要件の充足を容易に認めるな

---

[24]　なお，ステークホルダーのなかでは投資家の意向が反映されやすいといえようが，そのこととの関係で，投資家の抱える以下のような問題点にも着眼する必要性があると思われる。すなわち「現在はあまりにもESGにかかわる案件で注目しなければならないことが多くなり，投資家のキャパシティがオーバーフローしてきていると感じている」ということが機関投資家の悩みとして述べられることがあり（三井千絵「気候変動株主提案と米国の投資家」資料版商事463号（2022年）9頁），また，「ESGは幅広いデータを扱うだけに，温暖化については知見が高くても廃棄問題には知見が不足するなど，個人が扱うには対象が広すぎる」という指摘もみられる（越智信仁「ESG評価情報の意義と課題―行動規範の実践へ―」証券アナリストジャーナル61巻2号（2023）11頁。AI活用の課題については，同12頁。

第4章　ESGと取締役の義務　◆　147

ら，取締役のアカウンタビリティの喪失を招きかねないという懸念から他の基準を模索する試みがみられるようになっている。以下において考察の手がかりとするのは，そのような懸念により，アメリカの学説を参考にしつつ，検討に値する提案として数値基準および株主総会の承認を挙げられている田中亘教授の提案[25]である。

　その提案にいわれる数値基準は，取締役の裁量により犠牲にできる株主利益の限度を，たとえば「会社の利益の10％」とするといったものである[26]。また，株主総会の承認についての提案は，取締役は，株主総会の承認を得れば，株主の利益に反する経営もできるとするものである[27]。両者を組み合わせて，たとえば，会社法の原則（デフォルト・ルール）としては，会社の利益の10％をもって，取締役が犠牲にできる株主利益の限度とするが，十分な情報開示の下に株主総会の承認を得れば，その水準を超えて会社外の者の利益を図ることも考えられるとされる。

　これらの提案を考察するにあたり，企業によるESG要素の取組みを，企業が付随的に行う社会貢献活動（寄附その他の慈善活動）の形態と，事業活動に組み込まれ会社の中核的な事業目的や戦略にかかわるものとされる形態とに区分して論じる必要があると思われる。なお，これは，上記の提案が前者の形態に

25）　田中・前掲注13）86頁。

26）　Einer Elhauge, *Sacrificing Corporate Profits in the Public Interest*, New York University Law Review 80(3), 733, 845 (2005) が参照されている。この学説は，負の外部性（たとえば工場の排出物が大気を汚染したり，温暖化を助長するといった場合を指す）を主たる理由として，株主第一主義を修正すべきことを説くものである。田中・前掲注13）84頁注76。

27）　Oliver Hart and Luigi Zingales, *Companies Should Maximize Shareholder Welfare Not Market Value*, Journal of Law, Finance, and Accounting 2(2), 247, 263-264が参照されている。この学説は「株主（による）福祉主義（shareholder welfarism）」と性格づけられることが示すように，投資家自らが利益追求を一定程度差し控え，その代わりに当該投資家のポートフォリオを構成する会社に，投資対象から外す，または議決権を用いて会社の方針に影響を与えるという手段により，より社会寄りの行為を求める選択をすることはできるという着想に基づくものである。投資家は財務の観点から企業の社会的責任への選好を有することも考えられるし，単に倫理的観点からそうした選好をすることも考えられる。この見解は，会社が生み出す超過価値に対する請求権を第一に有するのは株主であることを受け入れるものであって，強いステークホルダー論ではない。それはただ，株主自身が当該超過価値を株主以外の者の利益に振り向けることを選択してよいということを認めるものであり，それゆえ上記のように性格づけられるわけである。Lipton, *supra* note *1*, at 1594.

とどまらず，仮に後者の形態にも及ぼされるものとした場合を想定して，考察するものである。

まず，企業によるESG要素の取組みが付随的な社会貢献活動である場合は，上記のような数値基準の提案がもっとも妥当しやすい。この場合，会社の利益に対する一定割合は算定しやすいし，また，ESG要素の考慮が寄附等による場合，社会に利益をもたらすと同時に事業活動にも利益をもたらすというよりもむしろ，寄附その他の慈善活動の支出額が株主の犠牲による分といってよい場合が多いであろう。

これに対して，事業活動への組入れの形態でのESG要素の取組みの場合はどうであろうか。ESGの語を用いた議論において通例，ESG課題への積極的・能動的な対応が社会・経済全体の利益になると同時に，株主の利益にもなると説かれることはⅠにおいて言及したとおりであり，株主利益最大化原則の枠内で考えても，義務違反にならないと説明できる場合が多いと考えられる。株主利益最大化原則のいう株主利益は長期的な利益であり，その決定にたとえ短期的にコストを伴うとしても株主の長期的利益に還元される場合が少なくなく，取締役に広範な裁量が認められる場面といえるであろう。たとえば上場企業について，「自社にとって重要性が高いサステナビリティ課題を特定した上で，積極的に自社の中長期的・持続的成長に活かすサステナビリティ経営が求められている」[28]と述べられるのも，上記のことが前提になっていると考えられる。このような場合は，上記の数値基準や株主総会の承認の提案の射程外と考えられる。

ところで，サステナビリティについての目標を達成するためには，1企業なり1国の行動では足りず，大半の企業が実践しなければならない事項もある[29]。そのような事項については，「自社にとって重要性が高いサステナビリティ課題を特定した上で」行う場合の，長期的利益に還元されるという論理が妥当しないかもしれないが，しかし，そうだとしても事業活動への組入れという形態で取り組むということも考えられる。この場合に，上記のような数値基準や株主総会の承認は適切な方法たりうるであろうか。

---

28) 小西真理「サステナビリティ対応とコーポレートガバナンス―監督機能（ボード機能）および監査等委員会の実務の視点から―」商事2345号（2023）18頁。

29) Miller, *supra* note 8, at 798-799. カーボン排出量の削減を意味のあるレベルで実現することが例示されている。

まず，ESG要素の事業活動への組入れの形態の場合，寄附等の場合に比べて，会社の利益に対する一定割合の算定には困難を伴うことが懸念される。また，それはさておくとしても，この場合に会社の利益の10％という割合が妥当かという問題が生じうる[30]。さらに，このような取組みについて10％を超える場合，株主総会の承認がなければ行えないとすることが適切かどうかも，困難な検討課題になる。このようにみると，八幡製鉄政治献金事件最高裁判決の基準は抽象的にすぎるとしても，他の選択肢についても課題は残り，他の基準で置き換えることの当否については，なお検討を要するように思われる。

2　取締役がESG要素を考慮する義務を負うことはあるか

ESG要素でも，法規制により遵守義務が課されている事項については，取締役会がそれらの法規制の遵守を監視すべき体制を整備するなど，それらに配慮しなければならないことは明らかである。ここでの考察対象は，そうではなく，法的要求の対象になっているわけではないESG要素についても，取締役が考慮しなければならない場合があるかである。

そのような問題について，かねてより内部統制体制・リスク管理体制を通じて，企業の社会的責任の問題が会社法のなかに取り込まれるとし，その論拠を「CSRについて対応を誤ることにより，企業の評判が下がりブランド価値が大幅に毀損することもある。会社としては，少なくとも当該会社の存立に重大な影響を与え得る性質の当該企業に固有の『社会的責任』については，内部統制体制・リスク管理体制を通じて組織的に対応する必要がある」と，主に会社の利益の観点に見出す見解が存在する[31]。このように内部統制システムの整備という経路を通じて取締役が特定のESG要素について考慮する義務を負う場合がありうることは，わが国で大きな異論はみられない。なお，上記のような形でESG要素の考慮の問題が会社法に取り込まれるとする議論は通例，特定の会社が置かれている特定の状況を前提として，企業のリスク管理の一環として取締役の義務が問題になる場合がありうることを説くものであり，ESG要素の考慮

---

30)　10％の割合は，歴史的に，人々が宗教や地域社会のために貢献が求められたのが所得の10％であったことや，税法上，会社の所得から控除できる寄附金額の割合が10％であること等を根拠とするものとされ，主に寄附を想定したもののようである。田中・前掲注13）86頁。

31)　神作・前掲注10）206頁。

150 ◆ 第2篇　個別的問題についての検討

を一般的に取締役の義務に取り込もうとするものではない[32]。

　ところで，取締役の法的義務をESG要素の考慮にまで拡張することについては，その弊害も指摘される。たとえばアメリカでは，取締役の監視義務・内部統制システム構築義務に関するデラウェア州判例法上の，いわゆるCaremark義務のESGリスクへの拡張の是非をめぐって争いがあるが[33]，その拡張に反対する立場からBainbridgeは，次のような問題点を挙げている。すなわち，ESG要素の考慮に関しては法令のような客観的な行為規範が存在しておらず[34]，ステークホルダー間で利害が衝突することもありうるため，Caremark義務の拡張による責任リスクの増加は，取締役が過度にリスク回避的行動をとるおそれがあることや，取締役の経営判断の合理性または慎重さを裁判所が後知恵によって評価すべきでないというデラウェア州判例法の基本的な立場にも反していることなどが挙げられる。そして，上記において問題にされるリスク回避的行動の内容としては，取締役会が，どの程度ESG要素を評価し管理すべきであるかの自身の見解を外部の基準設定者やコンサルタントのそれよりも軽視し，専門機関によって作成された「ベストプラクティス」に従うだけになってしまうのではないかということ（機械的対応の助長）や，遵守に費やす費用・時間が多くなればなるほど取締役が人的責任に直面する可能性は低くなりそうであることから，そのことが動機づけになって，遵守のための費用（弁護士その他の専門家への支出等）・時間を過大に費やす——それは，会社ひいては株主の費用になる——傾向が増すことなどが挙げられている[35]。

　上記見解のCaremark義務の拡張を一切認めないとの立場の当否はともかくとして，その指摘の基礎にある，取締役にとっての行為規範の具体性・明確性の必要性は無視できないものであろう。後藤元教授は，その必要性につき，「Bainbridgeのように法令による規制を遵守している限り取締役の裁量を制限すべきでないとまで保守的に考える必要はないとしても，例えば取締役による

---

32)　大杉・前掲注7）23頁参照。

33)　後藤・前掲注7）205～206頁参照。

34)　たとえば気候変動のインパクトのようにESGリスクに何が含まれるかについて一般的には合意が存在する場合であっても，その限界を画するについては確からしさが大きく低下することに留意。

35)　以上につき，Stephen M. Bainbridge, *Don't Compound the Caremark Mistake by Extending It to ESG Oversight*, 77 The Business Lawyer, 651, 655, 667, 669（2022），および後藤・前掲注7）206頁参照。

第４章　ESGと取締役の義務　◆　151

リスクテイクの促進が社会的には必要ないとして取締役に責任を課す場合，そこで問題とされた行為をその他の行為と識別することが取締役にとって困難な場合には，社会的に望ましいリスクテイクを委縮させてしまう可能性がある」ことを指摘されている[36]。また，取締役が会社の利益の最大化に先立ってソフトローに配慮すべき義務を負うのはどのような場合かという問題設定のもと，その検討において「プリンシプル」という概念を用い，取締役は，会社の利益の最大化に先だち，狭義の法令とともに，「プリンシプル」に該当するソフトローをも尊重する義務を負うという見解（以下「プリンシプル尊重義務論」という）を主張される大杉謙一教授も，その主張の優れている点の１つとして義務内容が明確になることを挙げられている[37]。

　大杉教授が提唱される「プリンシプル尊重義務論」は，狭義の法令と会社利益の最大化の中間にある隙間を「プリンシプル」が埋めることによって，取締役が，会社の外部に費用を転嫁しつつ会社の利益を最大化するという外部性の問題を緩和し，企業・取締役の行動を社会全体の効用と調和させるための一助としようとするものであり，ソフトローのなかでも特に，行政庁がその策定にかかわったり，それを行政指導の道具として用いている場合は，そのような規範は国法秩序に取り込まれているといえるためプリンシプルに該当する可能性があるとされる[38]。そして，そうしたプリンシプルに該当するものについては取締役に余り広い裁量を認めるべきではなく，そのため経営判断原則も適用す

---

36)　後藤・前掲注７）208頁。Bainbridgeに対するRoy Shapiraの反論（デラウェア州裁判所による審査は，取締役が行った選択の当否には立ち入らず，取締役が決定的なリスク要素を考慮することすら怠った場合に介入するため問題はない）については，同上206頁。なお，一方でShapiraは，後知恵によって判断してしまうという問題について，それに対処する経営判断原則は，不作為を主張する監視義務をめぐる訴訟には適用されないが，デラウェア州の裁判所は伝統的に取締役がどのような情報を集めるべきであったかを判断することを避け，取締役が実際に知っていたが，当該情報に基づいて行動しなかった場合にのみ介入することで対処してきたことを指摘しつつ，デラウェア州一般事業会社法220条（Del. Code Ann. tit. 8, §220（2021））に基づく株主の書類調査権に関する判例の変化（後述のBoeing事件〔*infra* note *57*〕はその点でも注目される）により原告から極めて詳細な証拠が提出されると（Boeingの事例では，原告は630,000頁の書類を吟味した），そのような抑制的な役割にとどまり続けることが難しくなることも懸念事項の１つとして挙げている。同上206頁注81，およびRoy Shapira, *Max Oversight Duties: How Boeing Signifies a Shift in Corporate Law*, 48 The Journal of Corporation Law 121, 141（2022）参照。

37)　大杉・前掲注７）23頁。

38)　大杉・前掲注７）６頁。

べきではないとされている[39]。なお，プリンシプル尊重義務論は，上述した内部統制システムの整備という経路を通じて取締役の義務を肯定する議論を排斥するものではないと捉えられる。

ところで，提唱者自身も述べられていることであるが，具体的にプリンシプルたりうる規範として例示されているものをみると[40]，プリンシプル尊重義務論の射程は限定的である。ここでは，そのなかで「ビジネスと人権」分野での検討において，2022年9月の「責任あるサプライチェーン等における人権尊重のためのガイドライン」（以下「人権尊重ガイドライン」という）等がプリンシプルたりうるかにつき結論を留保されている（「議論の余地のあるもの」に分類）が，それにはどのような考慮要素が働いているか等に着目して，若干の考察を行う。

さて，「人権尊重ガイドライン」等のプリンシプル該当性につき結論を留保されているといっても，その事項について取締役の法的義務が一切生じないとされているわけではない。第1に，人権尊重ガイドライン等により企業に求められている事項のうち，「①人権方針を策定・公表し，②人権デューディリジェンスを実施し，③ ①②につきPDCAサイクルを回すこと」については，それらは会社法上の内部統制システムの構築・運用の一環と位置づけられることから，それが適切に行われなかった場合には，取締役の善管注意義務違反の問題が生じうるとされる。第2に，人権尊重責任への取組みは，短期的な企業利益にとってはマイナスであっても，企業のレピュテーションリスクの最小化であり，未来への投資として捉えられる側面があるため，現在においても，一切の取組みを行わないこと，取組みを先送りすることは，それが著しく不合理と評価される可能性はあるとされる[41]。

以上のうち第2の点は，企業価値維持・向上とのかかわりを問題にするものである。それに対し，プリンシプル尊重義務論の要点の1つは，あるソフト

---

39) その検討の出発点とされている東京電力株主代表訴訟第一審判決が取締役の裁量を狭く解したことにつき，その実質をみると，プリンシプル尊重義務という視点を導入することでよりよく理解できるとされ，具体的には，地震調査研究推進本部の「三陸沖から房総沖にかけての地震活動の長期評価について」（2002年7月31日）が，それを踏まえた保安院による行政指導により，2000年代の中頃から後半にかけてプリンシプルとして浸透・定着していたとされている。大杉・前掲注7）21頁。

40) 大杉・前掲注7）24頁参照。

41) 大杉・前掲注7）25頁。

ローがプリンシプルに該当するとなれば，企業価値維持・向上と関係がなくても取締役には尊重義務が認められることにあり，したがって企業・取締役にとって企業価値との関連性が比較的薄く，自主的な尊重が期待しにくいようなソフトローについて特に大きな意味を持つ議論であるとの捉え方ができる。また，第1の点に関して，大杉教授は，人権リスクの質量は企業の規模や事業特性等により大きく異なるため取締役（会）には広い裁量が認められることも付言されている。それにかかわるプリンシプル尊重義務論の要点として，プリンシプルに該当する規範については取締役にあまり広い裁量が認められず，基本的にはプリンシプルをそのまま尊重することが求められる点が挙げられる。そして，それらに照らすと，プリンシプル該当性ということについては，少なくとも現時点では，人権尊重に関するソフトローはプリンシプル尊重義務論にはなじみにくく，プリンシプルに該当しないと整理したほうがよいのではないかとの指摘もなされている[42]。

　なお，大杉教授は，取締役（会）に認められる広い裁量との関係で，取引停止（人権尊重ガイドライン4.2.1.3）や紛争等の影響を受ける地域からの「責任ある撤退」（同4.2.2）の問題にも触れられている。これらは，法制化・義務化の当否の議論において課題とされてきた問題点であり，たとえば取引停止は最終手段とされているにもかかわらず，結果的にはリスクのある取引先との関係を解消する動きにつながり，当該相手先企業における人権侵害等をさらに深刻にする可能性があるなどの指摘がなされてきた[43]。

　以上，簡略ながら，プリンシプル尊重義務論の「ビジネスと人権」分野での適用可能性をめぐる考察を採り上げてきた。当該議論は，義務内容の明確性を企図するものであるが，この分野についてはプリンシプル該当性につき議論の余地が残ると整理されている。それは，人権リスクの質量が企業の規模や事業特性等により大きく異なるため企業に広い裁量を認める必要があることはもとより，法制化に対してこれまでいわれてきた上述の課題に照らすと，この分野での取締役の義務の強化が必ずしも望ましいESG活動につながるとは限らない

---

42)　宍戸ほか座談会・前掲注23) 18〜19頁〔久保田安彦発言〕。

43)　これらを含む法制化の課題につき，西村あさひ法律事務所「ビジネスと人権」プラクティスグループ編著『「ビジネスと人権」の実務』（商事法務，2023) 118頁〔加藤由美子発言〕参照。

154 ◆ 第2篇　個別的問題についての検討

こと[44)]への留意の必要性等をも示唆しているとの捉え方ができるように思われる。

Ⅳ　結び

　本章では，ESG要素への配慮に関する取締役の義務について，「してもよいか否か」，「どこまでできるか」という面と，「しなければならない」という面それぞれについて，近時の注目すべき学説上の提案を採り上げ，若干の考察を加えた。義務づけやその拡大の是非をめぐる議論は緒についたばかりということもでき，それらの提案を契機に考察が深められることが期待される。本章での考察がその一助になっているとすれば，幸いである。

　【追記】ESG要素の考慮に関する取締役の義務とその派生的問題──狭義の法令違反が存在しなかった場合におけるCaremark義務のESGリスクへの拡張にかかる近時の米国判例，および取締役会の構成に及ぼす影響への着眼

　取締役がESG要素を考慮する義務を負うことがあるかという問題について，わが国では，東京電力株主代表訴訟第一審判決を契機に議論が活発化しており，その議論のなかで，本章の本文でも言及したCaremark義務のESGリスクへの拡張をめぐるアメリカの判例が注目されるようになっている[45)]。ここでは，まずMarchant v. Barnhill事件デラウェア州最高裁判決[46)]に触れておきたい。Marchant事件判決を機に，狭義の法令違反が存在しなかったとしても，会社にとって決定的に重要な事項に関するリスク管理を怠っていなかったか否かが審査されるようになってきている[47)]。

　同事件において，アメリカ最大手アイスクリーム製造業者の1つであるブルーベル・クリーマリーズ（Blue Bell Creameries USA：以下「ブルーベル」という）の株主は，リステリア菌により会社の製造施設が汚染され，その結果，製品が汚

---

44)　アメリカの証券取引委員会（SEC）紛争鉱物規制との関係で，野田・前掲注10）383頁〔本書48頁〕参照。

45)　後藤・前掲注7）205頁，神山静香「サステナビリティと取締役の義務──米国における取締役の監視義務を巡る判例法の新たな展開──」法学新報130巻9・10号（2024）161頁以下。

46)　212 A. 3d 805（Del. 2019）.

47)　後藤・前掲注7）205頁。

染されたことに関して，Caremark基準に基づく責任[48]を主張して，株主代表訴訟の訴えを提起した。細菌が混入したアイスクリームを食べた3人が死亡し，また，多数の病人が出た。デラウェア州最高裁は，原告は，ブルーベルの取締役会が同社の食品安全の程度や法令遵守を監視するいかなるシステムの構築も怠っていたとの合理的な推論を根拠づける詳細な事実を申し立てているとし[49]，それゆえ，提訴請求の無益性を訴答しなかったとして訴えを却下したデラウェア州衡平法裁判所（Court of Chancery）の判断を破棄した[50]。

---

48) Caremark判決（In re Caremark International Inc. Derivative Litigation, 698 A.2d 959 (Del. Ch. 1996)）を含む，アメリカにおける取締役の不作為の責任についての判例の流れを詳細に検討した近時の文献として，萬澤陽子「アメリカにおける取締役の不作為の責任——1891年のBriggs判決から2006年のStone判決に至るまで」神作裕之＝三菱UFJ信託銀行フィデューシャリー・デューティー研究会編『フィデューシャリー・デューティーの最前線』（有斐閣，2023）300頁参照。Caremark義務とは，取締役の監視義務・内部統制システム構築義務に関するものであり，具体的には，取締役会が，法の遵守状況や事業のパフォーマンスに関し情報を得たうえでの判断をするのに十分な，タイムリーで正確な情報を提供することが合理的に意図された情報報告システムまたはコントロールを確保するよう「誠実（good faith）に」努力する義務をいう。同判決は，その義務違反に基づく責任追及を行う場合に原告が立証しなければならない要件として，取締役が(1)違法行為を知っていたか，(2)知るべきであったこと，かつ，いずれの場合も，(3)違法行為が行われている状況を阻止する，または改善するために誠実に措置を講じることを何らせず，その結果(4)申立に記載のある損失をもたらしたこと，を挙げる。また，上記「(2)知るべきであった」場合の誠実性の欠如に関して，次のように述べられている。すなわち，この義務は，取締役が会社の運営のあらゆる面について詳細な情報を保有することを要求するものではなく，一般的に，会社の損失に対する取締役の責任の主張が，当該取締役が会社における作為義務を知らなかったことに基づく場合には，取締役会が監視することを長期間または組織的（sustained or systematic）に懈怠していた場合——合理的な情報報告システムを存在させるような試みが全くされていなかった（utter failure to attempt）といった場合——のみ，責任に必要な要件である誠実性の欠如が立証されることになろうとされている。以上につき，萬澤・同上316〜321頁参照。

49) 原告が主張した事実は，(1)食品の安全性を監視する委員会の不存在，(2)経営陣による取締役会への食品安全に関する法令遵守リスクの報告を求める定期的なプロセス・プロトコルの不存在，(3)食品安全に関する重要なリスクを検討する定期的な機会の不存在，(4)3名の死者が出るまでの重要な時期に，経営陣はレッドフラッグもしくは少なくともイエローフラッグを認識できる報告書を受け取っていたが，当時の取締役会議事録において，それらの報告書が取締役会に開示されたことを認める事実がないこと，(5)取締役会は，食品の安全性に関する一般的な情報を与えられていたが，情報と大きく異なる状況を示す重要な報告は行われていなかったということを裏づける事実，であった。神山・前掲注45)166〜167頁。

50) アメリカにおいて株主代表訴訟はその性質上，取締役の経営上の裁量を侵害するため，株主は，取締役会に対して提訴請求（demand requirement）を行わなければならない（デラウェア州衡平法裁判所規則23.1条）。もっとも，取締役が請求を不当に拒否した場合や訴

デラウェア州最高裁は，ブルーベルは，単一商品であるアイスクリームを製造するモノラインの会社であり，その特化した商品の安全性が問題になった場合に特に脆弱であること[51]，食品の安全性は厳格な規制の下に置かれており，そのことは，法令遵守を「本質的で，決定的に重要（essential and mission critical）」なものとすること，それにもかかわらず，取締役会は，食品の安全を監視する委員会を有しておらず，取締役会全体としても食品の安全の問題に向けた手続も，取締役会が食品の安全の報告や推移について助言を受けられることが期待できる決まりも有していないことといった要素に着眼して，報告と監視に関する合理的なシステムを導入するための誠実な努力を怠ったと判示した。

　Marchant判決は，上記のように，ブルーベルが単一の食品（アイスクリーム）を製造する会社であることや食品の安全性は厳格な規制の下に置かれているといった要素を挙げたうえで，そこから引き出される会社にとって決定的に重要なESGリスク要因について合理的な報告と監視システムを導入するための誠実な努力を怠ったとしており，会社や株主の利益を重視したものと捉えられるといってよいであろう[52]。

　ところで，コンプライアンスとESGは，アメリカではコーポレートガバナンスにおいて過去10年間で最も大きな進展をみた２つの領域であるといわれることがある[53]。そうした動向の下では，上述したCaremark義務のESGリスクへの拡張の

訟に関して公平に判断することができない場合には，提訴請求は無益（futile）であるとして免除され，株主は直接訴訟を提起することができる。提訴判断は経営判断であるから，無益性を主張する原告は，取締役会による経営判断が合理的な情報に基づき会社の最善の利益になると信じる公正な信念に基づいて誠実になされたとする推定を覆す具体的事実を主張・立証しなければならない。神山・前掲注45）165頁参照。

51）　裁判所は，単一の商品を製造する会社は，消費者がその商品を愛好し，そしてその商品が安全であると確信する場合のみ，繁栄できると指摘している。なお，「ミッションクリテカルなリスク」の観念が問題になるのはモノライン企業の事例に限られない。マルチプルライン企業であっても，ミッションクリティカルなリスクに係る考察が適用されることが明らかにされた事例に，Chou事件（Teamsters Local 443 Health Servs. & Ins. Plan v. Chou, 2020 Del. Ch. LEXIS 274）およびBoeing事件（*infra* note *57*）がある。吉井敦子「ミッションクリティカルなリスクから東京電力株主代表訴訟東京地裁判決を読み解く」法学雑誌70巻３・４号（2024）289頁，295頁，Shapira, *supra* note *36*, at 130参照。

52）　なお，取締役がESG要素を考慮する義務を負うことがあるかという問題について，このような会社や株主の利益の観点から整理できる問題以外に，会社やその株主の利益の観点からはステークホルダーの利益を考慮しないことが合理的であるとしても，公益性の観点からなお取締役の会社に対する義務違反を認めるべきかという問題も，今後焦点になりえるという議論の整理もなされている。後藤・前掲注７）208頁。

53）　Yaron Nili & Roy Shapira, *Specialist Directors*, Yale Journal on Regulation (Forthcoming)（manuscript at 49）〈https://aarn.com/abstract=4648018〉（最終閲覧日：

第4章 ESGと取締役の義務 ◆ 157

議論にみられるコンプライアンスとESGの交錯は，自然な流れといえるものかもしれない。しかしながら，そのような拡張論に対しては，本章の本文で言及した懸念以外にも，取締役会の構成に及ぼす影響（ESG関連の専門性を備える取締役の追加等）とそこから生じるマイナスの効果への着眼の必要性を示唆する研究がみられるようになっている。その研究は，ESG関連の専門性を備えた取締役の追加等を求める圧力に会社はどの程度応え，取締役会の構成が変更されてきているか，そのような取締役会における変化は会社の行動をどのように変えるか，そのことは社会の観点から総体的に望ましいといえそうか，規制者および裁判官は，取締役会の専門性について何か果たすべき役割はあるか，仮にあるとしてそれはどのようなものかといった問題について，はじめての包括的な分析を試みるものとされる[54]。

そのような研究を踏まえた検討は，将来の課題としたいと考えている。以下では，本章とのかかわりで当該研究が注目される点を記しておきたい。

まず，同研究は，会社がその取締役会にESGに関する専門性を備えた取締役を加えるように働く圧力の源泉として，機関投資家，強行的な開示規制[55]と並んで，会社法上の監視義務等に関する訴訟を重要なものとして挙げている。そして，取

2024年7月5日）

54) 前掲注53)に掲げた論稿がそれである。*Id.* at 4.

55) たとえばサイバーセキュリティに関する開示要求として，会社に対し，もし存在しているなら，取締役会を構成する取締役のうちどの者がサイバーセキュリティの技量と経験を有するかを明らかにすることを求める規制提案が典型的な例とされる。SECはいったんそのような提案を行ったが（Press Release, SEC Proposes Rules on Cybersecurity Risk Management, Strategy, Governance, and Incident Disclosure by Public Companies（Mar. 9, 2022），これはその後撤回された（SEC Press Release, Final Rule: Cybersecurity Risk Management, Strategy, Governance, and Incident Disclosure 81-85（2023））。ただし，提案自体が会社の実際の決定（何を開示するか，および取締役会の構成をどうするか）に影響したとされる。Nili & Shapira, *supra* note 53, at 12（fn 65）. なお，上記提案に対して寄せられた反対意見に触れておくと，まず，サイバーセキュリティのリスクは，取締役が特定の技術的な専門性の有無にかかわらず評価する他のリスクと本質的に異ならないと論じる意見が多かった。また，当該開示要求は会社が取締役会にサイバーセキュリティの専門家を確保するように強いる方向に働くことが予測されるところ，すべてまたは大部分の会社がそのようにしようとしても現時点で十分なサイバーセキュリティ人材が市場に存在しないとの意見が出された。さらに，現在のサイバーセキュリティ人材のプールを前提にすると，結局は取締役会の多様性の低下に帰するとする意見や，取締役会にサイバーセキュリティの専門家を含めることはその分会社のサイバーセキュリティの対策への支出を犠牲にするかもしれないという意見もあった。最後により一般的な観点から，反対意見には，上記提案は過度に命令的であり，実質的に会社がどのようにサイバーセキュリティのプログラムを実施するかを指図するものであるという捉え方がみられるとされている。

締役の監視上の責務が拡大している時代において，取締役のスキルセットの多様化のメリットは直観に合致する事項であるとされている[56]。なお，会社法訴訟が源泉になった典型例にBoeing社の事例[57] があるとされ，そのことは，和解条項に飛行機の安全性についての専門性を備えた新たな取締役を指名すること等の約束が含められたことに現れているとされる[58]。

　次に，取締役会にそのような新たなタイプの専門性を備えた取締役を加えることには長短両面があることの検討が詳細になされている。長所について，新たな専門性の付加が取締役会の意思決定を改善することが具体的に述べられる[59]。その一方，新たな専門性の付加よりマイナスの影響が生じるというのは一見奇異に思われることであるが，人材の供給面や取締役会はグループとして機能するという面に着眼すると，それが明確になるとされる。前者については，取締役会レベルにおいてESGに関する専門性を備えた候補者は限られていることを前提に，たとえばチェックボックスを満たす必要といったように，特定の望ましい技量を持つ取締役を加えることの圧力が増大すると，有能な取締役でいるために重要とされる他の属性では相対的に劣る取締役の比率が高まるということが挙げられる。また，グループとしての取締役会の機能を歪めるという後者の面については，そこで重要なのは，ある取締役候補者が他と無関係に優れた取締役であるかどうかではなく，その者の属性が現在の取締役の属性といかに効果的にかみ合うか，そしてその者が取締役会のダイナミックス（個々の構成員の間の相互作用）にどのように影響するかということであり，そのような関心事から詳細な分析がなされている[60]。もちろんそこで挙げられている諸要因は，ある会社に当てはまっても他の会社には当てはまらないといったように状況依存的な性質をもつものであるが，新たなタイプの専門性を備えた取締役を加える傾向がその組織にとって自然に生じたものであるというよりも，外部の圧力により急速に生じたものである場合，その選任過程は，その会社固有の実際の必要性に応じることよりも外観を優先す

---

56)　*Id.* at 26.

57)　In re Boeing Co. Derivative Litig., No. 2019-0907, 2021 WL 4059934 (Del. Ch. Sept. 7, 2021). Boeing株主代表訴訟事件につき，たとえば神山静香「ESGリスクと取締役の民事責任—米国の株主代表訴訟における提訴請求の『無益性』をめぐる判例法理の変化—」比較法雑誌56巻4号（2023）93〜113頁参照。

58)　Nili & Shapira, *supra* note *53*, at 13.

59)　具体的には，(1)ESGの問題を分析する取締役会の能力を高めること，(2)取締役会が事後対応的な姿勢から転換して，先を見越して行動できるようにすること，(3)体制順応的な結論に至るという弊害を緩和すること，および(4)ステークホルダーとのよりよい対話のチャンネルを提供すること，が挙げられる。*Id.* at 26-28.

60)　*Id.* at 29-40.

るものになる可能性が高くなり，マイナス面がプラス面よりも強く出がちである
とされ[61]，これは重要な指摘と思われる。

　最後に，なされた分析からどのようなことが引き出されるかにつき，規制者，
裁判官および研究者に分けて述べられている。そのなかで裁判官にとっての教訓
に関しては，Caremark義務は，その当初とは異なって注意義務としてでなく忠実
義務として位置づけられているが，それにもかかわらず裁判所は通常全体として
の取締役会をみることによって判断していることを指摘したうえ，そのことに新
たなタイプの専門性を備えた取締役を加える傾向が近時増加していることがどの
ように作用するかという観点も示されている[62]。

＊本章は，月刊監査役762号所収「ESGと取締役の義務—企業の社会的責任と会社
　法との交錯—」に加筆の上転載するもので，出典元の要請により他への転載・
　転用を不可とします。

61）　*Id.* at 39-40.
62）　*Id.* at 44-45.

第 5 章

株主以外の会社利害関係者の利益の考慮に関する議論の動向とその検討
──米国におけるステークホルダー論の展開：第4章の補論として──

本章での考察は，2018年11月24日に開催された日本比較法研究所設立70周年記念シンポジウム「グローバリゼーションを超えて─アジア・太平洋地域における比較法研究の将来─」の「第2セッション：コーポレート・ガバナンスの多様性」のコメンテーターを務めたことを契機としている。同セッションの主報告者を務められた香港大学のセイ・H・グー（Say H. Goo）教授は「Beyond Globalization: Future of Comparative Law in Asia-Pacific Corporate Governance Reform, at B」と題する報告をされ，コーポレートガバナンス領域でグローバル化が生起させる諸問題のうち，⑴コーポレートガバナンス・モデル，⑵多国籍企業の規制，および⑶証券取引所の規制を考察対象とされた。その考察では，「ステークホルダー論」（本書第2篇第4章Ⅰ参照）の考え方に基づく主張も含まれていた。同シンポジウムの後，グー教授へのコメントでは触れられなかった点を含め，その際の考察を1個の論文としてまとめる機会を得た。本章は，その論文のなかで，「ステークホルダー論」の内容およびその背景について考察した部分を取り出すとともに，ステークホルダー論の課題，問題点を覚書的に記したものである（初出論文で扱った項目内容の一部変更）。

Ⅰ　はじめに

　企業の社会的責任（Corporate Social Responsibility：CSR）あるいは会社の意思決定において多様なステークホルダー利益の考慮を求める考え方（ステークホルダー論）をめぐっては，歴史的に議論が繰り返されている。それらは，いわば恒久的な問題といってよいであろう。株主の利益最大化が主流の考え方と

162 ◆ 第2篇 個別的問題についての検討

なっているとされるアメリカでも，会社は何に対して責任を負うか——私的な利益か，より広範な一定の社会的利益か，それとも両者か——という問題（会社の目的論）や，それと重なるところはあるが，会社およびその主要な意思決定者は誰に対して責任を負うかといった問題が今日でも問われ続けている[1]。そしてそのような近時の試みの1つに，本章で採り上げる会社の法人性——会社が別個独立の法主体であること——に着眼したCSR論ないしステークホルダー論がある[2]。

　ところで，わが国の最高裁判所は政治献金というやや特殊な事例について判断するなかで，企業の社会貢献活動を含むCSRについて，会社の権利能力との関係では，「会社は，……自然人とひとしく，国家，地方公共団体，地域社会その他（……）の構成単位たる社会的実在なのであるから，それとしての社会的作用を負担せざるを得ないのであって，ある行為が一見定款所定の目的とかかわりがないものであるとしても，会社に，社会通念上，期待ないし要請されるものであるかぎり，その期待ないし要請にこたえることは，会社の当然になしうるところであるといわなければならない」と判示し，また，取締役の善管注意義務・忠実義務との関係においては，「会社の規模，経営実績その他社会的経済的地位および寄付の相手方など諸般の事情を考慮して，合理的な範囲内において，その金額等を決すべきであ」ると一定の制約を課しつつも，当該事案では，「合理的な範囲を超えたものとすることはできない」として義務違反を否定している[3]。この判決について，学説では，会社の権利能力との関係で，寄附が是認されるのは会社の目的たる事業の遂行に役立つところに求められるべきであるとする見解[4]もみられたが，社会貢献を含めたCSRの重要性が増し

1）　Lyman Johnson, *Corporate Law and the History of Corporate Social Responsibility*, in: H. Wells（ed.）, Research Handbook on the History of Corporate and Company Law（Edward Elgar, 2018）, 570.

2）　なお，同じく株主の利益最大化ないし株主主権を基調とするイギリスでも，株主以外のステークホルダーの利益・意見の会社経営への反映について，会社法，ソフトロー両面で新たな展開がみられる。たとえば，中村信男「英国会社法におけるステークホルダー利益の取扱いと会社法制改正構想の行方」徳本穣ほか編『森淳二朗先生退職記念論文集　会社法の到達点と展望』（法律文化社，2018）373頁。

3）　最大判昭和45・6・24民集24巻6号625頁。

4）　鈴木竹雄「判批」鴻常夫・竹内昭夫・江頭憲治郎編『会社判例百選［第5版］』（有斐閣，1992）9頁，竹内昭雄〔弥永真生補訂〕『株式会社法講義』（有斐閣，2001）79頁。なお，昭和45年最高裁判決でも，「会社にとっても，一般に，かかる社会的作用に属する活動を

第5章　株主以外の会社利害関係者の利益の考慮に関する議論の動向とその検討　◆　163

ている今日では，社会的実在として社会の期待ないし要請にこたえることは会
社の当然になしうるところであるとの観点があらためて強調されるようになっ
ている[5]。そして株主の利益最大化原則との関係で，株式会社においては，そ
の原則が会社を取り巻く関係者の利害調整の原則になることを肯定せざるをえ
ないとする見解においても，株主の利益最大化が他の利害調整原則を排除して
どこまでも貫かれるべき性質のものではないとして，社会貢献を含めたCSRの
要請にこたえる面に関する取締役・執行役の裁量の幅は広く，株主の利益に寄
与しない寄附も取締役・執行役はなしうるとの解釈が示されている[6]。他方，
上記のアメリカにおける会社の法人性に着眼した議論は，株主の利益最大化原
則を肯定しつつも，それは例外を伴った緩い原則であると捉えるわが国の有力
な考え方とは異なり，むしろ，その原則自体を見直そうとする——そのことは，
ひいては信認義務の内容の見直し（拡大）につながる——考え方を提示するも
のである。本章は，そのような議論の近時における展開の一端を紹介するとと
もに，その議論の背景や将来の研究における課題について考察することを目的
とする。なお，経営者の信認義務の対象の拡大——それにより多岐にわたる会
社利害関係者の利益の考慮と調整が必要になる——を志向する主張に対しては，
以前から，その実効性への疑問とともに，経営者の裁量権を不当に拡大するこ
とに使われ，事実上無監視の状態に置くことにならないか等の問題点が指摘さ
れてきたところである[7]。その懸念には，相当の理由があると考えられる。また，
ここで検討の対象とする議論においても，その懸念が完全に払しょくされてい
るとみることは困難であろう。そのような問題は残るが，上記の議論の内容と
その背景等を検討しておくことは，今日のアメリカにおける議論状況を理解す
るうえで，一定の意義が認められると思われる。

することは，無益無用のことではなく，企業体としての円滑な発展を図るうえに相当の価
値と効果を認めることもできる」として，この観点も示されているが，付随的な理由とさ
れている。

5)　江頭憲治郎編『会社法コンメンタール(1)』（商事法務，2008）〔江頭〕，神作裕之・藤田
友敬・加藤貴仁編『会社法判例百選〔第4版〕』（有斐閣，2021）9頁〔川口恭弘〕。

6)　江頭憲治郎『株式会社法〔第7版〕』（有斐閣，2017）23頁（同第9版〔2024〕24頁，27
頁注6），田中亘『会社法〔第2版〕』（東京大学出版会，2018）262～263頁（同第4版
〔2024〕280～282頁）。

7)　竹内昭夫『会社法の理論Ⅰ』（有斐閣，1984）119頁，127頁，江頭・前掲注6）25頁（同
第9版〔2024〕25～26頁注3）。本文で示した問題点のほか，会社の経済効率性を害し社
会の富を減少させないかとの問題点も指摘されている。

164 ◆ 第2篇　個別的問題についての検討

　考察の順は，以下のとおりである。Ⅱにおいては，「あるステークホルダー
論の考え方と内容」という表題の下，企業の社会的責任あるいは株主以外の会
社利害関係者の利益への配慮に関して法規定その他の制度の現状はどうか等，
議論の予備的事項をまず整理し（Ⅱ1），その後，とりわけ1980年代以降の経
済学上の会社理論と株主の利益最大化原則との結びつき，およびそれに対する
近時の疑問・批判について採り上げ（Ⅱ2），そのうえで，別個独立の法主体
性に着眼したステークホルダー論について，その具体的な主張の概要を示す
（Ⅱ3）。次いでⅢでは，Ⅱでの整理・考察を踏まえて，若干ながらステークホ
ルダー論の課題，問題点を示すこととする。最後に，Ⅳを結びとする。

Ⅱ　あるステークホルダー論の考え方とその内容

1　議論の前提と背景
——アメリカにおける会社の社会に対する責任に関する法制度等

　ここでは，まず議論の前提として，会社の社会に対する責任にかかわるアメ
リカの法制度等を整理しておく。20世紀に入った時点では，会社はすでに経済
的に強力な存在になっていたが，法（会社法）の面でも，会社の社会に対する
責任についての関心事にとって劇的な規制緩和の展開をみたと評される，下記
のような特徴を備えるに至っていた[8]。会社法は19世紀において最も重要な発
展を経ており，そのことはアメリカに限らず，イギリスその他の国々でも同様
であったとされるが[9]，それらを反映した特徴であると考えられる。まず，会
社はその構成員から法的に区別されるものとされ，そして会社は，公的な利益
ではなく，もっぱら私的利益を追求してよい——ただし，それが要求されるわ
けではない——とされることである。次に，会社に対する州会社制定法の規制
は（以前に比べて）仔細な事項まで定めるものでなくなったことである。さら
に，会社制定法それ自体は，会社がいかなる目的を追求できるか，または追求
すべきであるかについて，何も語らないことである。これらの特徴はいずれも，

---

8)　Johnson, *supra* note *1*, at 582.

9)　Geoffrey M. Hodgson, Conceptualizing Capitalism: Institutions Evolution, Future
　（University of Chicago Press, 2015), 227-228.

基本的には今日まで続いているとされる。その一方，会社制定法は会社の取締役会に会社活動に関する広範な——州の規制から解放され，株主の介入も限定的なものにとどまる——権限を与える統治の枠組みを確立した。要するに，制定法は規制的というよりも，授権的なのである[10]

上記のような規制緩和の展開の帰結の1つとされるのが，会社法において，議論の方向が会社それ自体の責務についてではなく，経営者の義務（信認義務）についてのものに転換したことである。会社法の研究者および立法関係者等は，会社の社会に対する責任に取り組むのに経営者の義務の適切な対象は何かということに焦点を合わせるようになった。そして経営者の義務について，会社の社会に対する責任とのかかわりでは，次の2つのことが指摘される。

まず第1に，会社制定法において，株主の富の最大化を会社取締役に対して要求する規定は存在していないといわれる[11]。模範事業会社法では，取締役は「会社の最善の利益（best interests of the corporation）」において行動するという責任を負うと規定されている[12]。またアメリカ法律協会のコーポレートガバナンス原則は，株主の利益を「増進させること（enhancing）」と規定するのみであり，その「最大化」を規定しているわけではないし，取締役が意思決定をするとき，人道上，教育上，および慈善の目的に合理的な額の資源を充てることも許容する[13]。デラウェア州会社法も，取締役の信認義務の対象は株主に限定されるのでなく，その義務は「会社およびその株主」に対して負担されるものとしている[14]。さらに，1990年代に多くの州がいわゆる「利害関係者法

---

10) 以上，Johnson, *supra* note *1*, at 582. なお，会社の社会に対する責任にかかわるアメリカの法制度等に整理に関しては，この文献に多くを負っている。

11) *Id.* at 583.

12) Model Bus. Corp. Act § 8.30.

13) The American Law Institute, Principles of Corporate Governance: Analysis and Recommendations, § 2.01(a)(b) (1994). 証券取引法研究会国際部会訳編『コーポレート・ガバナンス—アメリカ法律協会「コーポレート・ガバナンスの原理：分析と勧告」の研究—』（日本証券経済研究所，1994）16頁，97～120頁参照。道徳律や慈善目的に配慮してよいことを定めるだけで，それにどの程度のウェイトを置くべきかは，注意義務および経営判断の問題になる。なお，本書第1篇第1章【追記】も参照。

14) Mills Acquisition Co. v. Macmillan, inc., 559 A.2d 1261, 1280 (Del. 1989) およびEdward P. Welch, et al, Folk on the Delaware General Corporation Law: Fundamentals 2017 Edition, 135参照。この下で，デラウェア最高裁も上述したアメリカ法律協会と同様の立場に立つとされる。ただし，田中亘「株主第一主義の合理性と限界（上）」法時92巻5号（2020）126頁も参照。この法理は，取締役が会社と株主のそれぞれに対して異なる義務を

（constituency statutes）」を制定した。それらの法は，取締役が会社の活動の舵取りの際，従業員，消費者，供給業者，および地域コミュニティといった株主以外の者の利益を考慮することを許容するものであるとされる[15]。

第2に，アメリカ判例法において，少なくとも上記の「利害関係者法」の法域以外の州の場合においては，取締役は株主の利益を第一に追求する義務を負うことが肯定されているとの見方が多いといえるが[16]，研究者の間では，判例が，取締役の責務を広く捉え，会社の行為が従業員など株主以外の関係者に及ぼす影響に配慮することを許容するか，それとも経済的リターンの最大化という狭い捉え方を要求しているかをめぐって見解の対立があることを指摘し，そのことを前提に，判例の立場に関して，多数の者がビジネス実務および進展する社会規範の領域に委ねるのが最もよいと考える問題については，立法による解決が図られるまで判断を控えるという司法の謙抑的な態度を反映しているとの指摘もみられる[17]。

以上から，会社の社会に対する責任という関心事からアメリカの制定法および判例法をみた場合，それらはいずれも，会社の目的または経営者の信認義務の対象・範囲の問題について進展していく社会規範および実務の領域に委ねている部分が少なくないとされる。そして，そのことは，個々の会社による多様な取組みを可能にする反面，会社の社会に対する責任への経営者の配慮を過少にすることを許容し，株主の議決権や短期主義または偏った経営者報酬のインセンティブといった要因により，純粋に経済的なリターンに過度に重点を置く

　負うということではなく，むしろ，会社と株主とは同視されるのであって，取締役が会社に対して忠実であるとは，すなわち，株主に対して忠実であることを意味すると理解されていると指摘されている。

15)　Johnson, *supra* note *1*, at 583, Jeroen Veldman, *The Separate Legal Entity and the Architecture of the Modern Corporation*, in: N. Boeger and C. Villiers（eds.）, Shaping the Corporate Landscape（Hart Publishing, 2018）, 67.

16)　そのような捉え方につき，本書第2篇第4章注1参照。

17)　Johnson, *supra* note *1*, at 584.なお，Dodge v. Ford Motor Co., 170 N.W. 668（Mich. 1919）による著名な株主利益最大化原則の言明は単に傍論として退けられうると論じる代表的な論者はLynn A. Stoutである（Lynn A. Stout, *Why We Should Stop Teaching Dodge v. Ford*, 3 Virginia Law & Business Review, 165（2008））. 学説の状況において，Stoutの立場が必ずしも通常の分布から大きく外れたものとは言い切れないことにつき，Stephen M. Bainbridge, The Profit Motive——Defending Shareholder Value Maximization（Cambridge University Press, 2023）, 50.

第5章　株主以外の会社利害関係者の利益の考慮に関する議論の動向とその検討　◆　167

ことも許容されるという可能性をはらむ[18]。以下では，そのような問題関心に
基づくさまざまな試みをみていく[19]。

　まず20世紀半ばごろには，「公益取締役（"public interest" directors)」の提案
が活発になされた[20]。それは，会社の内部的な意思決定構造を変更しようとす
る試みである。また1970年代には，その他の試みとして，大規模会社を対象に
連邦上最低限の基準を課すとの提案もみられた[21]。なお，21世紀初頭の重要な
会社立法として，2002年のSOX法[22]および2010年のDodd Frank法[23]がある。
それらは，19世紀における会社法の規制緩和以降，会社法に関するもっとも広
範な規制の企てであったとされるが，その大部分は投資者の利益をよりよく保
護することに焦点を合わせるものであり，より広範な会社利害関係者の利益保
護を目標にしたものではなかった。そのため，コーポレートガバナンスに関す
る事項についての連邦規制上の努力としては類例のないものであったが[24]，実
際には，コーポレートガバナンスの領域での改革が広範な会社の社会的責任の
問題に取り組んでいない状態に変化をもたらすものではなかった。

　近年においては，社会的課題の解決に取り組む主体として「社会的企業」が
注目を集めるようになっている。そのような社会的企業向けの組織形式を導入
する立法として，「ベネフィット・コーポレーション（benefit corporation)」の
立法にも触れておきたい。ベネフィット・コーポレーションは「一般的な公益
（general public benefit)」を生み出すことを目的とする法人であり，2010年にメ

---

18)　Johnson, *supra* note *1*, at 584.

19)　以下の整理につき，Johnson, *supra* note *1*, at 585-590.

20)　*See, e.g.*, Abram Chayes, *The Modern Corporation and the Rule of Law*, in Edward
　　M Mason (ed.), The Corporation in Modern Society (Harvard University Press, 1959),
　　25-45.

21)　*See, e.g.*, William L Cary, *Federalism and Corporate Law: Reflections upon Delaware*,
　　83 Yale Law Journal 663 (1974). ただし，このCaryの提案は，広範な会社の社会に対する
　　責任の観点からは，きわめて控えめであった。

22)　Sarbanes-Oxley Act of 2002, Pub. L. No. 107-204, 116 Stat. 745 (codified at 15 U.
　　S.C. § 7201 *et seq.*) (2012).

23)　Dodd-Frank Wall Street Reform and Consumer Protection Act of 2010, Pub. L. No.
　　111-203, 124 Stat. 1376 (codified as amended at 12 U.S.C. § § 5301-5641) (2010).

24)　前述したCaryによる連邦上最低限の基準を課すとの提案は，当時，学界での注目は大
　　きなものであったものの，具体的に何かに結実することはなかった。2002年SOX法および
　　2010年Dodd Frank法は，その提案を具体化するものともいえる。Johnson, *supra* note *1*,
　　at 586.

リーランド州が初めて導入して以降，採用する州が増えている[25]。会社設立当初からこの形態に拠ることもできるが，定款変更により既存の株式会社がその形態に変更することも可能になっており[26]，会社が積極的に選択することによって採用できるオプトイン型である。また，営利法人と非営利法人の中間に位置づけられ，ハイブリッド型の事業形態であると特徴づけられる。取締役の義務について法規定上，投資者の利益のみに焦点が合わせられるのではないことが明示的に定められている。取締役は，ある会社の行為（またはある不作為の決定）がさまざまなステークホルダーに及ぼす効果をより広範に考慮する（またはバランスを保たせる）ことが求められる。上述した利害関係者法と比べると，利害関係者法が取締役に対してさまざまなステークホルダーの利益を考慮することを許容するのに対して，ベネフィット・コーポレーション法は，上記のことを命じる。こうしてベネフィット・コーポレーション法は，取締役が会社それ自体によって増進されるべき利益，そして会社の戦略や活動を構想する際に考慮すべき利益の拡大を求める。この立法について，19世紀の州会社法が，会社は公益的な目的を推進するとの期待を排し，代わりに規制緩和のアプローチを採用して以降初めて，事業会社内部のコーポレートガバナンス・システムの改革を通じて会社の社会に対する責任の課題に取り組むものであると指摘されている[27]。また，この新しい法人形態が利用されるかどうかということとともに，通常の事業会社の社会に対する責任についての実務に変化をもたらすかも，今後の関心事であると指摘されている[28]。ただし，この指摘については，この立法が標準的な会社法を準用しながらも，別途規定が設けられていることが多く，それが，ベネフィット・コーポレーションの規範が一般的な会社法に混入するのを避ける趣旨である[29]とすると，この立法による一般的な会

---

25) 2016年の時点で，27州が採用していた。髙橋真弓「営利法人形態による社会的企業の法的課題(1)—英米におけるハイブリッド型法人の検討と日本法への示唆—」一橋法学15巻2号767頁（2016）。その後も採用する州は増加し，2022年までに40州とワシントンDCで法制化されている。太田崇彦「注目され始めている新しい組織〜ベネフィットコーポレーション〜の紹介」NPI Commentary（2023）〈https://www.npi.or.jp/research/data/npi_commentary_ota_20230405.pdf〉（最終閲覧日：2024年6月10日）。

26) 髙橋・前掲注25) 767頁。

27) Johnson, *supra* note *1*, at 590.

28) *Id.* at 590.

29) 髙橋・前掲注25) 767頁注90。

社法実務への影響は考えにくいということができるかもしれない。

　会社法は，以上にみてきたように，会社の社会に対する責任に関しては沈黙している部分が少なくない。他方で，19世紀の終盤以降，会社の社会に対する責任については，競争者排除的および反競争的実務慣行を禁止する取引規制，労働者保護，消費者保護，環境保護をはじめ，多様な法領域が発展してきている[30]。その意味では，会社法は，会社の社会に対する責任の問題について，他の一群の法にアウトソースしてきたということができるであろう。

2　経済学上の会社理論と株主の利益最大化原則との結びつき，およびそれに対し近時提起される疑問・批判

　アメリカにおいて株主の利益最大化原則が採用されているとの見方がなされることについては，1970年代以降の経済学上の会社理論，とりわけ「契約の束（Nexus of Contracts）」理論と株主の利益最大化原則との結びつきも指摘される。以下においては，まず「契約の束」理論の影響について一瞥し，その後，「契約の束」理論についてなされる近時の批判的検討をみる。

(1)　「契約の束」理論の影響

　「契約の束」理論とは，契約関係が会社を含む「企業（firm）」[31]の本質であるとするものであり，それによると，会社は，労働者，経営者，資本提供者，部品供給者，顧客等の双務契約の集合体に過ぎないと捉えられる[32]。この会社の捉え方（会社理論）はJensenとMecklingによって唱えられ[33]，アメリカでは1980年代に法学上も影響力を得るに至った[34]。その理論の影響力の広範さについて，「各種の規制や立法，公共政策および規制上の意思決定，会計理論，業務執行者および投資家実務，ならびに多くの法科大学院および経営大学院のカリキュラムにおいて，中心を占めるようになった」と述べられることもあ

---

30)　Johnson, *supra* note *1*, at 591-592.

31)　ここで企業とは，Hodgsonに倣い，「販売のための商品またはサービスを生み出すために創設された法的統一体を機能させている組織」という意味で用いる。Hodgson, *supra* note *9*, at 205.

32)　江頭・前掲注 6 ）58頁（同第 9 版〔2024〕60頁注 1 ）。

33)　Michael C. Jensen and William H. Meckling, *Theory of the Firm: Managerial Behavior, Agency Costs and Ownership Structure*, 3 Journal of Financial Economics 305-60（1976）.

34)　江頭・前掲注 6 ）57頁（同第 9 版〔2024〕59頁）。

170 ◆ 第2篇　個別的問題についての検討

る[35]。

　「契約の束」理論と株主の利益最大化原則の結びつきについて，「契約の束」理論はコーポレートガバナンスのエージェンシー理論モデルを助長し，それが株主の利益を最大化しなければならないとの考え方に繋がったとされる。株主が経営者（業務執行者）と契約を結ぶという観念の下で，経営者は「代理人（エージェント）」として，もっぱら「本人（プリンシパル）」としての株主に対して責任を負担する。経営者は，広範なステークホルダーではなく，株主のエージェントとされるのである。このエージェンシー理論モデルにおいて，会社の目的は株主価値創出に資することであると解されることになった。また，BerleとMeansによって観察された所有と経営の分離は経営者が任務を怠る動機を提供するため，経営者の利益を株主の利益と一致させるように動機づけることが提唱されることになり，そのことはさらに，経営者が利益最大化を追求するように仕向ける結果につながり[36]，さらにその際の経営者の「判断」は，会社の短期的市場評価によって測られる「価値」の産出へと方向づけられた[37]。

　上記の理論モデルのもとで，経営者の利益と株主の利益とを一致させる動機づけに関して，たとえば会社の経営者が市場に対して十分なシグナルを発し自らの報酬の高額化を図るため，1970年代以降，配当支払いと自社株買いを増加し，他方，株主は互恵的に役員報酬の大幅な増加を承認してきたという事象が存在し[38]，それにより研究開発費等の相当の削減をもたらすことになったとされる[39]。上記の理論モデルの社会に対する負の効果として挙げられるものはそれにとどまらない。合併・買収，バイアウト，ダウンサイジング・財産処分，

---

35)　Veldman, *supra* note *15*, at 61.

36)　Say H Goo, Beyond Globalization: Future of Comparative Law in Asia-Pacific Corporate Governance Reform, at B（日本比較法研究所設立70周年記念シンポジウム「グローバリゼーションを超えて―アジア・太平洋地域における比較法研究の将来―」第2セッション主報告ペーパー（2018年11月24日）), Veldman, *supra* note *15*, at 61.

37)　*Id.*

38)　William Lazonick, *Profits Without Prosperity*, Harvard Business Review.〈https://hbr.org/2014/09/profits-without-prosperity〉（最終閲覧日：2024年6月10日), Veldman, *supra* note *15*, at 61.

39)　研究開発費のGDPにしめる割合の国際比較で，とりわけ米国，ドイツおよび日本を比較して，米国の研究開発費の低さを指摘するものとして，小池和男『なぜ日本企業は強みを捨てるのか』（日本経済新聞出版社，2015）185頁。

第5章　株主以外の会社利害関係者の利益の考慮に関する議論の動向とその検討　◆　171

アウトソーシングおよびリストラクチャリングにより生じる巨大なレイオフ，身分保障の喪失なども指摘される。これらによると，「契約の束」理論の下で会社の戦略の構想・推進にあたり目が向けられるのは主に次の四半期の株主への影響にとどまりそれを超える影響を考慮することは著しく少なくなり，そのことにより短期志向の株主の利益になるものとして作用した。そして，そのようなリスクテイクの長期的コストは，公開会社，従業員および国家に転嫁されることになったとされるのである[40]。

　「契約の束」モデルについては，上記のようなマイナスの影響が指摘されてきているが，本章の関心事にとっては，その理論的仮定に対する経済学理論による批判が近時なされるようになっていることも，それらが本章で検討する会社の別個独立の法主体性に着眼したステークホルダー論につながる面があると思われることから，注目される。以下では，「契約の束」モデルを批判的に分析する近時の経済学理論を採り上げ，その後，会社の別個独立の法主体性に着眼したステークホルダー論を採り上げることとする。

⑵　「契約の束」モデルに対する経済学上の批判的検討

　ここでは，契約関係が企業（会社）の本質であるとの「契約の束」モデルに対するHodgsonによる分析を紹介する。Hodgsonは，会社の別個独立の法主体性や会社の存立・発展に対する法もしくは国家の役割に着目することの重要性を強調し，JensenとMecklingの「契約の束」モデルをはじめとして，経済学上の会社理論の革新的な各種の研究の問題点を考察している[41]。

　さてJensenとMecklingは，企業は契約を締結するエージェントたりうるとし，「法的擬制（企業）と投入労働力・投入材料・投入資本の所有者ならびに生産品の消費者との間の契約」という表現を用いている[42]。これは，会社の法主体性の意義を認めたもののようにみえる。ところがJensenとMecklingは，一定の組織を人と取り扱うことを許容する法のもとでの「人工的な概念構成体」に注目しながら，これは「契約関係の束として仕える法的擬制」にすぎないと論じる[43]。さらに，「企業を人として扱うことは，非常に誤解を招くもの

---

40)　以上，Veldman, *supra* note *15*, at 62.
41)　Hodgson, *supra* note *9*, at 204-234. 以下の要約は，「契約の束」モデルに関する分析の部分を中心としている。
42)　Jensen and Meckling, *supra* note *33*, at 311.
43)　*Id.* at 310-311.

である。企業は個人ではない」44) と述べる。またJensenは，別の論文でも，「契約の束という組織の見方は，……組織をあたかも人であるかのように取り扱う傾向を一掃する。……組織のふるまいは，市場の均衡状態のふるまいに似ている」45) としている。以上の記述は，JensenとMecklingが，結局は，会社の別個独立の法主体性を重視しないことを示すものであるとされる。

またJensenとMecklingは，法ないしは国家の役割についても重視しない考え方を示している。すなわち，「会社は，国家の創造物でも，国家によって提供された特別の恩典の客体でもない。……会社は，その存立のために契約の自由のみを必要とする。会社の永続性は，決して政府機関からの特別の恩典に依存するものではない。たとえば有限責任は会社に特有な考え方ではない。……契約の自由は確かに，当事者が契約において責任を制限することを定める権利をもたらす」46) と。この議論は会社の別個独立の法主体性それ自体に反対するものではないが，会社の永続性および有限責任が必然的に国家の創造物であるという考え方に反対している。すなわち，それらのアレンジメントが自生的に生じるということを示唆し，必要とされるのは「契約の自由」のみであるとする議論であると捉えられる47)。

HodgsonはJensenとMecklingの考え方を以上のように整理したうえで，次のような問題点を指摘する。まず，JensenとMecklingは企業をたんに「個々の関係者間の契約関係の組み合わせ」とみることによって，「契約の束」それ自体が，もしそれが単一の法主体であると考えられないのであれば，いかに部品供給者または顧客との契約を結ぶかを示し損なうことになる。JensenとMecklingは，その束を構成している関係者の一人の死，破産，または心神喪失をいかに取り扱うかの問題を考慮していなかった。要するに，JensenとMecklingは，どのようにして企業が「契約の束」に含まれる個々の関係者の生命を超えて存続するかの問題を避けたとされるのである48)。

また企業が市場に類似するとの主張についても，非論理的で根拠がないとす

---

44) *Id.* at 311.
45) Michael C. Jensen, *Organization Theory and Methodology*, 58 Accounting Review 323, 327（1983）.
46) Michael C. Jensen and William H. Meckling, *Reflections on the Corporation as a Social Invention*, Midland Corporate Finance Journal, Vol. 1, No. 3, at 10（1983）.
47) Hodgson, *supra* note *9*, at 221.
48) *Id.* at 220.

る。Hodgsonは，そのように評する際，個々の契約は，組合契約と同様，企業の形成に結びつくかもしれないが，それらは，企業それ自体が当事者となった契約ではないし，取締役会または株主総会の会議においてなされる審議や議決権行使はすでに確立した法的または内部的ルールの枠組みのもとでの意思決定過程であって，市場でも法的な契約でもないと指摘する[49]。

　最後に，会社の別個独立の法主体性や有限責任は契約の自由を通じて自生的に出現するであろうという主張についてである。Hodgsonは，それらが相互の取決めにより出現し，広まりえたとみることは困難であると指摘する。たとえば有限責任について，ある企業が有限責任原則を確立するには，責任の限定を定める条項が各契約すべてに挿入されねばならず，そしてすべての株主は，企業が訴えられたときに自らの資産が無限責任にさらされないことを確実にするためには，すべての取引の相手方または従業員との契約を個別にチェックしなければならない。これは，とりわけ大規模で複雑な組織において現実的でないのは明らかである。ここでは法による裏づけが必要ということになり，上記のようなアレンジメントが自生的に出現し広がったとみることは困難である。また会社の別個独立の法主体性との関係でも，ある商人の集団が会社の独立した法人格というアイデアを望ましいと考え，1つまたは複数の「会社」を設立しようとする場合を想定事例とした考察が行われている。その想定事例では，「会社」と取引する者はすべて，それらの者が会社構成員（株主）とではなく，「会社」それ自体と契約を締結するという決め事を受け入れなければならない。さらに紛争が生じた場合には，すべての裁判所も，その決め事を承認するのでなければならない。もしその決め事から逸脱した判断をする裁判所があれば，当該計画は頓挫することになる。部分的な承認では足りないのである。必然的に経済界が立法者に一般的なルール化に向けて圧力をかけるということになるが，それはもはや，国家からは無関係という意味での自生的過程とはいえないことになる[50]。なお法の役割との関係で，事業用の資産を所有し，または支配する独立した法人格を生み出すことの主要な利点の1つは，まさしくそれが，株主間で誰が何をどのような状況で行い，かわりに何を得るかを明示する詳細な契約にあらかじめ合意する必要性がなくなることにあるということにも留意

---

49) *Id.*
50) *Id.* at 228-229.

が必要である[51]。

　以上は，「契約の束」モデルはコーポレートガバナンスに関する理論や実践のモデルとして支配的な立場を占めるにもかかわらず，その理論的仮説の有効性には，疑わしさが残ることを指摘するものである。Hodgsonは，ここで紹介した「契約の束」モデルについての分析を含め，経済学者によるさまざまな企業理論を検討して，「会社が存在することにおける国家の役割，および会社法の発展が過去200年における資本主義の爆発的成長の多くを導いた企業家的組織をいかに活気づけたかについて，経済学者の認識は十分ではなかった」と述べる[52]。そしてHodgsonは，法的現実や法人性・有限責任等の法的関係への留意の必要性を以下のように強調する。まず，社会科学者が法的現実を無視して，経済的なパフォーマンスを高めるにはどのような法的仕組みが適切か助言しようとしても，十分な助言にはならないことである。また，法的関係への留意がなければ，社会科学者は会社の権力濫用をいかに抑制するかの長きにわたる論争に割って入る資格がないとも述べている[53]。

3　別個独立の法主体性に着眼したステークホルダー論の概要

　2でみたように，会社の別個独立の法主体性，その実在性は「契約の束」モデルにおいて必要な注意が十分に払われてこなかったと指摘される点の1つであり，そのことは，経済学によるその他の会社理論に対しても妥当するとされる[54]。ここで採り上げるのは，会社の別個独立の法主体性の理解にかかわるVeldmanの論文である。その論文の目的の1つは，別個独立の法主体性が今日の上場会社の「アーキテクチャ」の基礎を提供するうえで果たすべき役割を問うことにある[55]。以下，その骨子を紹介していく。なお，そこにいわれる「アーキテクチャ」の基礎とは，会社をめぐる利害関係者間の数多くのトレードオフの関係を基礎としてそれら関係者の役割，地位および相互の関係を条件

---

51)　Jean-Philippe Robé, *The Legal Structure of the Firm*, Accounting, Economics, and Law, Vol. 1, No 1, at 16-17, Hodgson, *supra* note *9*, at 230.

52)　*Id.* at 205.

53)　Hodgson, *supra* note *9*, at 232.

54)　たとえばCoaseやWilliamson型の取引費用の経済学について，企業というブラックボックスを開き，その内部の構造を調べたが，そのボックス自体については置き忘れたと評している。*Id.* at 213.

55)　Veldman, *supra* note *15*.

第5章　株主以外の会社利害関係者の利益の考慮に関する議論の動向とその検討　◆　175

づけるものであるとされる[56]。

　考察は，19世紀における別個独立の法主体性の発展からはじめられる[57]。すでにみたように，会社法は19世紀において最も重要な発展を経たとされ，株式会社はその構成員から法的に区別されるものとされたのもその一環である。それ以前においては，商業活動に乗り出す個人が損失・負債に対して無限責任を負うことが「市場の道徳性」の基礎と考えられていたとされる。無限責任を負うことが経営を長期的利益の方向に向けさせ，その新規事業への持分を有しない第三者（従業員，部品供給者，顧客，コミュニティ，州や国家等）に対するリスクを最小にする強いインセンティブとなると考えられたためである。出資者たる業務執行者が事業リスクを管理できなければ，その個人資産を失ってしまうというリスクが，その経営や戦略を十分に制御するとの推定を働かせる根拠とされたわけである。しかし，上述した別個独立の法主体性の発展はこのモデルから大きく離れることを内包するものであった。株主の立場は，ほとんど会社の外部に位置する利害関係者へと転換されることになった。すなわち，株主は「会社の残余のキャッシュフロー」に対する請求権は与えられても，会社またはその資産等の所有や支配に対する直接の権利はもはや与えられない。新たなアーキテクチャの発展は，直接の所有と支配に対する請求権をあきらめることへの入念に練られた代替物——それは株主に強い保護を与える——を基礎にするものであった。

　上に述べたことは，別個独立の法主体性が新たな制度的アーキテクチャに対して提供する最重要事項であるが，その法的構成概念の正確な把握はなされないままである[58]。その状態はなお残存していることに留意しつつ，別個独立の

---

56)　*Id.* at 62.なお，「アーキテクチャ」という言葉は，本来は，建築ないし建築の基本設計やそのプロセス，そして建築物を意味する言葉であるが，コンピュータの発達とともに，OSなどのコンピュータの標準的な設計のことを指すこともある。また，「アーキテクチャ」は，規制の一種として立ち現れるとされる。ここでは，最後の意味を指す。なお，松尾陽編『アーキテクチャと法』（弘文堂，2017）1〜2頁参照。

57)　Veldman, *supra* note *15,* at 62-64.

58)　別個独立の法主体性は，もともとは完全な法主体ではなく，所有および責任の帰属に関する特定の問題を簡便に処理する表記として捉えられるものであった。その後，この特別な「法的擬制」の地位は次第に広範な概念になっていき，そこにおいて，この法的「統一体」としての構成概念を認めることは，別個独立の法主体への（契約上の）代理関係および共同社会の一員であることにかかる権利の帰属の基礎を提供したが，20世紀終盤において，別個独立の法主体性の法的理解は非常に複雑になっており，作り笑いで応えるしか

176 ◆ 第2篇　個別的問題についての検討

法主体性が公開的な会社のアーキテクチャの基礎を提供するとして，会社利害関係者間の数多くのトレードオフの関係がいかに今日の公開的な会社のアーキテクチャに，そして特に取締役会の機能および役割に関係するかの考察が続いてなされる[59]。

　さて，提起される新たなアーキテクチャの下で，会社の構成要素としての株主の位置づけ（その性格，役割，地位，関係および権利）は，上述したように，機能的にも理論的にも転換されることになり，とりわけ無限責任のパートナーシップと比べた場合，会社外部の利害関係者の1つにすぎないとの位置づけとなる。株主はこの新しい地位を受け入れる代わりに，無限責任のパートナーシップ形態の出資者が有さず，かつ持つことができない権利，恩典および保護を提供されることとなった。Veldmanは，そのような代替物として，株主が今日有している議決権，各種の調査権，代表訴訟提起権等を例示し，それらの権利は現代の会社において株式を保有する会社構成員の役割や機能にとって本質的であるというよりは，むしろ株主が，パートナーのようにその企業を制御していた時代の痕跡として理解されうるとの見方を提示する。

　以上において示された，別個独立の法主体性の中心的役割および新たなアーキテクチャにおける株主の捉え直し・地位の転換は，株主の役割や権利の基礎を理解するために重要であるだけでなく，取締役および役員の役割との関係でも重要であるとされる。すなわち，別個独立の法主体性によって整えられた新たな会社アーキテクチャでは，取締役会が会社の戦略を構想し遂行するのに必要な役割，機能および裁量の余地を伴った自律的かつ独立した機関として現れる。そして，取締役会の役割および機能は全体としての会社の機関として現れるので，会社の取締役会の機能および役割は基本的に，統一体としての法人によって体現された会社に向けてのものということになる。したがって，会社アーキテクチャにおける信認義務は株主に対してではなく，会社に対して負うものとされる。

　続いて，このような別個独立の法主体性の法的理解およびそれによる信認義務の方向の変更は，コーポレートガバナンスの観念を以前よりも拡大するために用いることができるという議論がなされてきたことへと，話題は転換され

　ない状態にあると，Veldmanは指摘している。*Id.* at 64.

59)　以下，*Id.* at 65-67.

る[60]。たとえば，「役員は，会社企業にとってのエージェントであることは争う余地がない。……ある特定の会社関係者に対する役員の責務は……単一で分化の生じていない統一体としての会社の利益のためになされる決定から出てくる」といった指摘[61]に言及される。業務執行役員および取締役会構成員は統一体としての会社――「本人（プリンシパル）」に相当――の最善の利益のために行動することが求められるので，上記の着想は，取締役の信認義務が統一体としての会社に向くものであるとの積極的方向づけをもたらす。もちろん，そこから直ちに取締役の信認義務の特定の利害関係者や利益への方向づけ，対応づけが引き出されるわけではない[62]。

　ところで，公開的な会社の株主の請求権および利益は大部分，法的代替物を伴って外部的，間接的なものへと転換されたとの捉え方については先に言及したが，その法的代替物は会社アーキテクチャの基礎を提供するものであり，取締役会の公開的な会社の機関としての役割，機能および負託事項もそこから生み出されるとされている。取締役会は，別個独立の法主体，すなわち会社に対する信認義務を伴う自律的かつ独立した会社機関としての立場からその役割，機能および義務を果たすべき裁量の余地を有しているので，取締役会の信認義務は，ある特定の利害関係者の要求が会社それ自体の不利益になる場合，または会社の利害関係者の不利益になる場合に，その要求に屈しない義務によって条件づけられる。ある特定の利害関係者に対する取締役会の責務は間接的であるにとどまり，たとえある特定の利害関係者に一定の便益（または負担）が生じても，それは単一で分化の生じていない統一体としての会社の利益のためになされる決定から生じる付随的効果である[63]。

　さらに取締役会の信認義務に関してなされた議論をたどっていくと，統一体としての別個独立の法主体の地位はさまざまな会社利害関係者集団から成る関係の中心に位置するが，この法主体との関係で生じる新たな会社アーキテクチャに関して，取締役会の役割は別個独立の法主体――「会社」を具象化する

---

60)　以下，*Id.* at 67-69.

61)　Lyman Johnson and David Millon, *Recalling Why Corporate Officers are Fiduciaries*, 46 William & Mary Law Review, 1597, 1644（2005）.

62)　そこに含まれる概念上の問題（「統一体としての会社」といっても，関係者が多岐にわたることに伴い，その外延は不明確になることなど）が残ることが指摘される。

63)　Johnson and Millon, *supra note 61*, at 1644.

178 ◆ 第2篇　個別的問題についての検討

もの——に向けられた，またはそれを媒介とした，全会社利害関係者のさまざまな要求の間で裁定を下すことであることが導かれる。その見解を提示する際，会社利害関係者集団の地位および要求が会社アーキテクチャにおいて，ある一定の要求が他の会社利害関係者の要求よりも先験的により正当であるということはないこと，そしてそのため，現代の会社アーキテクチャは会社利害関係者の「連合体（federation）」として概念的に説明できるといってよいことや，別個独立の法主体に対する取締役（会）の信認義務は各会社利害関係者に対し同等の尺度で向けられることが述べられる。なお，以上の取締役会の仲介者としての役割を提示する見解と対置される立場として，株主の残余請求権者性論[64]，株主と取締役および業務執行役員との間の直接の契約関係を肯定する見解，および株主は会社の排他的な構成員であるとの見解などについても言及されている[65]。

　以上，骨子を示したにとどまるが，Veldmanの提案する新たな会社アーキテクチャのもとで，取締役会の負託事項および役割は，各会社利害関係者の「連合体」に対する長期的な請求の間で順位づけを行う仲介者の機能に見出される。またそれに対応して，取締役会の義務は会社の各会社利害関係者の多様な利益の均衡を維持し，そして，多岐にわたる広範な会社利害関係者に対して，

---

64)　この見解は，「会社債権者は会社に対し株主より先順位の一定額の請求権を有するから，株主の利益最大化は，関係者全員の総価値最大化と同義になり，社会の富の最大化をもたらすとの考え」である。江頭・前掲注6）24頁（同第9版〔2024〕25～26頁注3）。

65)　なお，取締役会は広範な会社利害関係者に対する義務を負うとの準社会的制度としての会社観を保持するのが賢明であろうと論じる理由として，Veldmanは，これまで紹介してきた議論に加えて，BerleとMeansの議論にも言及している。ごく大雑把であるが，ここでその点についても補っておきたい。現代の会社の影響力は，通常は投資家ではない経営幹部による支配の正当性が薄弱でありながら，ますます拡大していることと，これらの経営幹部に対する統制の効果的な手段が事実上欠けていることのため，BerleとMeansは，公開的な会社への経営上の裁量権の行使は社会的なトレードオフと固く結びつくと論じた。多様なステークホルダーの関心事に積極的に注意を払いそのバランスを図ること，および多様な会社利害関係者に対し観念的に衡平な結果を提供することは，「公的コンセンサス」を実現するのに最重要であり，その実現は経営者支配の下での現代の会社の社会的正当性を提供し続けることに資するとしたのである。BerleとMeansにとっては，会社というものの利用がもたらす多様な会社利害関係者にとっての広範な便益が意味するのは，それらの支配的になった新しい制度への制約のない経営上の裁量が，長期的には，次の場合のみ正当化されうるであろうということであった。すなわち，その裁量が「経済市民としての心得」および一連の受益者の利益に役立つであろう広範な「社会契約」の維持という制約を受けている場合である。Veldman, *supra* note *15*, at 70.

長期的観点からみて積極的かつ衡平な結果を提供することであるとされている。

Ⅲ　ステークホルダー論の課題，問題点についての若干の覚書

　アメリカで株主の利益最大化原則が主流を占めていることについては，1970年代以降の経済学上の企業理論，とりわけ「契約の束」理論の影響も大きいとされている。「契約の束」理論からコーポレートガバナンスのエージェンシー理論モデルへとつながっていき，そしてこのエージェンシー理論モデルの下で会社の目的は株主価値創出に資することであると解され，株主の利益を最大化しなければならないとの考え方になったとされるわけである。Ⅱにおいては，アメリカの法制度等，議論の前提となる事項を整理した後，株主の利益最大化原則の大きな根拠になったとされる経済学上の会社理論に対し批判的検討がなされるようになっていることをみ，続いて，株主の利益最大化原則を否定するステークホルダー論として，会社の別個独立の法主体性に着眼したステークホルダー論の1つを採り上げ，検討した。その見解は，上記の経済学上の会社理論に対する批判的検討とも符合する形で入念に構想されている。そして，最終的には，取締役の信認義務に関して，取締役会の役割は「会社」という独立した法主体に対する利害関係者のさまざまな要求の間で裁定を下すことであるとの結論が導かれている。他方，さまざまな利害関係者のどの利益が正当に尊重されるべき利益であるか，そのような利益が複数存在する場合に相互にどのようにバランスが図られるべきであるかの判断基準については，明確ではない。そのような判断基準についてほとんど何も語らないことは，これまでのステークホルダー論についても指摘されてきたところである[66]。以下においては，ステークホルダー論がそのような基準を欠くことの問題点等について覚書的に記しておきたい。

　まず，そのような基準を欠くことの弊害である。多岐にわたるステークホルダーの利益の考慮と調整を志向する提案に対して，日本では，その提案に従うと，経営者に大きな裁量権を与え，事実上無監視の状態に置くことになってし

66）　Robert T. Miller, *How Would Directors Make Business Decisions Under a Stakeholder Models*, 77 The Business Lawyer, 773（2022）.

180 ◆ 第2篇　個別的問題についての検討

まう等の批判がなされてきたことは，Ⅰにおいて言及したとおりである。また，
ある合理的な基準に従って判断されるのではなく，結局は，さまざまな利益集
団がそれぞれにもつ取締役への影響力の度合いの相違によって決まるのではな
いかということも指摘される[67]。

　次に，上にも若干述べたが，ステークホルダー論において基準が語られてい
ないとして，それではステークホルダー論においてどのような判断基準が必要
とされるかである。たとえば取締役の裁量により犠牲にできる株主利益の限度
をたとえば「会社の利益の10％」とするといった提案[68]ように，他の利害関
係者の利益を尊重する判断をする際に，株主がどの程度不利益に扱われてよい
かという判断基準はその1つであるが，それにとどまらず，その前段階として，
さまざまな利害関係者の競合する利害を公正・正義の観点からどのように調整
するかの判断基準が求められるように思われる。

　最後に，そのような判断基準を探求することが研究課題として考えられるが，
それについて悲観的な見解も現れている。その研究では，経済的効率性，仮定
的な交渉アプローチ，種類株主間で取締役会は合併対価をいかに分配すべきか
をめぐる解釈論，道徳学説等からその可能性を探り，悲観的な結論を導いてい
る[69]。

Ⅳ　結び

　本章では，会社の意思決定におけるステークホルダーの利益考慮の問題との
関係で，アメリカ会社法学説において提起されているステークホルダー論を採
り上げた。企業の社会的責任あるいは株主以外の会社利害関係者の利益への配
慮に関するアメリカ各州会社法の法規定その他の制度等から始め，株主の利益
最大化の考え方に大きな影響を有した経済学における会社理論に対する近時の
経済学上の批判的検討，およびそれに符合する形で提起されている多岐にわた
る会社利害関係者の利益考慮についての新たな理論的挑戦の1つを紹介すると
ともに，今後の研究の一助となるよう，それらが抱えていると思われる課題・

---

67)　*Id.* at 773-774.
68)　本書第2篇第4章3(1)参照。
69)　Miller, *supra* note *66*, at 785-799.

第5章　株主以外の会社利害関係者の利益の考慮に関する議論の動向とその検討　◆　181

問題点を若干ながら記した。

　本章での考察は，日本比較法研究所設立70周年記念シンポジウム「グローバリゼーションを超えて―アジア・太平洋地域における比較法研究の将来―」の「第2セッション：コーポレート・ガバナンスの多様性」のコメンテーターを務めたことを契機として行った考察を，伊藤壽英同研究所所長のお勧めもあり，1個の論文としてまとめたものを基礎としている。そのような機会を与えてくださった伊藤所長に感謝申し上げる。

【追記】ある事例と本章の問題関心による2つの着眼点

　ここでは，取締役会とその地域社会の間の関係構築および問題解決への優れた取組み事例と考えられる一例を採り上げるとともに，本章の問題関心から着眼点となりうる点を末尾に示す。

○事例

　紹介する事例は，ニュージーランドにおけるものであるが，エネルギー会社とその地域社会との間の長期的な紛争の解決における取締役会の役割を例示するものである[70]。ニュージーランドの電気および天然ガスの生産販売を業とする多角化されたエネルギー会社であるGenesis Energyは，8つの発電所から構成される3つの水力発電体制を有していた。それらの発電所のいくつかは，川から水を引くやり方で操業されていた。その周辺に住んでいるマオリ族は，計画された水路変更に反対した。その水路変更は自然環境に大きく影響することに加え，その川（Whanganui River）がマオリ族の人々にとって精神の面でも文化の面でも重要であったことが作用している。1991年以降長期にわたった紛争は，2011年に解決をみた。その事例からは，①マオリ族共同体との関係に対する将来を見越した深慮，

---

70)　例示するストーリーは，Monique Cikaliuk et al., *Board of directors: building relationships with non-shareholder stakeholders*, in: Jonas Gabrielsson, Wafa Khlif, Sibel Yamak (eds), Research Handbook on Boards of Directors（Edward Elgar, 2019），209-228に描かれたストーリーを簡略にしたものである。同研究は，さまざまなガバナンス状況において発揮された取締役会のリーダーシップをより良く理解することを主要な目的とし，ニュージーランドにおける6つの会社の70人以上の取締役および業務執行者とのインタビューに基づき，組織の内外での取締役会とステークホルダーとの関係構築における取締役および経営者のエンゲージメントを例示している。そして，以下に紹介する事例のほか，航空会社の取締役会と組合／従業員との間に生じた問題の解決へのアプローチ，および銀行にとってのジェンダーダイバーシティ戦略の発展における取締役会のエンゲージメントが物語風に描写されている。

②当該共同体に対する誠実な関心，③当該共同体との直接のやりとりへの積極的な関与が，ここでのステークホルダーであるマオリ共同体（地域社会）における会社に対する信頼を強めたことをうかがうことができる。①に関しては，その解決に大きな役割を果たしたGenesis Energy取締役会議長がその就任後，会社の弁護士らから説明を受けた結果，われわれは訴訟には間違いなく勝利するとしても，日々ビジネスをしなければならない人々を相手にしていることを想起すると，結局は争いの敗者になることが明らかになったとして，マオリのリーダーである故Sir Archie Taiaroaに電話を掛け，もう弁護士に支払うのはやめたいなどと伝えたことが述べられている。Archieは，長年にわたって戦い，ともに仕事もした人物である。また②，③に関しては，その電話の際のArchieの勧めに従って，ヘリコプターを借り入れ，CEOも同行して，Archieの案内のもとRuapehu山の頂上へと飛び，Whanganui川の出発点をみ，その後，山に着陸してからTaumarunuiにおいて部族と会った。そしてその際，なぜマオリ族の共同体が同意の約束をできなかったかの話を聞き，彼らの関心の核心は，Genesis Energyが，Whanganui Riverに自然に流れる支流を水路変更し，Taupo湖に流れるようにしたことであり，そのことがマオリ族にとって極めて深刻な問題であることを認識するに至ったとされる。Genesis Energyは17の支流から取水していたが，取締役会議長とマオリ族側との，「水を元に戻すことはできず，また法的な制約のもとにもあるが，我々が何をできるか，私にいってくれ」，「４つの小さな支流があり，それらは細く流れるにすぎないが，感情的…に重要である」とのやり取り等を経て，Archieが言い続けていたフレーズ，「Jenny（＝取締役会議長），もしわれわれが心を合わせることに至る道を唯一みつけうるとすれば…」が非常に重要なコンセプトになったこと，対策に費用と２年半の時間を要し，その過程でArchieが亡くなったが，Genesis Energyの権利について35年間の同意をうるに至った。こうして，上に描かれた意思決定の過程がステークホルダーのネットワークとの信頼関係・開かれた関係の構築に役立ったことが示されている[71]。

○本章の問題関心による２つの着眼点

・紹介したエネルギー会社の事例にみられる取組みは，長期的観点からは株主利益最大化の枠組みで説明できる余地がありそうにも思える。しかし，その取組みについての取締役会の意図は重要なステークホルダーたる地域社会の期待を

71）　付言すると，紹介したエネルギー会社の事例にみられる取組みについての取締役会の意図は重要なステークホルダーたる地域社会の期待を優先したもので，いわば「社会中心」であったと捉えられるものであったと指摘されている。Cikaliuk et al., *supra* note *70*, at 217.

優先したもので，いわば「社会中心」であったと捉えられている。そのような場合，アメリカ判例が採るとされる株主第一主義の立場を貫くと，違法とされざるをえないであろうか？[72)]

・ステークホルダー論は，さまざまな利害関係者の間で利益を公正かつ正義にかなうように分配すべきであるとするが，しかし，その判断に資する基準を欠いていることが問題点の1つとされてきた。そして，そのような基準を提示できていないことは，ある合理的な規範的基準に従って判断されるのではなく，結局は，さまざまな利益集団がそれぞれ有する，取締役への影響力の度合いの相違によって決まるのではないか等の危惧を生じさせている。エネルギー会社の取組みは当該会社特有の状況において発揮された取締役会のリーダーシップとして肯定的に捉えてもよいようにも思われる事例である。ステークホルダー論に対して上記のような批判があることを踏まえ，たとえ基準の提示は困難であるとしても，判断にあたって参考になるような事例の集積というアプローチにより代替することは可能であろうか？

---

72) 株主第一主義の下では，会社法がそれに限界を設けていないことを前提にすると，会社が社会的責任を果たすという動機で活動することは，取締役の義務に反するためできないと述べられている。田中亘「株主第一主義の合理性と限界（下）」法時92巻7号（2020）85頁。

第 6 章

投資決定に際してのESG要素の考慮と機関投資家の法的義務についての一考察
——英国・法律委員会の報告書を出発点として——

> 本章は，ESG投資をめぐる信認義務の諸議論を採り上げるものであり，2014年7月にイギリスの法律委員会（Law Commission）が公表した「投資仲介者の信認義務（Fiduciary Duties of Investment Intermediaries）」と題する報告書を検討の出発点としている。同報告書が公表された時期と前後するように，2014年2月に「『責任ある機関投資家の諸原則』《日本版スチュワードシップ・コード》～投資と対話を通じて企業の持続的成長を促すために～」（以下，「日本版コード」ということがある）が策定・公表され，また，2015年3月には「コーポレートガバナンス・コード原案～会社の持続的な成長と中長期的な企業価値の向上のために～」が策定，公表された。そして，それらにはESG要素への言及がみられた。それらの流れを受けて，わが国でもESG投資——ESG要素を考慮した投資——が広まることを予想ないし期待する見解がみられており，そのようなタイミングでの上記法律委員会の報告書の公表は，注目されるものであった。

I　はじめに

　ESG要素，少なくともその一部に着眼した投資の歴史は長く，その投資主体や着眼点にも変遷がみられる[1]。投資の着眼点に関して，「ESG投資」という言

1）　社会的責任投資に関する簡単な歴史の叙述として，仮屋広郷「社会的責任投資に関する一考察」一橋法学4巻2号（2005）416～417頁参照。また，友松義信「ESG投資と信任義務」神作裕之＝三菱UFJ信託銀行フィデューシャリー・デューティー研究会編『フィデューシャリー・デューティーの最前線』（有斐閣，2023）139～149頁では，「前史」，「社会的責任投資の時代」および「ESG投資の到来」に分けて，社会的責任投資等からESG投資への

葉が用いられる以前から[2]，一定の社会的，倫理的価値の実現を目指すという社会運動的な投資戦略と性格づけられるものから変化して，ESGに関する要素を考慮することが中長期的に投資の収益性にも資するということが強調されるようになっていた[3]。しかし，そうした，パフォーマンスを重視し，収益性と公共性が両立しうることを示そうとする動きが広まる一方で，ファイナンス理論（効率性市場仮説，ポートフォリオ理論）の観点からそうした投資手法が，とりわけ経済的利益の最大化という投資目的を持つ投資家に対してもたらしうる負の影響が論じられるとともに，金融資産を管理運用する受託者の法的義務との関係についての整理の必要が指摘されていた[4]。

　そのような議論状況の下で，2014年7月1日にイギリスの法律委員会（Law Commission）[5] が「投資仲介者の信認義務（Fiduciary Duties of Investment Intermediaries)」と題する報告書を公表したことは，時宜にかなった出来事であった。本章は，同報告書に示された考え方を出発点とし，ESG投資をめぐる信認義務についての検討を行うことを目的とする。同報告書は，年金というレンズを通して投資市場を眺め，信認義務が現在において金融市場の業務に携わっている人々にどのように適用されるかを考察し，そして，他人のために投資を行う人々は，社会的，環境的影響といった要素，ならびに倫理基準をどの程度考慮してよいかを明らかにしようとしている。以下Ⅱにおいて，同報告書の考え方を，とりわけESG要素の考慮の問題に関係する部分を中心として整理する。そしてⅢでは，その整理に基づき，現代的なポートフォリオ理論に基づく議論との関係について検討するとともに，法律委員会報告書以降における

　変遷が述べられている。
2)　それ以前は，「倫理投資（Ethical Investment)」や「社会的責任投資（Social Responsible Investment：SRI」と呼ばれることが多かった。
3)　国連責任投資原則（Principles for Responsible Investment：PRI）がそのような傾向に大きな影響をもったこと，および同原則の内容につき，本書第1篇第2章Ⅰおよび同章注2)参照。
4)　仮屋・前掲注1）422頁以下，Rosy Thornton, *Ethical Investments: A Case of Disjointed Thinking*, Cambridge Law Journal, 67(2), 396-422 (2008). なお，ポートフォリオ理論の簡潔な説明として，*Id.* at 399-401.
5)　1965年法律委員会法（Law Commission Act 1965）により設立された，イングランド，ウェールズの法の体系的発達，簡素化と近代化を促進するための常設の委員会。スコットランドについては別組織になっている。田中英夫編集代表『英米法辞典』（東京大学出版会，1991年）500頁参照。以下，「法律委員会」と呼ぶ。

第6章　投資決定に際してのESG要素の考慮と機関投資家の法的義務についての一考察　◆　187

EU立法およびわが国の議論状況についてそれらにはどのような特徴なり傾向がみられるか等の整理を試み，最後にⅣを結びとする。

Ⅱ　イギリス法律委員会の考え方

1　背景，および法律委員会が考察対象とする事項

　法律委員会が「投資仲介者の信認義務」と題する上記報告書を取りまとめたのは，2012年7月に公表された，いわゆるケイ報告の提言9が，「受託者およびその助言者の側での不確実性や理解不足を解消するために，投資に適用される信認義務の法概念の検討が法律委員会に諮問されるべきである」と述べたことに端を発する[6]。その提言は，「年金基金の受託者のなかには，その信認上の責任を，受益者の利益についての狭い解釈，すなわち，短期的な財務上のリターンの最大化に焦点を合わせ，会社のパフォーマンスに影響すると思われるより長期的な要素——それには，持続可能性または環境的および社会的影響の問題が含まれる——を考慮すべきではないものと解する者もみられる」[7]という関心に基づいている。そして，2013年3月にビジネス・イノベーション・職業技能省（Department for Business Innovation & Skills：BIS）および労働・年金省（Department for Work and Pensions：DWP）の付託により，そのプロジェクトが開始され，2013年10月の意見照会文書[8]の公表を経て，最終報告書が2014年7月1日に公表された。なお，同時に，同報告書のエグゼクティブ・サマリー（以下「サマリー」と呼ぶ）も公表されている[9]。

　BISおよびDWPが法律委員会に付託した事項は最終報告書付録（Appendix A）に示されており，そこでは，ケイ報告の上記提言9以外のものも含まれている。本章での紹介の主たる対象は，他者のために投資を行う者は社会的，環境的影響といった要素ならびに倫理的基準をどの程度考慮してよいかの解明を

---

6)　J. Kay, The Kay Review of UK Equity Markets and Long-Term Decision Making: Final Report（July 2012）Recommendation 9.

7)　*Id.* para 9.20.

8)　Fiduciary Duties of Investment Intermediaries（2013）Law Commission Consultation Paper No. 215（CP 215）.

9)　Law Com No. 350（Summary）July 2014.

求める付託に関する考察部分ということになる[10]。

　法律委員会は，この報告において年金に焦点を合わせるとし，その理由として次の3つを挙げている。第1に，法律委員会が検討を求められている中心的問題が，ケイ報告の過程で年金基金受託者に即して提起されていたことである（最終報告書1.24. 以下，法律委員会の最終報告書の参照箇所を示す場合，報告書に付された番号のみを本文中に括弧書で掲げる）。第2に，年金は，大部分の人にとって金融市場におけるもっとも重要な長期的投資であることである。それは人々の生活の一部であり，人々は，仲介者がその利益を図ることを大いに頼りにしており，同時に，もし制度がそれに応えられないなら，もっとも不利益を被る立場にある。歴史的にみても，年金業界はエクイティ市場における重要な投資家であり，そこでの決定は全体としてのエクイティ市場に影響を及ぼす（1.25, サマリー1.6）。第3に，法律委員会が意見照会文書において投資市場を理解するレンズとして年金を用い，仲介者のチェーンを辿ったことである（1.26）。

　なお，ここで，法律委員会が焦点を合わせる年金のタイプとして，確定給付企業年金（Defined benefit：DB）と確定拠出年金（Defined contribution：DC）の2つに触れておきたい。DB型は，一定期間保険料または掛金を納付することにより老後に一定額の年金が給付される仕組みであり，将来受け取る年金額が予め約束されていることから「確定給付型」の年金と呼ばれる。他方，DC型は，企業や個人が拠出する掛金は予め決められるが，拠出された掛金は個々の加入者が自己責任で運用し，掛金とその運用収益との合計額をもとに給付額が決定される年金であり，将来受け取る年金額は保証されておらず，掛金だけが予め決められていることから，「確定拠出型」の年金と呼ばれる[11]。

10）　より具体的には，付託事項のパラグラフ2についての考察部分が対象となる。パラグラフ2は，信認義務はそのような者（年金受託者を指す〔筆者付記〕）に最終的な受益者の最善の利益において投資戦略を推進しまたは果たすときに何を考慮することを許し，または要求するか，とりわけ，次の事項を受認者が考慮してよい，または考慮しなければならないのはどの範囲かを評価することを求める：

　　(a)　持続可能性または環境および社会への影響の問題を含め，直ちには財務上の影響を持たないかもしれない長期的な投資パフォーマンスに関係する要素；

　　(b)　財務上のリターンの最大化以外の利益；

　　(c)　一般に普及した倫理基準，および／または，受益者の倫理的な考え方。なお，この事項が当該受益者の直接の財務上の利益にならないと思われる場合であってもそうであるかを問うものである。

11）　尾崎俊雄「確定拠出年金制度の導入の背景とその概要」ジュリ1210号（2001）33頁。

2　年金受託者の法的義務の源泉

　法律委員会は，1において示した問題，すなわち，受託者は財務上および非財務上の要素をどのように考慮してよい（または，考慮しなければならない）のかという問題（4で採り上げる）を検討するに先立ち，投資戦略を考慮する際の年金受託者の法的義務を概観している。その法的義務は，信託証書（trust deed），年金にかかる法規制，および判例法から生じるとされる。きわめて簡略ながら，まずそれらを確認しておく。

(a)　信託証書

　受託者の中核的な義務は，信託目的の推進にある。受託者は信託証書から，与えられた権限の目的は何か，その目的の推進のためにどのようにその権限を行使することができるかを導き出すことになる (6.5)。なお，年金の場合において，その投資権限が，リターンを生み出し，その加入者に老後保障およびその他の利益を提供することを主要な目的とすることは，いうまでもない (6.6)。

(b)　年金にかかる法規制

　受託者は（法）規制の枠内で行動しなければならないが，その関係で主要なものとして，1995年年金法（Pensions Act 1995），2004年年金法（Pensions Act 2004），および2005年企業年金制度（投資）規則（Occupational Pension Scheme (Investment) Regulations 2005. 以下「投資規則」という）が挙げられている (6.7・6.8)。たとえば「投資規則」4条3項は，投資権限が「全体としてのポートフォリオの安全性，質，流動性および収益性を確保するよう考慮された」仕方で行使されることを求める。その趣旨は，リスクとリターンの関連を考慮し，そのバランスをとることである。また，同条7項は，ポートフォリオを適切に分散化し，「ある特定の資産，発行者または引受グループへの過度の依存を避ける」ことを求める。

(c)　判例法で認められた義務

　上記の年金立法は，判例法で認められた多様な義務と相俟って機能する。判例法で認められた義務として，権限の行使に付随する義務，注意義務，および信認義務等があるとされる。

　受託者は，広範な要素のなかで自らの裁量権を行使しなければならない。そこには正しい答えは存在しないのであり，長期にわたって良好なリターンを生み出すことは，単純に数学的計算を適用するという事柄ではない。受託者は投

190 ◆ 第2篇　個別的問題についての検討

資戦略を立てるという職務を与えられてきたが，それは，彼らが受益者の利益
において広い裁量のもとで判断を行うのにもっとも適切な立場にあると考えら
れているためである。法は，受託者が，信託目的をもっとも重視しつつも，適
正な手続を通じてその決定に至ることを求める[12]。そして，その手続上の義務
として，次の3つが挙げられる (6.12)。

　第1に，受託者は「自らの裁量権に足かせをかける」ことがあってはならな
い。この関係で，Martin v. City of Edinburgh District Council事件判決が挙
げられている。同判決では，受託者は，年金加入者のため当該年金をいかに実
現するかのみを考慮すべきであり，既存の道徳的または政策的判断を単純に適
用してはならないとされた[13]。

　第2に，受託者は重要な事実を考慮しなければならない。この関係でPitt v.
Holt事件判決が挙げられ，この義務が必ずしも骨の折れるものというわけでは
ないと述べられている。同判決では，受託者の熟慮がたとえ考えうる最も高い
水準に達しないものであったとしても，必ずしも義務違反になるわけではない
とされた[14]。

　第3に，年金受託者は助言を受けるべきである。このことは，上記Martin
事件で強調されている事項である[15]。

　以上の義務と重なるところはあるが，受託者は「状況に応じた合理的な注意
および技量をもって (with such care and skill as is reasonable in the circumstances)」

---

12)　実際上，決定が非通例的であればあるほど，受託者は，彼らがその決定に正当に達し
　たということを示す必要性が大きくなると指摘される。

13)　[1989] Pens LR 9 at [33], 1988 SLT 329 at 334. なお，鉱山労働者年金制度の組合側
　受託者が，ポートフォリオの分散化に及ぼす影響を考慮することなしに，石炭産業の利益
　に反する可能性のあるエネルギー産業（石油・ガス会社等）への投資を引き揚げる等の投
　資方針を採用しようとしたのに対し，経営者側受託者が，受益者のために基金の財産が最
　大になるように務める義務を負っていることを強調し，組合側の主張する投資方針を拒否
　したという事案に関し，経営者側受託者の主張を認めた判決として，Cowan v. Scargill
　[1985] Ch 270が挙げられる。同判決の紹介として，萬澤陽子「ステュワードシップ責任
　と受託者責任─英米における考え方の比較の試み─」商事2070号（2015）26頁，友松・前
　掲注1）152～153頁。

14)　[2013] UKSC 26 at [73]. もちろん，Martin v. City of Edinburgh District Council事
　件判決が述べるように，受託者は，自身の政治的，道徳的または宗教的考え方のいかんに
　かかわらず，公正かつ偏らない判断をなすべきである。[1989] Pens LR 9 at [33], 1988
　SLT 329 at 334.

15)　この義務は，1995年年金法36条3項において明文化されるに至った。

第6章　投資決定に際してのESG要素の考慮と機関投資家の法的義務についての一考察　◆　191

行動する義務を負う。この注意義務について，その義務がつくされたか否かの判断は，後知恵ではなく，決定がなされた時点を基準にするものでなければならないことも指摘される（6.13-6.14）。

　なお，法律委員会は，受託者に課された，受益者の最善の利益において行動すべきとの要求[16]は，義務の束とみられうると述べている。そのことが意味するのは，その要求は個別的な義務というよりはむしろ，上述の義務すべてを簡略に表現するものと捉えるのが適切であろうということである（6.15）。

3　ESG要素を投資決定に組み込む手法

　ESG要素の考慮についての法律委員会の検討を紹介するに先立ち，簡単ではあるが，その考慮が具体的にはどのような手法で投資決定に反映されるかについても整理しておきたい。

　ESG要素を投資決定に組み込む手法には多様なものがあるところ[17]，最終報告書では，そのなかで具体的には，①ネガティブ・スクリーン，②ポジティブ・スクリーン，③「ベスト・オブ・セクター」または「ベスト・オブ・クラス」の会社を選択すること，に言及されている（5.71）。①は，特定の企業または産業部門を除外するアプローチである。②は，望ましいと考えられる活動を実践している会社を選びだすアプローチである。③の手法は，特定の判断基準に基づいて，産業（業種）別に相対的に最も評価の高い企業を選び出すアプローチである。なお，BNP Paribasが2011年に11か国の259の機関投資家について行ったサーベイ[18]が最終報告書に紹介されているが，それによると，「広範な」投資要素を考慮している投資家——調査対象のほぼ半数に当たり，専門の格付機関から情報を得ている——は，どれか1つの手法によるのではなく，

---

16)　なお，たとえば前出の（前掲注13））Cowan事件判決は，"the duty of trustees to exercise their powers in the best interests of the present and future beneficiaries（現在と将来の受益者の利益が最大になるよう権限を行使すべき受託者の義務）"と表現している。[1985] Ch 270, 286-287.「年金基金の受託者は，将来を含めた受益者全体の義務のため，経済的利益の追求に専念すべきであるというのが当時の裁判所の考え方のように思われる」と評されている。友松・前掲注1）153頁。

17)　たとえば，北川哲雄編著『スチュワードシップとコーポレートガバナンス——2つのコードが変える日本の企業・経済・社会』（東洋経済新報社，2015）193頁以下〔小崎亜依子＝林寿和〕参照。

18)　BNP Paribas Investment Partners, *SRI Insights: Adding value to investments*（2012）vol. 2, at 58, 60-61.

いくつかの手法を組み合わせるという方法によっている[19]。

スクリーニングという手法は，投資対象の選別のことである[20]。そこにおいて，ESGの基準は，上述のように積極・消極両面から用いられうるが，それとともに，会社とのエンゲージメントにも用いられうることに留意することが必要である（5.73）。保有している株式や社債の銘柄について，基準に抵触する何らかの事実を確認した際に，すぐに売却するのではなく，株主の立場から企業に対して働きかけを行うことによって問題解決を図ろうとする場合が，「ESGエンゲージメント」と呼ばれ，海外の大手年金基金の多くは，これを積極的に実施しているともいわれる[21]。なお，いわゆるアクティビスト投資家による企業への働きかけもエンゲージメントの範疇に含まれるが，海外の大手年金基金の多くが実施している「ESGエンゲージメント」は，それとは大きく異なるとされている[22]。

4 年金受託者とESG要素の考慮
——法律委員会の考え方

(1) 概念の整理——財務上の要素，非財務上の要素およびESG要素の関係

法律委員会は，ここで扱う問題に関して，財務上の要素と非財務上の要素との間の区別が決定的に重要であるとする（6.22，サマリー1.21）。そこにおいて財務上の要素は，リスクとリターンの関連を考慮し，そのバランスをとるという受託者の主要な投資上の義務に関係するすべての要素であるとされる（6.24）。他方，非財務上の要素は，その他の関心，たとえば財務的な利益以外の形で加入者の生活の質を改善すること，または一定の産業に対する異議を示すことと

---

19) 43％は規範に基づくネガティブ・スクリーニングのアプローチを用い，59％はセクター・スクリーニングのアプローチを用い，そして66％はポジティブ・スクリーニングのアプローチを用いていたとのことである（5.71 fn., 25）。なお，ネガティブ・スクリーニングでは，企業行動に関する国際的な行動規範を判断のよりどころとする。北川・前掲注17) 194頁〔小崎=林〕。

20) 仮屋・前掲注1) 420頁。

21) 北川・前掲注17) 194～195頁，199～202頁〔小崎=林〕。株価指数等に連動した運用を行うパッシブ運用において「ESGエンゲージメント」が積極的に行われていることが指摘される。機動的に個々の株式を売却しないパッシブ運用であるがゆえに，株式を保有したまま企業に対して働きかけを行う「ESGエンゲージメント」が，ポートフォリオ全体のリスク低減のために重要であると考えられているためである。

22) 北川・前掲注17) 200～201頁〔小崎=林〕。

いった関心によって動機づけられ，投資決定を左右しうる要素であるとされる（6.33）。この区別によると，たとえば，タバコ産業の回避が，訴訟のリスクがあるため長期的な投資に適さないということに起因するのであれば，それは財務上の要素に含まれ，他方，その回避が，人の生命に害をもたらす製品であること自体により投資が適切でないということであれば，それは非財務上の要素に含まれることになる（6.48，サマリーA.23）。

　以上が示すように，リターンを増加させることまたはリスクを減少させることに関係する要素である限り，通常はESG要素とみられる要素も財務上の要素に含まれるというのが，法律委員会の捉え方ということになる。その枠組みにおいて，非財務上の要素は，リターンを増加させることまたはリスクを減少させること以外の関心に基づく要素ということになり，上記のように，財務的な利益以外の形で加入者の生活の質を改善すること，または一定の産業に対する異議を示すことといった関心事がその典型的な例とされる。なお，文献のなかには，非財務情報とESG情報はほぼ同じ意味であり，「長期的な企業価値評価分析において，『非財務情報』への考察は不可欠である」ということを「長期的な企業価値評価分析において，『ESG情報』への考察は不可欠である」と言い換えることも可能と考えられるとするものもみられる[23]。これは，ESGが非財務情報を投資の観点から整理・分析するためのツール（枠組み）であると捉えることに基づく整理であるが，法律委員会の概念の整理はそれとは異なることに留意が必要である[24]。

　以上のような法律委員会の概念の整理を前提に，財務上の要素と非財務上の要素に区分して，(2)以下で，具体的に法律委員会の考え方を概観していく。

(2)　財務上の要素の考慮をめぐって

　法律委員会が採る分類法のもとで，長期的なエクイティ投資の場合，たとえば貧弱なガバナンス，環境への悪影響，または会社による顧客，供給業者もしくは従業員の扱い方に起因した会社の評判へのリスクも，会社のパフォーマンスの長期的持続可能性に懸念をもたらすものであれば，財務上の要素に含まれることになる（6.25・6.26）。

---

23)　北川・前掲注17）116～117頁〔井口譲二〕。
24)　なお，北川・前掲注17）の別の箇所では，ESG投資には「社会改革のためのESG投資」と「長期投資としてのESG投資」とがあり，両者は異なるものであることが述べられており，この捉え方は法律委員会のそれと近いように思われる。同書213頁〔小崎＝林〕。

法律委員会は，「受託者が，環境，社会，またはガバナンスの要素を考慮することは，それらが，財務上重要であり，または重要であるかもしれない場合，障害となるものは何もない」と結論づける（6.29）。この結論については，2013年10月の意見照会文書に寄せられた意見でも一般的な合意があったとのことである。ただし法律委員会は，年金受託者がこの問題について法的リスクを感じ続けている事実に関心を持たなければならないことを指摘し（6.28），上記の結論を示すとともに，この問題について受託者の懸念が取り除かれることへの期待を表明している。

次に，受託者は財務上重要な要素を考慮に入れなければならないかである。最終報告書は，この問題に関して，財務上重要なESGまたは倫理的要素はつねに考慮に入れられねばならないと述べたとしても，それにより得られるものはないとしている（6.31）。

意見照会文書に対して，ESG要素が財務上重要であるなら，それらの要素の用い方は選択的ということにはならず，受託者はつねにそれらを考慮しなければならないとする意見も寄せられたとのことである。たとえばHermes Equity Ownership Servicesは，「もしESG要素が長期的な価値に影響しうるとし，かつ，会社とのエンゲージメントが長期のリスクの低減および価値の増大に役立ちうるとすれば，受託者はESG要素を考慮に入れ，そしてそのポートフォリオに含まれる会社とのエンゲージメントを推進する信認義務を負う」と述べた。また，Legal and General Investment Managementも，より広範な要素を考慮することにおける「してもよい（may）」と「しなければならない（must）」との間の区別は財務上の重要性によるとしたうえで，「法律委員会がESGと会社のパフォーマンスとの間の結びつきが存在すると結論づける以上，それに続いて『してもよい』という示唆が続くのは矛盾しており，そして誤解を招きやすい。われわれは，〔本来の資金提供者である〕アセットオーナーの資産を短期，中期および長期において保護し，最大化できるようにするため，ESG統合における法の適用の一層明確な説明を強く勧める」と述べた（5.65）。なお，法律委員会は，意見照会文書において，裁判所は受託者に相当の裁量を許容する傾向があり，特定の投資アプローチを規範的に命じるものではないと論じ，Pitt事件判決[25]に言及していた。その立場を「すべての重要な考慮要素を計算に入

---

25)　[2013] UKSC 26 at [73].

れるべき義務への非常に緩められたアプローチ」と捉えるShareActionは、それが、裁判所によって採られそうに思われるアプローチを反映しているということには賛成するとしつつも、「我々は、かかる事態が受益者の最善の利益に資するということには納得していない」と述べる（5.67）。

このようにESG考慮の問題により強い立場を求める意見の存在にもかかわらず、最終報告書が上述のような考え方を示すことには、ESGが非常に多様な要素を包摂し、またその用いられ方も多岐にわたる概念であることに留意が必要である。ESGといった標語は不明確であり、不確実さの原因になりがちである。ある特定の要素が伝統的に"ESG"または「倫理的」要素と分類されるという事実が、それが財務上重要か否かを決定づけるものではない。また、ある投資との関係で財務上重要である要素が別の投資との関係でいつも財務上重要であるわけではない。そうであるとすると、受託者がESGアプローチをとらねばならないといったとしても、それは意味をなさないであろうと考えられるわけである。結局、どの場合でも、当該投資と結びついたリスクは何であるかが問われねばならない。長期のエクイティ投資の場合、前述のように会社のパフォーマンスの長期的な持続可能性に対するリスクが問題になる。最終報告書は、法は特定のアプローチを命じず、それらのリスクを評価——どの要素が財務上重要であるか、それらにどれだけの比重が与えられるべきか等——することは、適切な助言を受けて行動する受託者の裁量の問題とするのが適切であるとする（6.31・6.32）。ただし同時に、ShareActionおよびその他からのコメントを心に留め、受託者およびその助言者（ファイナンシャル・アドバイザー）は、ESGおよび倫理的要素いずれも、ある一定のケースにおいて、投資のパフォーマンスに重要であるかもしれないということを心に留めるべきであると指摘している（5.76）。

(3) 非財務上の要素の考慮をめぐって

法律委員会は、投資戦略において受託者を動機づけるかもしれない非財務上の関心事として、財務的な利益以外の形で受益者の生活の質を改善することを狙った決定、非倫理的ビジネスに対する異議を示すことを狙った決定、および国家の経済（イギリス経済）を改善することを狙った決定の3つの例を挙げる。そして、通例、非財務上の要素が考慮されてよいのは、次の基準を満たす場合のみであるとする。すなわち、①受託者は、加入者がその関心を共有するであろうと考える十分な理由を有するべきであり、かつ、②当該決定は、ファンド

に重大な財務上の不利益の危険を含むものであってはならない，との基準である。最終報告書では，上記それぞれの例の概要，判定基準の詳細，それらの基準が適用される必要のない例外の順に述べられている。

(a) 非財務上の関心事の3つの例

(イ) 財務的な利益以外の形で受益者の「生活の質」を改善することを狙った決定

退職後の収入とは別の「生活の質」は，環境悪化および気候変動等の人類のコストを考慮した投資や，地域のインフラ整備および社会事業への投資において考慮要素として持ち出されるものである。地方行政年金基金のなかには，部分的にはそうした考慮に基づいてインフラ整備事業に投資した例もあるとのことである。しかしながら，法律委員会が言及するSmith Instituteによる100の地方行政年金基金についての調査研究[26]は，社会的便益を達成するためより低いリターンを進んで受け入れようとする者はいないことを示し，「財務面を第一に考える（"finance first"）」ことを優先的な義務とみた。最終報告書は，生活の質の要素は副次的な目的であると結論づける (6.46)。なお，意見照会文書でも同様の見解が示され，Allen & Overy LLPをはじめ，同意する意見が大勢であった (6.45)。

(ロ) 非倫理的ビジネスに対し異議を示すことを狙った決定

年金基金に対し，たとえば酒，タバコ，兵器会社等特定の産業，またはアパルトヘイト体制の時期の南アフリカ等特定の地域への投資を控えることが求められた例は数多く存在している。前述の概念の整理において示したように，ここでは，財務上の要素に基づいて投資を控える決定と道徳上の異議を示す願望に基づいてなされたそれらの決定との間で明確な区別がなされる必要がある (6.48)。最終報告書は，受託者が，後者の関心のゆえ投資を控えることは，前述した判定基準の適用を前提に，法的に許容されると思われるとするが (6.49)，その詳細は判定基準の検討の箇所に委ねられている。

(ハ) 国家の経済（イギリス経済）を改善することを狙った決定

最終報告書は，この関係での問題が生じる場合として，主要なイギリスの会社が外国会社からのTOBに直面する場合を例示している。受託者は，その取

---

26) The Smith Institute, Local authority pension funds: investing for growth (September 2012), 18.

引がイギリスの経済にダメージを与えるであろうということに基づいて反対することは，どう考えられるかといったことである（6.50・6.51）。

　最終報告書は，いかに行動すべきかの決定において受託者が考慮する必要のある問題は，イギリスの経済に対する潜在的な打撃が財務上の要素か非財務上の要素かであると問題を整理し，状況によっては，買収（テイクオーバー）の広範な経済的影響が全体としてのポートフォリオに影響するので，財務上の要素と考えられることもありうるとする。その場合は，考慮することにつき，法的問題は存在しえない。もっとも，その際の財務上の利益は「あまりにも遠くかつ実体の伴わない」ものであってはならず，かつ，基金それ自体に帰属するものでなければならないのであり，より一般的な社会善に属するものでは足りないとされる（6.52・6.53）。

　ついで，どこまでが財務上の要素と考えられるかにつき法律委員会は，イギリスの年金基金では，エクイティから離れて社債のようなより安全な部類に移動し，またイギリスから離れてより国際的なポートフォリオに移動してきているという状況がみてとれ，そのことは，多くの年金基金での運用方法においては，純粋に財務上の根拠に基づいてイギリス経済を選好することが困難であることを意味しているとする。そして，そのように捉えられる状況のもとでは，イギリス経済を選好する決定は，財務上の決定よりも非財務上の決定でありそうであるとし，前述の(イ)および(ロ)の決定に適用されるのと同じ判定基準に服するであろうとの考え方を示している（6.54-6.56）。

(b)　非財務上の要素を適用するための基準

　受託者が非財務上の要素を考慮しようとする場合に満たさなければならないとされる2つの基準は，上述したとおりである。それぞれについて，以下のように詳述されている。

[基準1]：受託者は，年金加入者がその関心事を共有すると考える十分な理由を有するか？

　個人たる受託者，または法人受託者として活動する企業に雇用されている個人もまた，自らの倫理的考え方，道義心を有するのはいうまでもないが，受託者のスチュワードシップのもとにおかれた信託財産の運用において，自らの道義心に自由に従ってよいものではない[27]。裁判例でも，同様のことが明らかに

されている[28]。ただし，それらの裁判例も，一定のケースにおいては，非財務上の基準が投資の際考慮に入れられてよいということを排斥するものではない。意見照会文書に寄せられた大部分の意見は，受託者は自らの考え方ではなく，受益者の考え方，または受益者がその問題に向き合ったとすれば，有したであろう考え方を反映しなければならないということに賛成したとのことである（6.57-6.59）。

　しかし，この基準1の実際の運用には，困難が予想される。極端な状況は別にして，個人がさまざまな意見をもつかもしれない広範な問題について一般に広く支配的な考え方があるということは考えにくいためである。実際上問題になりそうないくつかの点について，規範的な回答はできないとしつつ，法律委員会の見解が示されている。つねに受益者への意向調査が必要かという点については，国際協定に反する行為を例にとり，一定の場合には受託者は推定を働かせることができるとされる[29]。また，意向調査が必要な場合でも，100％の同意の必要があるとは考えないが[30]，多数は投資に反対であるが，投資しないことに強硬に反対する少数意見があるなど，明らかに賛否両論がある場合，裁判所は受託者に対し，加入者間の意見の対立に巻き込まれるよりも，財務上の要素に焦点を合わせることを期待するであろうとされている（6.66-6.67）[31]。

　なお，受託者は投資決定をなす際，加入者の意見を考慮してよいことを超えて，考慮すべきとの法的要請は存在しないことについての分析もなされている（6.79-6.81）[32]。

---

27)　Thornton, *supra* note 4, at 397.

28)　たとえば，Martin v. City of Edinburgh District Council [1989] Pens LR 9 at [33], 1988 SLT 329 at 334.

29)　たとえばクラスター爆弾の製造に携わっている企業への投資につき，クラスター爆弾を作る外国企業に投資することは英国法のもとで違法ではないとの指摘や，実際面でクラスター爆弾の製造に携わる企業の判別の実際面での困難を踏まえ，クラスター爆弾への投資が必ずしも違法ではないということは受け入れると述べたうえで，イギリスによって批准された国際協定（the Convention on Cluster Munitions）によって禁止されているという事実は，大部分の人々はクラスター爆弾を製造する企業への投資をよくないとみるであろうと受託者が考える根拠になるとする（6.84-6.65）。

30)　もし多数が投資に反対であり，残りは中立の場合，それで十分であろうとされる。

31)　なお，裁判例として，Cowan v. Scargill [1985] Ch 270 at 287, Nestlé v. National Westminster Bank（1996）10(4)Trust Law International 112 at 115, *per* Hoffmann J.

32)　ただし，DC型の受託者が加入者の明確に意図された考え方に直面する場合には，受託者は基金に適合的な選択を提供するよう試みるべきであるとしている（6.83）。

第6章　投資決定に際してのESG要素の考慮と機関投資家の法的義務についての一考察　◆　199

> **[基準2]：当該決定は，重大な財務上の不利益のリスクを孕んでいないか？**

　最終報告書は，受託者が非財務上の要素によって動機づけられた投資決定をすることについて，もしそれらが重大な財務上の不利益をもたらさないなら，それを行いうることは明らかであるとの考え方を示したうえで[33]，問題はこの基準がどのように適用されるかであり，その点には相当の論争が存することを指摘する（6.69）。

　この関係で議論の出発点として挙げられているのは，非財務上の根拠によるいかなる投資対象の制限も，受託者によるポートフォリオの分散化を制約することになり，それゆえ，財務上の不利益をもたらすとの主張である（6.70）。ポートフォリオの分散化は，たとえそれがシステミック・リスク——経済全体に関わるリスク——を減少しえないとしても，ある企業に特有のリスクを減少することによりつねに利益になることが，その主張の基礎になっている[34]。また法律委員会は，「タイブレーク」原則と呼ばれる基準にも言及している。その基準の下で，非財務上の要素は，2つの経済的に同等の価値を持つ投資の選択肢の間でいずれを採るかの決定においてのみ用いられうることになる（6.71）。なお，これらの考え方をめぐる諸考察については，Ⅲにおいて，あらためてより詳細に採り上げる。

　以上の考え方に対して，法律委員会は，非財務上の要素を考慮できる対象範囲をそのように狭く解するべきでないとの立場を明らかにしている。ここで求められているのは，受託者は重大な財務上の不利益をもたらすべきでないということであり，そのことに照らすと，裁判所は可能な限りもっとも完全なポートフォリオの分散化を求めるとまでは考えられないのであり，それは程度問題であるとする（6.72）。Harries v. Church Commissioners事件判決では，イングランド教会の理事会・資産委員会（Church Commissioners for England）が，

---

33)　たとえばHarries v. Church Commissioners事件において，副大法官Donald Nicholls卿は，投資の目的は利益を上げることであることを強調し，他の要素は考慮されてよいが，それは「受託者の採る行動の方針が，重大な財務上の不利益のリスクを含まない限りにおいてである」とする。[1992] 1 WLR 1241 at 1247. 同判決の紹介として，萬澤・前掲注13) 26〜27頁。

34)　Thornton, *supra* note *4*, at 407.

市場の13％を除外することは受け入れられるが，その一方，37％を除外することは受け入れられないであろうとの見解に達したところ，当該決定は法に反するものではないと判示された[35]。また，分散化されたポートフォリオの主な利点は相対的に低いレベルでも達成されうるという意見が寄せられたことにも言及されている[36]。

このように法律委員会は，市場のある部分を除外することが重大な不利益のリスクを冒さないことも少なくないことを前提に，その判断は受託者の裁量に委ねられ，裁判所はそれに介入しないであろうとする（6.75）。ただし，受託者が非財務上の要素によって動機づけられた決定を行いたい場合には，受託者は，当該決定がファンドのリターンに対して及ぼす効果についてファイナンシャル・アドバイザーから助言を得るべきであり，そしてその際，重大な財務上の不利益のリスクを冒すものであろうという助言を受けたなら，受託者は通常その決定を進めるべきでないとされる（サマリーA.33・A.35）。

［例外］ 重大な財務上の不利益が正当化されうるのはどのような場合か？

法律委員会は最後に，上に概要を示された原則の例外，すなわち，重大な財務上の不利益が正当化されうるのはどのような場合かについても述べている。①その決定が信託証書によって明示的に許容される場合，および②DC型において加入者が特定のファンドに投資することを選択してよい場合が，明確なものとして挙げられる（6.85）[37]。

まず，信託証書は，受託者の権限の源であり，そして受託者はそれに従って行動すべきであることから，①が例外となるのは当然ということとなる。受託者は信託証書によって許容されるいかなる決定もしてよく，そして信託証書によって要求されるいかなる決定もなさねばならないのである。

---

35) [1992] 1 WLR 1241.
36) ShareActionは，分散化の利益はおよそ30の株式を超えると劇的に小さくなると述べたとのことである。その数値は，大部分のイギリスの年金基金によって保有されている数千よりも十分低いと指摘される（6.74）。
37) なお，宗教的，慈善的，または政治的組織のような「アフィニティー・グループ」によって創設された年金基金に異なる考慮が妥当するかどうかも論じられているが（6.91-6.98），その点の紹介は省略する。

第6章　投資決定に際してのESG要素の考慮と機関投資家の法的義務についての一考察　◆　201

　また，②の例外は加入者の同意を根拠にするものである。もしDC型の加入者が，より低いリターンになるかもしれないということを明確に理解したうえで自らの金銭を投資することを選択するなら，それに基づいてなされた決定につき受託者（または他のプロバイザー）に対する批判の余地はないとされる(6.88)。たとえば，倫理的ファンドとシャリーアファンドの両方が提供され，受益者が明示的に彼らの掛金が倫理ベースで投資されることを選択した場合に，受益者の投資が低いパフォーマンスにとどまったとしても，受託者を非難することはできないのである（6.89・6.90）。

Ⅲ　検討
——非財務上の要素の考慮の点を中心として

1　考察の方針

　Ⅱでは，法律委員会の報告書において示された考え方を概観した。法律委員会がそのような報告書をまとめたのは，投資決定においてESG要素をどのように考慮してよいか（または，しなければならないのか）という，年金受託者が直面するであろう問題につき，法的な疑義をできる限り取り除くことを意図したものである。法律委員会は，その問題との関係で，財務上の要素と非財務上の要素との間の区別が決定的に重要であるとするが，その一方で，法は柔軟であり，財務上の要素以外の関心事を一切締め出すというわけではないとし，非財務上の要素を考慮しうる条件も示している。その意義は，今日においても失われていないと考えられる[38]。ここでは，法律委員会の考え方を出発点とした考察として，非財務上の要素[39]の考慮の点について，以下の2点を採り上げる。

38）　2023年の時点でも，法律委員会の報告書につき，「1980年代以降徐々に拡がりを見せてきた社会的責任投資やESG投資が受託者責任違反となるのではないかという議論に一つの結論を出すものとなっているところが重要である」と評されている。友松・前掲注1）151頁。

39）　なお，法律委員会の概念の整理（Ⅱ4(1)参照）によると，ESG要素＝非財務上の要素ではない。法律委員会は，通常はESG要素に含められる要素でも，投資のパフォーマンスに財務上重要な要素である限り，財務上の要素に含まれることになり，それ以外の要素，すなわち，リターンを増加させることまたはリスクを減少させること以外の関心に基づく要素が非財務上の要素になるとの整理をしている。繰り返しになるが，法律委員会は，そ

第1は，現代的なポートフォリオ理論に基づく議論との関係である。その際，とりわけ法律委員会が，受託者が非財務上の要素を考慮しようとする場合に満たさなければならないとして挙げる2つの基準のうちの第2の基準，すなわち，当該決定はファンドに重大な財務上の不利益をもたらす危険を含むべきでないとの基準に焦点を合わせる。その第2の基準をめぐっては，法律委員会も指摘するように，それがどのように適用されるかについて相当の論争が存する。たとえば，この関係で言及される「タイブレーク」原則について，法律委員会がそれを狭く解するべきでないという見解を述べていることは前述のとおりであるが，同原則に対しては，ポートフォリオ理論に基づき，むしろ逆の方向からの批判を加える学説も存するところである。そこで，考察に際しては，両者におけるそうした評価の相違が何に起因するかということなどにつき，検討を試みる。

第2は，英国法律委員会報告書以降の動向に照らしての若干の検討である。ここでは覚書的なものにならざるをえないが，EU職域年金指令の改正を採り上げるとともに，わが国の議論の状況についても若干の言及を行う。

2　現代的なポートフォリオ理論に基づく議論との関係

法律委員会が言及している上記の「タイブレーク」原則と内容において異ならないと思われるものの1つに，「ある投資対象のリスク／リターン特性が，他の利用可能な投資対象と比較して，同程度以上に望ましい場合があれば，経済的要素以外の要素を考慮した選択が許される——つまり，経済的利益を犠牲にしない場合に限って投資に際して社会的考慮を踏まえた選択を行うことができる——」とのアメリカ労働省が1994年に発出した解釈通達（Interpretive Bulletin）[40]がある。この解釈通達を採り上げ，資産管理運用機関がSRI運用を行うことがプルーデント・インベスター・ルール（prudent investor rule）に違

の具体例として，財務的な利益以外の形で受益者の生活の質を改善することを狙った決定，非倫理的ビジネスへの異議を示すことを狙った決定，および国家の経済（イギリス経済）を改善することを狙った決定を挙げている。

[40]　29 CFR 2509.94-1. なお，この解釈通達は，アメリカ労働省が1979年に制定したレギュレーション（29 CFR 2550.404 a-1）が，受認者（fiduciary）は，投資の分散度（diversification），流動性（liquidity），リスク／リターン特性（risk/return characteristics）の観点から，管理下にあるポートフォリオに対して，ある投資がどのような役割を果たすものであるかを考慮しなければならないとしていることを前提としたものである。

第6章　投資決定に際してのESG要素の考慮と機関投資家の法的義務についての一考察　◆　203

反しないかの問題を検討対象とした研究のなかには，解釈通達の立場にはストック・ピッキングが有効な投資戦略であるかのようなニュアンスがあるとしたうえ，この立場を標準的なファイナンス論を貫徹した解釈との比較において「緩やかな解釈」をとるものと位置づけるとともに，その妥当性には疑問があると指摘するものがみられる[41]。また，以下において主に採り上げていくRosy Thorntonによる考察においても，「タイブレーク」原則の考え方が現代的なポートフォリオ理論に沿わないと主張されている。非財務上の要素の考慮に関する「タイブレーク」原則について，「どのような理論的立場であれ，実際上批判は困難であろう」[42]との指摘もあるところ，学説上，上記のような消極的評価がみられるのはなぜであろうか。

　Thorntonは，「タイブレーク」原則に対する消極的評価に関して，それが依拠するものの非現実性に根本的な問題点があるとしている。まず，実際上，受託者は，ある特定の資産をある別の特定の資産と比べて優劣を測るというのではなく，（現代的なポートフォリオ投資の本質において）非常に広範な出資対象のなかからある範囲の資産を選択するということが指摘される。また，2つの資産のもたらす経済的利益が同等であるということがそもそも起こりえるかについても，否定的な見解を示される。すなわち，期待収益および分散（variance）を測定するために用いられる複雑な尺度のもとで，2つの同一の価値の組み合わせが存在するということがありそうにないばかりでなく，これらの資産はそれぞれ別々に考慮されるのではなく，現在組まれているポートフォリオとの関連で考慮されるということも忘れてはならない。そのため，受託者は，2つの資産それ自体の期待収益および分散のみならず，それらの資産とポートフォリオに含まれたその他の保有資産との間の共分散（covariance）も比較しているはずであるところ，この要素が考慮に入れられるとき，当該2つの資産の間で差をつけるべき正当な投資の根拠が存在しないということはありえないことになろうとされるわけである。このようにして，「タイブレーク」原則の大きな欠陥は，受託者がその選択をなすことにおいて誤りうるということよりも，むしろそのような選択が生じることが実際上ありえないということに見出されて

---

41)　仮屋・前掲注1）437〜439頁。

42)　これは，Cowan事件判決においてRobert Megarry卿が述べられたことである。[1985] Ch 270 at 287. なお，Thornton, *supra* note 4, at 404参照。

204 ◆ 第2篇　個別的問題についての検討

いる[43]。

　なお，Thorntonは，簡単な例を用いて，分散化されたポートフォリオの必要性に照らしての社会的責任投資の問題点を述べているので，それも紹介しておきたい。まず，ポートフォリオ全体のリスクを減少させる場合に，効果的な資産の組み合わせとそうでない組み合わせがあることについて，次のような単純な例を挙げて説明している。もし2つの資産が相反する市場条件のもとで，または異なる時期にそれぞれよいパフォーマンスを生み出しそうであるとした場合，そのときこれら2つの資産に基金を分散することは，実質的にリスクの程度を減少すると考えられる。それに対し，相互に同様の動きをし，そして類似の条件のもとでよいパフォーマンスを生み出す傾向がある2つの投資対象の間で基金を分散することは，全体のリスクを減少させるという点では効果が低くなろう。ここでThorntonはEmma Fordが提示する例[44]を持ち出している。すなわち，傘の製造会社の株式を保有するリスクは，もしその投資家が同時に日焼止めローション製造会社の株式を保有するなら，低くなるというものである。そして，Harries事件において，投資対象の母集団から除外されたものは，資産のランダムな選択ではなく，ある産業全体の塊であったことを指摘し，同じことは，大部分の社会的責任投資の戦略にも当てはまりそうであるとする。その戦略の性質上，それは，傘の製造会社の全株式を除外し，日焼止めローション製造会社の株式は何も除外しない（逆もまた同様）のと変わらないとされるわけである。そしてそのことがもたらす効果として，同様の時期に，また同様の市場条件のもとで同様のパフォーマンスを生じそうな株式の組み合わせの全てを除外してしまうと，その残りの投資対象の母集団は，たんに数が減少するだけでなく，多様性の低下が無視できず，かつより高い共分散への傾向を持つこととなり，そのことは受託者がポートフォリオを拡大しポートフォリオへのリスクを減少させる余地を小さくしてしまうことになると指摘される。こうして，市場のある部門を除外し，しかし同時に投資選択の「十分な」範囲を保持するという着想は，それがポートフォリオ理論，および受益者の最善の財務上の利益という指導原則の両方にそぐわないものであると主張されるのであ

---

43)　*Id.* at 405.

44)　Emma Ford, *Trustee Investment and Modern Portfolio Theory*, 10(4)Trust Law International 102（1996）.

第6章　投資決定に際してのESG要素の考慮と機関投資家の法的義務についての一考察　◆　205

る[45]。

　これに対して，法律委員会の立場は，裁判例を分析して，裁判所が受託者に対し現代的なポートフォリオ理論の測定基準を強制するようには求めてこなかったとするとともに，その裁判所の立場の積極的な意義を肯定するものといえよう[46]。その概要は前述のとおりであるが，ここではさらに2013年10月の意見照会文書において示された点を補っておきたい。

　まず，上に示したThorntonの主張のような立場に対置されるものとして，投資決定に含まれる評価の広範な主観性を否定しない立場——その多くは全体としての経済の持続可能性および安定性に基礎を置く——もあるとし，前者が企業固有のリスクに焦点を合わせるのに対して，後者はシステミック・リスクに焦点を合わせるものであると整理している（意見照会文書10.86）。

　また，「ある特定の資産，発行者または引受グループへの過度の依存を避け，そしてポートフォリオ全体のリスクの蓄積を避けるようにするため」，資産が適切に分散されるべきであることを求める「投資規制」4条7項との関係について述べる際，分散化の度合いが増えることがすべて望ましいというわけではないとして，分散化の増大はコストの増加になり，投資対象会社をモニターすることを困難にする面があることも指摘している（意見照会文書10.88）。そして裁判所は，ポートフォリオが可能な限り完全に分散化されることまでは求めないと指摘したうえで，受託者は，ある特定の資産に過度の信頼を置くことを回避すべきであり，また全体としては，市場のあまりにも多くの部分を除外すべきでないが，それは程度問題であり，個々のケースにおいて判断される事柄であるとの立場を明らかにしている（意見照会文書10.89）。

　以上の両者の見解に大きな相違が生じるのは，ESGを考慮した投資が許容される範囲にあると考えられる。Thorntonの立場でも，ESGを考慮した投資決定が完全に否定されるわけではない。ただし，それが許容されるのは財務上の

---

45)　Thornton, *supra* note 4, at 400, 408. ここで受益者の「最善の」利益は，「十分良好な（good enough）」利益と対置して用いられている。なお，Thorntonは，2つの投資のもたらす経済的利益が同等であるということが仮にあるとすれば（それが考えにくいとされることは前述のとおり），その場合の正しい答えは，投資を分散して，両方に投資することであるとする。*Id*. at 406.

46)　これに対しThorntonは，Cowan事件判決が出されたのは，現代的なポートフォリオ理論が法的に認められる以前のことであり，もはやその説得力は乏しいものになっているとする。*Id*. at 409.

206 ◆ 第2篇　個別的問題についての検討

根拠に基づいてなされる限りにおいてであり，したがって，倫理的理由による
投資決定は許容されないことになる。その立場において，たとえば気候変動の
ような環境問題を投資決定において考慮に入れることの合理性，正当性は，そ
れらの考慮を土台となる経済的，財務的理由に含めるファンドマネジャーの投
資意思決定手続に基礎を置くことになる[47]。これに対し，法律委員会の見解は，
一定の条件を満たす場合に非財務上の理由に基づく考慮を許容する点で，より
緩やかな立場に立っているということができる。

　法律委員会の立場の前提には，市場のある部分を除外することが重大な不利
益のリスクを冒さないことも少なくないとの認識があることは，前述のとおり
である[48]。それに関しては，たとえば受託者が除外しようとしている投資の部
門を除いた別の投資が「十分よく（well enough）」成果をあげているという証
拠があれば，それで足りるのかという問題も生じよう。Thorntonは，それで
足りるとみることは「肝心なことを見落としている」という指摘[49]を免れな
いとし，受託者は，彼らに利用可能な情報に照らして判断し，最善の政策を追
求しなければならないと説く。受託者は，受益者のためになしうる最善を尽く
そうとしなければならないとされるのである[50]。

　ESG要素を考慮する投資政策ないし倫理的投資政策に対しては，その他，そ
の内容の主観性を理由とした批判がある[51]。Thorntonは，その批判に関連して，

---

47)　*Id.* at 412.

48)　Nicholls卿も，Harries事件判決の後，「特定の投資または特定のタイプの投資の包含ま
たは除外は，より低い率のリターンまたは望ましい投資の広がりの縮小というリスクをも
たらすことなしに，しばしば行いうる」とされており，これは法律委員会が認識を共有し
ている見解と捉えうるであろう。Lord Nicholls, *Trustees and their Broader Community:
Where Duty, Morality and Ethics Converge*, 70 Australian Law Journal 205, 212（1996）.

49)　Megarry副大法官は，Cowan事件判決において，受託者が排除しようとしている投資
のカテゴリーなしに，別の投資が「十分よく（well enough）」成果を上げているというこ
とを示そうとしても，それは「肝心なことを見落としている」と指摘した。Cowan v.
Scargill,［1985］Ch. 270, 294-295, *per* Robert Megarry V. C.

50)　Thornton, *supra* note *4*, at 410. 前掲注45）も参照。

51)　この関係で，Nicholls卿は，受託者の投資権限が倫理的目的のために行使されてよいと
することは，「法の境界を隣接するモラルの領域——そこでは，誠実な人々の意見の隔た
りは大きくなる——に移動させることを意味するであろう」とされている。Lord Nicholls,
9(3)Trust Law International 71, 74（1995）。また，法律委員会は，前述のとおり，ESG要素
が財務上重要であるなら，受託者はつねにそれらを考慮しなければならないとする議論に
与しない理由を述べるなかで，ESGといった標語が不明確であり，不確実さの原因になり
がちであることを指摘する（本章Ⅱ4(2)）。

第6章　投資決定に際してのESG要素の考慮と機関投資家の法的義務についての一考察　◆　207

社会的責任投資の守備範囲に入る可能性のある考慮要素の範囲は莫大であると
して，ある種の倫理的理由はFTSE 100株式指数の全会社の半数を除外すると
推測したもの[52]が存在することに言及している[53]。かりにそのような推測が成
り立つとすれば，市場のある部分を除外することが重大な不利益のリスクを冒
さないことも少なくないとの上記の法律委員会の認識が成り立たないことにな
りかねない。以下は，この問題に関する動きとして注目されるかもしれない。
すなわち，法律委員会が財務上の要素と非財務上の要素との区別が正確に反映
されるようにするため，「投資原則の表明（statement of investment principles）」
に含められるべき事項である「社会，環境または倫理的考慮」[54]の定め方の検
討を政府に勧告し，それを受けた2015年2月26日付のDWPによる意見照会文
書[55]では，法律委員会の勧告に照らして2005年「投資規則」がいかに改正さ
れるべきかにつき，受託者は，(a)その投資の財務上のパフォーマンスに重要で
あると思われるESGおよびその他の要素を含む長期的なリスクをどのように評
価するか，および(b)非財務上の要素に基づいて投資決定をなすことが適切であ
るか否か，適切であるとしてそれはどのような条件が整った場合においてであ
るかについての自身の方針を述べることを要求されるべきか否か，を問うてい
ることである[56]。これらは，ESG要素の曖昧さに伴う弊害への適切な歯止めの

---

52) Gary Watt, Trusts and Equity (2nd ed.) (Oxford University Press, 2006), 436.

53) Thornton, *supra* note *4*, at 418.

54) 「投資原則の表明」は，当該スキームのための投資決定を規律する原則の書面による表
明である（1995年年金法35条2項）。投資原則の表明の記載事項は「投資規則」2条(3)に
規定されており，それには「投資対象の選択，保有および売却において，社会，環境また
は倫理的要素が考慮される程度」という項目が含まれている。しかし，その文言では，受
託者がその投資決定において特定の要素を考慮すべきかどうかを判断するための助けに
なってこなかったとみられる。

55) Department for Work & Pensions, Consultation on changes to the Investment
Regulations following the Law Commission's report 'Fiduciary Duties of Investment
Intermediaries', Public Consultation (26 February 2015).

56) *Id.* at Chapter Two(10). その他法律委員会は，受託者に対して，投資先である会社の長
期的成功を促進するよう，直接的にまたは投資マネージャーを通じて，当該会社とのエン
ゲージメント（建設的対話）を行うかどうか，およびいかに行うかを考慮するよう促すべ
きであること，ならびに，投資原則の表明の記載事項にスチュワードシップについての受
託者の方針を含めることを勧告しており，DWPの意見照会文書では，「投資規制」を改正
して，受託者に対しスチュワードシップ・コードに関する方針を述べるよう要求すべきか
どうかを問うている。なお，イギリスにおける法改正としては，まず2021年年金制度法
（Pension Schemes Act 2021）の成立がある。これは，1995年年金法（Pensions Act 1995）

208 ◆ 第2篇　個別的問題についての検討

措置を設けられるか否かが，ESGを考慮した投資が許容される範囲に関して重要な観点になるということを示唆する面もあるように思われる。

3　英国法律委員会報告書以降の動向
——EU職域年金指令の改正およびわが国の議論の傾向を中心に

⑴　EUの職域年金基金指令の改正

　法律委員会報告書の立場は，ESG投資，ESGエンゲージメントを年金受託者の信認義務の一部をなすものとはしていない。その立場は，ESGを年金受託者がその信認義務を適切に果たしていくうえで合理的な範囲で認められる考慮要素であると位置づけるものである[57]。それは，対比的に採り上げた現代的なポートフォリオ理論の立場に基づく議論に比べてより広い考慮の余地を認めるものとなっており，イギリス政府は，そこで示された考え方がESG投資等により広い基盤を提供することになっているとして歓迎の意を示している[58]。

　その後，このような法律委員会の立場を一層推し進めたとみられる動きもみられる。ここでは，その1つとしてEUの職域年金基金指令の改正[59]（以下「新指令」という）について触れておきたい。新指令について，ESG投資関連の事項が多く規定されるとともに，ESG投資に対するこれまでの規制スタンスの変

を改正し，気候変動リスクへの対処についての規定を含めた。そしてその気候変動リスクの管理の要求に関して「投資規則」の改正があり，2021年10月1日から，2021年企業年金制度（気候変動ガバナンスおよび報告）規則（Occupational Pension Schemes（Climate Change Governance and Reporting）Regulations 2021（以下「気候変動ガバナンスおよび報告規則」という）が，TCFD勧告に沿った報告に関する新たな要求を導入している。気候変動ガバナンスおよび報告規則は，ガバナンスの質ならびに気候リスクの特定，評価および管理における受託者の行為の水準を改善しようとするものである。これらについて，Department for Work & Pensions, Governance and reporting of climate change risk: guidance for trustees of occupational schemes（October 2022）も参照。

57)　友松・前掲注1）155頁。ESGが現代社会の経済社会情勢のなかでは重要な考慮要素として位置づけられているとするとともに，他方でESG投資が無制限に行えるとしているわけではなく，また裁量権の濫用とされるような投資までは認められるものではないのであり，一種の歯止めとして信認義務が機能しているという点に留意すべきことが指摘されている。

58)　Department for Work & Pensions, *supra* note *55*, Chapter One⑽.

59)　Directive（EU）2016/2341 of the European Parliament and of the Council of 14 December 2016 on the activities and supervision of institutions for occupational retirement provision（IORPs）.

第6章　投資決定に際してのESG要素の考慮と機関投資家の法的義務についての一考察　◆　209

更を加盟各国に迫るものになっているとの指摘がなされている[60]。

　さて，法律委員会の報告書の関心事はあくまで受託者の裁量の範囲を明確にすることであり，考慮を強制するとか，特定の投資方法を取ることを求めるというものではない。それに対し新指令が上記のようにESG要素の考慮を一層推し進めたとみられる，あるいは規制スタンスの変更を加盟各国に迫るものであるとされるのは，特に以下のことを指してのことである。すなわち，確かに，加盟国は職域年金基金（IORP）がESG要素の潜在的な長期的影響を考慮することを許容すること（新指令19条1項(b)）とされている点は法律委員会報告書のスタンスと同様であるが，ガバナンスシステムには，投資におけるESG要素の考慮が含まれることが明定され（同21条1項），リスク管理においては，ESGリスクもカバー範囲に含まれるとされ（同25条2項(g)），運用基本方針には，どのようにESG要素を考慮しているかが必須の記載事項とされ（同30条），そしてなかんずく前文58号では，ESG要素は重要であり，それらの考慮は開示されるべきであるが，考慮していないことを述べるか，モニターのコスト，ESG要素の重要性（materiality），考慮することがサイズ，性格，活動の複雑さに照らし不適合（disproportionate）といった理由を挙げることで要件を満たすことを妨げないとされていることである[61]。

　それらの規定内容に関して，たとえば前文58号において考慮していないことを述べることで要件を満たすことを妨げないとあるが，これは，考慮するのであれば開示するという従来のスタンスとは大きく異なると指摘される。すなわち，考慮することが原則になることを意味し，それに伴い，考慮しない場合でもしないことの開示が義務づけられるように規制スタンスは大きく変わるとされるわけである[62]。ただし，新指令19条に規定される投資ルール[63]においては，

---

60)　福山圭一「EU職域年金基金指令の改正（IORPⅡ）について」WEB Journal『年金研究』No.05（2016）26頁（以下，「福山（2016）」）。新指令についての以下の記述も，同文献に多くを負う。

61)　以上につき，福山（2016）・前掲注60）31〜32頁。

62)　福山（2016）・前掲注60）32頁。また，上述した規定内容のうちリスク管理の定めについては，「適用できる場合（where applicable）」というセービングクローズが入っていることから，投資におけるESGリスクの考慮は大規模基金にはほとんど義務づけといってよいように読めるとされ，運用基本方針の定めについても，どのようにESG要素を考慮しているかが必須の記載事項になると指摘される。なお，EU立法では，前文には拘束力はないが，指令は各国の国内法に落とし込まれて初めて実効性を持つことから，指令の内容を端的に表現する前文は，本則と同様に重要であるとされている。同上30頁。

資産は，プルーデント・パーソン・ルール（prudent person rule）に基づき，加入者や受給者全体の長期的な最善利益のために投資されるようにする（同条1項本文及び(a)）とされているのであり，ESG要素の考慮については，加盟国は，IORPがプルーデント・パーソン・ルールの下でESG要素の潜在的な長期的影響を考慮することを許容する（同項(b)）とされているにとどまることにも留意が必要である。

(2) わが国の議論状況

最後に，わが国におけるESG投資と受託者責任をめぐる議論状況についても触れておきたい。わが国でESG投資への関心が高まるきっかけとなったのが，年金積立金管理運用独立行政法人（GPIF）の動きであることは疑いない[64]。2015年にGPIFが国際連合の責任投資原則（PRI）に署名した際には，あわせて多くの機関投資家・運用会社もPRIに署名した。2017年度からは，「ESG指数」[65]に基づいた株式投資を行っている。

GPIFの「ESG投資」ウェブサイトには，「資本市場は長期でみると環境問題や社会問題の影響から逃れられないので，こうした問題が資本市場に与える負の影響を減らすことが，投資リターンを持続的に追求するうえでは不可欠といえます」といった記述や，「GPIFは，被保険者である国民の皆様に対して，受託者としての責任を適切に果たし，長期的な投資収益の拡大を果たすことを目的に，スチュワードシップ責任を果たすための活動を推進しています。GPIFは株式を直接保有せず，外部の運用会社を通じて投資しているため，スチュワードシップ活動の一環として，運用会社が重大だと認識するESG課題については，投資先企業と積極的なエンゲージメントを行うよう求めています」といった記述がみられる。GPIFのいうスチュワードシップ責任について，その「スチュワードシップ責任を果たすための方針」（2014年5月30日制定。直近の改定は2020年6月29日）をみると，基本方針のなかで，GPIFは資金規模が大きく，資本市場全体に幅広く分散して投資する「ユニバーサルオーナー」であること

---

63) 福山（2016）・前掲注60）34〜35頁参照。

64) たとえば湯山智教『ESG投資とパフォーマンス――SDGs・持続可能な社会に向けた投資はどうあるべきか』（きんざい，2020）10頁。

65) 「ESG指数」とは，企業が公開する非財務情報などをもとに，指数会社が企業のESGへの取組みを評価して組み入れ銘柄を決める指数のことをいう。GPIFの「ESG投資」のウェブサイト〈https://www.gpif.go.jp/esg-stw/esginvestments/〉参照（最終閲覧日：2024年6月30日）。

第6章　投資決定に際してのESG要素の考慮と機関投資家の法的義務についての一考察　◆　211

や，100年を視野に入れた年金財政の一翼を担う「超長期投資家」であること
といった特徴を有することを述べたうえで，そのような特徴を持つGPIFが長
期にわたって投資リターンを獲得するためには，企業の長期的な成長を阻害す
る活動を防ぎ，市場全体が持続的に成長することが不可欠といえると述べ，ま
たGPIFは一部の資産を除き，運用受託機関を通じて運用や株式における議決
権行使を実施していることから，運用受託機関に対しては投資先企業・発行体
との間で，持続的な成長に資する「建設的な対話（エンゲージメント）」を促進
しているとしたうえで，スチュワードシップ責任を果たすさまざまな活動を通
じて，被保険者のために長期的な投資リターンの拡大を図り，年金制度の運営
の安全に貢献するとの使命の達成に努めるとするとともに，その際にはESGに
ついても考慮するとしている。さらにGPIFは，日本版コードにおける「アセッ
トオーナー」として，自ら実施が可能なものは自ら取り組み，また，運用受託
機関が実施する取組みについてはその実施状況を把握・適切にモニタリングし，
運用受託機関と積極的に対話（エンゲージメント）[66]を行い，各年度の活動状
況の概要を公表することを通じてGPIFとして，自らのスチュワードシップ責
任を果たす旨述べている。

　次にGPIFは，その「投資原則」（2015年3月26日制定。直近の改定は2020年4
月1日）でもESGに言及している。すなわち，投資原則［4］は「投資先及び
市場全体の持続的成長が，運用資産の長期的な投資収益の拡大に必要であると
の考え方を踏まえ，被保険者の利益のために長期的な収益を確保する観点から，
財務的な要素に加えて，非財務的な要素であるESG（環境・社会・ガバナンス）
を考慮した投資を推進する」と定め，投資原則［5］は「長期的な投資収益の
拡大を図る観点から，投資先及び市場全体の長期志向と持続的成長を促す，ス
チュワードシップ責任を果たすような様々な活動（ESGを考慮した取組を含む。）
を進める」と定める。

　その他GPIFは，2018年12月にTCFDへの賛同を表明し，「ESG活動報告」に
よりTCFDの提言に沿った情報開示を進めている。

　以上，GPIFの公表文書からその考え方を示すと思われる箇所のいくつかを
紹介してきた。GPIFの考え方について，「経済的リターンを前提にしつつも，

---

66)　「スチュワードシップ責任を果たすための方針」の原則7に関して，エンゲージメント
　の際は，ESGについても考慮すると述べられている。

長期的な視点からESG要素を盛り込むこと自体が受託者責任と考えているように見受けられる。あえていえば，……受託者責任について，『①市場平均リターン達成義務としての受託者責任』『②ESG配慮義務としての受託者責任』の両方を志向しているように思われる」との指摘がみられる[67]。ここで，「①市場平均リターン達成義務としての受託者責任」は，ESG要素に着目した投資の結果として，通常投資で想定される以上の損失を出した場合には受託者責任に反するのではないか，という論点に基づく伝統的な意味での受託者責任の考え方である。また，「②ESG配慮義務としての受託者責任」は，長期的にサステナブルな社会実現のためには，機関投資家もESG要素を考慮する必要があり，ESG要素を考慮しないで投資すること自体が，受託者責任に反するのではないか，という論点に基づく受託者責任の考え方である[68]。ただし，GPIFの考え方に②の考え方が含まれるといっても，あくまでも経済的リターンが得られることが前提になっていると考えられることに注意を要する。上述したGPIFの投資原則の説明文書においても，「GPIFは，専ら被保険者の利益のために運用することを誓います」と述べられているが[69]，これも経済的リターンが得られることを前提にしていることを端的に示す一例であろう[70]。

その他，法律委員会報告書を検討するなかで，ESG要素を考慮する投資政策ないし倫理的投資政策に対しては，その内容の主観性を理由とした批判があり，たとえばDWPによる意見照会文書では，2005年投資規則の改正を検討するに

---

67) 湯山・前掲注64) 105頁。
68) 湯山・前掲注64) 111頁。
69) これに関して，年金積立金管理運用独立行政法人法11条が定める役員等の注意義務等の規定も参照。
70) 湯山・前掲注64) 111頁は，欧州委員会が2018年3月に策定した「サステナブルファイナンス行動計画」の行動7や「21世紀の受託者責任――最終報告書」（国連責任投資原則〔PRI〕，UNEP Inquiry，国連グローバルコンパクト〔Global Compact〕，および国連環境計画金融イニシアティブ〔UNEP FI〕のパートナーシップによりまとめられ，2019年9月に公表）についても，それらは②の考え方をとるとみられるが，その内容をよくみると，いずれも経済的リターンが得られることを前提にしていると思われるとしている。なお，上述したEUの職域年金基金指令の改正も，どのようにESG要素を考慮しているかが運用基本方針の必須の記載事項とされるなど，ESG要素の考慮を一層推し進める面があることは前述のとおりであるが，（経済的リターンのいかんにかかわらず）ESG要素を考慮すること自体が受託者責任であるという考え方が明示されているわけではない（前文において，ESG要素が重要でありその考慮は開示されるべきであるとしつつ，考慮していないことを述べることで要件を満たすことを妨げないとしていることにも留意）。

あたり，受託者は，その投資の財務上のパフォーマンスに重要であると思われるESGおよびその他の要素を含む長期的なリスクをどのように評価するか，および非財務上の要素に基づいて投資決定をなすことが適切であるか否か，適切であるとしてそれはどのような条件が整った場合においてであるかについての自身の方針を述べることを要求されるべきか否か，を問うていた。わが国でも，ESGに名を借りた販売促進のためだけの，真の意味でESG投資を行っていない「ESGウォッシュ」や濫用的な運用が行われる危険性といった問題に言及しつつ，そのような問題関心への言及がみられる[71]。ESG要素の考慮について積極的な潮流がわが国においてもみられる状況下で，ESG要素の曖昧さに伴う弊害への適切な歯止めの措置が十分に整っているかどうかは，ESGの考慮が許容される範囲に関して今後も重要な観点たりえると考えられる。

　また，受益者の同意がある場合に例外とされるかどうかは，「①市場平均リターン達成義務としての受託者責任」と「②ESG配慮義務としての受託者責任」いずれについても，興味深い論点になりえるところ[72]，イギリスの法律委員会の見解は，わが国における議論においても参照に値するであろう。

Ⅳ　結び

　本章では，イギリスの法律委員会が2014年7月に公表した「投資仲介者の信認義務」と題する報告書の考え方を概観，整理することから始め，その整理に基づき，現代的なポートフォリオ理論に基づく議論との関係について検討するとともに，報告書以降におけるEU立法およびわが国の状況の傾向や位置づけ等について，若干の検討を試みた。法律委員会報告書は，生起した問題事例に基づきそれらへの対処についての分析検討も行われており，ESG投資，ESGエンゲージメントの拡大傾向がみられるわが国においても年金受託者の法的義務の検討は重要性を増すところ，参考になるところが少なくないと思われる。同報告書以降の動向をみると，現代的なポートフォリオ理論からの問題提起にもかかわらず，ESG要素の考慮についてより踏み込んだとみられる立法も現れている一方，「ESGウォッシュ」や濫用的な運用が行われる危険性といった問題

71）　友松・前掲注1）161頁，168頁。
72）　湯山・前掲注64）111〜112頁。

214 ◆ 第2篇　個別的問題についての検討

への関心も広がっている。ESG要素の曖昧さに伴う弊害への適切な歯止めの措置が十分に整っているかどうかは，ESGの考慮が許容される範囲に関する今後の検討においても重要な観点になると考えられる。

【追記】アメリカにおけるESG投資と受託者責任をめぐる議論——企業年金におけるESG投資等に係る連邦労働省の解釈通達および規則の変遷を中心として

　本章本文においては，ヨーロッパにおける議論を中心とし，わが国の議論状況についても若干の言及を行った。ここでは，アメリカの動向について，副題に掲げた点およびその関連動向について補っておきたい[73]。ヨーロッパや日本における議論と比較した場合，連邦レベルでの変遷のみをみても意見の対立が顕著に存在しているように思われる。

　さて，1974年従業員退職所得保障法（Employee Retirement Income Security Act）（以下「ERISA法」という）第Ⅰ編（29 U.S.C. 1001 et seq.）には，受託者[74]は，年金加入者の利益のみのため，加入者への給付提供（および経費支弁）のみを目的として，思慮深く任務を遂行しなければならないと規定されている[75]。この受託者責任の下，ESG要素を企業年金の運用判断において考慮することの適切性の議論において従来注目されてきたものの1つが連邦労働省（U.S. Department of Labor: DOL）による解釈通達であった。解釈通達は，民主党政権の下では1994年（IB94-1）および2015年（IB2015-01）に，共和党政権の下では2008年（IB2008-01）および2018年（FAB2018-01）に発出されており，政権が変わる都度改廃が繰り返された[76]。そして，同様のことは，その後における連邦労働省

---

73)　主に参照したものとして，ローラー・ミカ「【アメリカ】企業年金運用とESG投資—新規則制定と関連動向—」外国の立法257-2号（2023）2頁および福山圭一「米国企業年金に対するESG投資及び株主権行使に関する規則の改正」年金シニアプラン総合研究所・年金調査研究レポート（2022年12月27日）（以下「福山（2022）」）〈https://www.nensoken.or.jp/wp-content/uploads/rr_r04_13.pdf〉（最終閲覧日：2024年6月30日）。その他，吉野直行＝湯山智教「米国におけるESG議論の混迷と資産選択の歪み」月刊資本市場455号（2023）16頁，友松・前掲注1）155頁以下，湯山・前掲注64）88頁以下，福山圭一「米国におけるESG投資をめぐる対立—州政府の動向を中心に—」年金シニアプラン総合研究所・年金調査研究レポート（2023年3月23日）（以下「福山（2023）」）〈https://www.nensoken.or.jp/wp-content/uploads/rr_r04_13.pdf〉参照（最終閲覧日：2024年6月30日）。

74)　29 U.S.C. 1002(21)(A)が規定しており，①企業年金の管理に関して裁量的権限を行使する者又は同年金資産の管理・処分に関して権限を行使する者，②企業年金の資産に関して報酬を得て投資助言を行う者，又は③企業年金の運営に裁量的権限・責任を有する者をいう。ローラー・前掲注73）2頁。

75)　29 U.S.C. 1104(a)(1).

第6章 投資決定に際してのESG要素の考慮と機関投資家の法的義務についての一考察 ◆ 215

の規則についてもみられる。

上記にいう労働省の規則とは，元々はERISA法に定める慎重人ルールについての免責要件を定めるものとして1979年に制定されたもの[77]であるが，共和党トランプ政権下の2020年11月に以下のような内容の改正（以下「2020年規則」という）[78]が行われたことから，大きな注目を集めた[79]。同改正の主な特徴ないし内容として，⑴気候変動や環境，社会，ガバナンスといった語は規定されなかったこと，⑵受託者は，投資対象や投資活動の評価にあたっては，金銭的要素（pecuniary factors）のみに基づかなければならず，加入者および受給者の退職所得における利益やプランの財務的利益を他の目的に劣後させてはならず，また，非金銭的な利益や目標を促進するために投資リターンを犠牲にしたり追加的なリスクを取ってはならないこと，⑶金銭的要素のみに基づいて投資対象を差別化できない場合，非金銭的要素を用いて投資対象を決定できるが（いわゆるタイブレーカー），その条件として文書化義務が課せられること，⑷個人口座プラン（いわゆる401(k)プラン）について，適格デフォルト運用商品（qualified default investment alternative: QDIA）——運用指図をしない加入者のための，初期設定の運用商品——としてでなければ非金銭的要素を含む運用商品も可能（QDIAとしては，投資目的に非金銭的要素を伴う商品を含むことは不可）であること，等が挙げられる[80]。

これに対して，2022年12月１日，民主党バイデン政権下において，労働省は，2020年規則の重要な部分を覆す新たな規則（以下「新規則」という）[81]を公表した。2020年規則からの変更点の主な内容を示すと，以下のとおりである[82]。

---

76) ローラー・前掲注73) ２頁注２，友松・前掲注１) 162〜163頁，湯山・前掲注64) 88〜90頁等。

77) 29 CFR 2550.404a-1.

78) Department of Labor Employee Benefits Security Administration, "Financial Factors in Selecting Plan Investments", Federal Register, vol.85 no.220, November 13, 2020, pp.72846-72885.

79) 福山（2022)・前掲注73) ２頁。

80) 福山（2022)・前掲注73) ３〜６頁，ローラー・前掲注73) ２〜３頁，友松・前掲注１) 163頁。

81) Department of Labor Employee Benefits Security Administration, "Prudence and Loyalty in Selecting Plan Investments and Exercising Shareholder Rights", Federal Register, vol.87 no.230, December 1, 2022, pp.73822-73886.

82) なお，総則においては，ERISA法の受託者責任が説明されており，受託者は，投資リターンを犠牲にすること・付加的な投資リスクを負うことなどにより，年金給付の提供と無関係な目的に年金加入者の利益を従属させてはならないとされ，2020年規則を引き継いだ内容になっている。ローラー・前掲注73) ２頁。

216 ◆ 第2篇　個別的問題についての検討

　まず投資思慮義務（29 CFR第2550.404a-1条(b)項）では，リスク・リターン分析の要素として，ESG要素の経済的効果を含んでもよい旨が明記された[83]。

　次に2020年規則では，29 CFR第2550.404a-1条(c)項(1)において，上記のとおり，金銭的要素に基づく投資についての規定が設けられていたところ，新規則では姿を消している[84]。そして新規則の(c)項は投資忠実義務を定める規定として，受託者は，加入者および受給者の退職所得における利益やプランの財務的利益を他の目的に劣後させてはならず，また，加入者や受給者の利益に無関係な利益や目標を促進するために投資リターンを犠牲にしたり，追加的なリスクを取ってはならないと定める（(c)項(1)）。これは，2020年規則で新たに規定された内容を引き継ぐものである。

　(c)項(2)では，タイブレーカーについて，適切な時間軸において企業年金の財務的利益に等しく資する場合，投資リターン以外の付随的利益（collateral benefits）に基づいて受託者は投資対象を選択できる旨が規定され，また，文書化義務は撤廃された。

　(c)項(3)では，加入者が指示する個人口座プランの受託者は，(b)項の要件に整合する仕方で加入者の選好を考慮に入れたことのみをもっては(c)項(1)の投資忠実義務に反しない旨が規定される。これは明確化のために新たに設けられた規定である。「(b)項の要件に整合する仕方で」とされていることから，受託者は，加入者が要求するから，あるいは，好むからという理由で，思慮を欠く投資オプションをメニューに加えることはできない[85]。

　最後に，2020年規則は適格デフォルト運用商品（QDIA）に関し上述した内容の規定を新設したが（旧(d)項），この規定は削除され，投資目的に非金銭的要素を伴う商品をQDIAに含むことは不可という扱いも撤廃された。

---

83)　同項(4)。なお，2021年の公開協議の段階では，気候変動その他環境，社会およびガバナンス要素についての経済的効果の評価をしばしば要するであろうと規定することが提案され，また，ESG要素を例示する規定が置かれていたが，前者の提案に対しては，実質的な義務づけではないか，ESG投資に好意的な規制上のバイアスは正当化できない等のコメントがあり，後者の規定に対しては，ESG要素への好意が一方的すぎる，例示が免責要件と受け止められかねない，列挙されたものだけが重要だと読まれかねない，適切な要素はケース・バイ・ケースなのでそもそも必要ない等，懸念を表明するコメントが多く，いずれの提案も撤回されている。福山（2022）・前掲注73）3頁参照。

84)　「金銭的要素」の語はリスクおよびリターン分析の要素という従来から一般に使用されてきた語に置き換えられ，そして(b)項(4)のなかに，受託者の投資決定はリスクおよびリターン分析に関係すると受託者が合理的に決定する要素に基づかなければならない旨の規定を置くというように変更された。福山（2022）・前掲注73）4頁。

85)　福山（2022）・前掲注73）6頁。

第6章　投資決定に際してのESG要素の考慮と機関投資家の法的義務についての一考察　◆　217

　新規則は，前記のとおり2022年12月１日に公布された。その後の動きであるが，2023年２月７日，連邦議会下院に，議会審査法（5 U.S.C. 801 et seq.）に基づき新規則を不承認とする両院共同決議案（H.J.Res.30）が提出され，２月28日に下院で可決（賛成216，反対204），３月１日に上院で可決（賛成50，反対46）され[86]，同月９日に大統領に送付された。新規則を不承認とする両院共同決議に対し，バイデン大統領は，2023年３月20日，拒否権を発動した[87]。

　その他，新規則をめぐっては，2023年１月26日，ERISA法に基づく連邦労働省の権限を逸脱しているなどとして，25州ほかが同規則の執行阻止のための訴訟を提起した等の動きがみられる[88]。

　以上では，企業年金におけるESG投資等に係る連邦労働省の解釈通達および規則の変遷をみてきた。「伝統的に，米国労働省は，ERISA解釈において，『付随的な社会政策的な目標を促進するために投資リターンを犠牲にしたり，投資リスクを負担したりする投資手法をとることは許されない』との立場で1994年以来，一貫しており」，これはすなわち，市場平均リターン達成義務としての受託者責任の考え方で，ESG投資で投資リターンを犠牲にすることは受託者責任に反するとの立場であったとの見方が示される[89]。そして，このことは，上述したバイデン大統領による両院共同決議に対する拒否権発動に付された理由が，新規則は受託者が全ての関連要因を考慮し，十分な情報に基づいた投資決定を行うことを可能にし，加入者のためリターンの最大化を保証するものであること，これに対し，両院共同決議は，気候変動リスク等投資リターンに影響しうる要因の考慮を妨げるものであることなどであったことからすると[90]，基本的なスタンスにおいて大きな変更はみられないということもできそうである。また，新規則の2021年の公開協議の段階では，気候変動その他環境，社会およびガバナンス要素についての経済的効果の評価をしばしば要するであろうと規定することが提案され，また，ESG要素を例示する規定が置かれていたが，それらの悪影響を懸念するコメントを踏まえ，いずれの提案も撤回され，より中立的なもの──何を考慮せよとか特定の投資方

86）　下院は共和党が多数派，上院では民主党が多数派であったが，今回の決議は，共和党優勢の下院を通過したのち，上院では，共和党議員に加え民主党から２名が賛成に回り可決された。ローラー・前掲注73）３頁，福山（2023）・前掲注73）１～２頁。

87）　大統領の拒否権を覆すには各院で出席議員の３分の２以上の多数が必要である。2023年３月23日，大統領の拒否を覆す投票が下院において行われたが，必要とされる多数には届かなかった（賛成219，反対200）。ローラー・前掲注73）３頁注11。

88）　ローラー・前掲注73）３頁。また，州政府におけるその他の動向を含め，福山（2023）・前掲注73）参照。

89）　湯山・前掲注64）89頁。

90）　ローラー・前掲注73）３頁。

218 ◆ 第2篇　個別的問題についての検討

法を取れとかいうことではないもの——となっている[91]。その点も上記の見方を支えるように思われる[92]。さらに，それらは，たとえばESG開示についてEU等が採るスタンスに比べると，幾分慎重な姿勢が示されているように思われる。その違いについての詳細は今後の課題とせざるをえないが，仮に違いを認めることができるとすれば，ESGへの党派的対立の観点とともに，ここで扱っている場面（年金）に固有の問題（受益者の利益の深刻さの度合い等）に注目した検討が求められるように思われる。

91）　本章注83）参照。

92）　ただし，規制レベルでは中立的だが，官報（Federal Register）ではESGに前向きの見解が随所に示されていることも指摘されており（福山（2022）・前掲注73）14頁），留意が必要であると思われる。なお，労働省が提供したコスト・ベネフィット分析について，同9～13頁参照。

索　引

＜英数＞

1985年英国会社法309条 …………………… 75
1995年年金法 …………………………… 189
19世紀における別個独立の法主体性の
　発展 …………………………………… 175
2004年年金法 …………………………… 189
2005年企業年金制度（投資）規則 …… 189
2006年英国会社法172条１項 …………… 73
2006年英国会社法417条 ………………… 74
2021年改訂コーポレートガバナンス・
　コード ………………………………… 91
2021年企業年金制度（気候変動ガバナ
　ンスおよび報告）規則 ……………… 208
2021年年金制度法 ……………………… 207
Boeing株主代表訴訟事件 ……………… 158
Caremark義務 …………………………… 155
Caremark義務のESGリスクへの拡張
　…………………………………… 150, 154
CDP ……………………………………… 94
CDSB …………………………………… 94
CSDDD ………………………………… 84
CSR
　――の拡大 …………………………… 60
　――の規範性 ………………………… 61
　――の実践と通常の企業決定との線
　　引き ………………………………… 9
　――の定義 …………………………… 7
　――への自発主義と強制的な開示と
　　の結合 ……………………………… 71
　――を推進する主体 ………………… 67
　法を超える―― ……………………… 62
　法を支える―― ……………………… 62
　法を通じた―― …………………… 71, 82
DNSH原則 ……………………………… 122
Dodd Frank法 ………………………… 167

EMSフォーラム ………………………… 62
ERISA法 ………………………………… 214
　――の受託者責任 …………………… 215
ESGアプローチ ………………………… 142
ESGインテグレーション ……………… 116
ESGウォッシュ ………………………… 213
ESGエンゲージメント ………………… 192
ESG関連の専門性を備える取締役 …… 157
ESG経営 ………………………………… 35
ESG考慮に関する留意事項 …………… 115
ESG指数 ………………………………… 210
ESG投資 ………………………… 35, 129, 185
　――の「メインストリート化（主流
　　化）」 ……………………………… 42
ESG投信 ………………………………… 115
ESG投信該当性 ………………………… 116
ESGに関連する用語 …………………… 117
ESGパフォーマンスの尺度 …………… 129
ESG評価・データ提供機関に係る行動
　規範 ……………………………… 116, 119
ESG評価におけるAI活用 ……………… 130
ESG要素 ………………………………… 88
　――の特性 …………………………… 129
EU・新CSR戦略 ………………………… 4
EUの職域年金基金指令 ………………… 208
EUの非財務報告指令 …………………… 93
FASF …………………………………… 97
food miles ……………………………… 69
GRI ……………………………………… 94
GRIガイドライン ……………………… 24
GRIスタンダード ……………………… 24
IFRS S1 ………………………………… 95
IFRS S2 ………………………………… 95
IFRS財団 ……………………………… 95
IIRC …………………………………… 94
IORP …………………………………… 209

ISO 26000 ················ 4, 8	株主第一主義 ················ 140
ISSB ···················· 95	株主利益最大化原則 ··········· 44
MSCBの発行 ·············· 64	貨物引渡保留命令 ············· 84
pluralistアプローチ ········· 75	環境と開発に関するリオ宣言 ····· 16
SASB ···················· 94	環境に責任を持つ経済のための連合 ···· 22
SDGs ···················· 36	環境表示ガイドライン ·········· 136
SEC規則レギュレーションFD（公正開	環境目標に資する経済活動のリスト ··· 121
示規制) ················ 103	環境目標の設定 ··············· 121
SOX法 ··················· 167	関係的契約 ·················· 76
SSBJ ····················· 97	関税法307条 ················· 84
SSBJ基準（案) ············· 98	機械的対応の助長 ············· 150
TCFD提言 ··············· 54, 92	企業活動の二面性 ············· 15
TEG ····················· 122	企業行動憲章 ················ 4
TRWG ···················· 95	企業サステナビリティ報告指令 ··· 94
VRE ····················· 95	企業のサステナビリティ・デュー・
	ディリジェンス指令（CSDDD) ······· 84
＜あ＞	企業の社会的責任に関する欧州多数利
アジェンダ21 ·············· 16	害関係者フォーラム最終報告書 ··· 7
アセットオーナー ············ 211	気候委任規則 ················ 120
イギリス現代奴隷法 ·········· 82	気候変動枠組み条約 ··········· 17
移行リスク ················ 54	記述的情報 ·················· 108
インパクト投資 ············· 117	技術的なスクリーニング基準 ····· 122
ウィグル強制労働防止法 ······· 84	基準の統一化 ················ 144
ウォービゴン湖効果 ·········· 90	規制緩和の健全な目的達成 ······ 63
エージェンシー理論モデル ······ 170	規範作成過程への参加 ·········· 79
欧州サステナビリティ報告基準 ··· 94	欺瞞的コンプライアンス ········ 65
大幅な株式分割 ············· 64	――へのCSRの拡大 ········ 66
	強行的な開示制度 ············· 105
＜か＞	共通価値の創造 ·············· 7
外国会社からのTOB ·········· 196	京都議定書 ·················· 53
開示の定型化 ··············· 100	金融商品取引業者等向けの総合的な監
開示報告義務型 ············· 82	督指針 ··················· 115
解釈通達 ··················· 202	金融審議会ディスクロージャーワーキ
会社の目的 ················· 31	ンググループ報告 ··········· 92
会社の目的論 ··············· 162	「口を閉ざす反応」の誘発 ······· 132
確定給付企業年金 ············· 188	グリーンウォッシング ·········· 112
確定拠出年金 ··············· 188	――のさまざまな形態 ······· 135
隠れたトレードオフの罪 ······· 136	――の罪 ················ 135
株式会社の行う寄付 ··········· 12	――を誘発する原因 ········· 125
株主（による）福祉主義 ········ 147	グリーン金融市場 ············· 112
株主価値の最大化 ············· 13	グリーン調達 ·············· 26, 76

啓発された株主価値（enlightened shareholder value）アプローチ ……… 73
ケイ報告 ……………………………… 187
契約を通じてのCSR ………………… 77
契約の束理論 ………………………… 169
原則ベース・アプローチ …………… 116
現代的なポートフォリオ理論に基づく
　議論 ………………………………… 202
公益取締役 …………………………… 167
コーポレートガバナンス・コード原案
　……………………………………… 38
コーポレートガバナンスに関する報告書
　……………………………………… 91
国連・ビジネスと人権に関する指導原則
　……………………………………… 5
国連環境計画 ………………………… 16
国連グローバル・コンパクト ……… 5
国連人権指導原則 …………………… 49
コンプライアンスとESGの交錯 …… 157

＜さ＞

際限のない情報需要の循環 ………… 100
サイバーセキュリティに関する開示要求
　……………………………………… 157
財務会計基準機構（FASF）………… 97
財務上の要素 ………………………… 192
サステナビリティ基準委員会（SSBJ）
　……………………………………… 97
サステナビリティ情報の複雑化・多様
　化・専門化 ………………………… 109
サステナビリティ報告書 …………… 91
「サステナブル」と謳う投資商品 …… 120
サステナブル投資を促進するための枠
　組みの確立に関する規則 ………… 120
サステナブルファイナンス開示規則 … 120
サプライチェーンにおける透明性規定
　……………………………………… 82
サプライチェーンに属する企業での人
　権問題 ……………………………… 67
サプライチェーンへの影響力行使 …… 27
指揮統制アプローチ ………………… 16

事業への統合 ………………………… 9
事業報告 ……………………………… 72
システミック・リスク ……………… 199
持続可能な開発委員会 ……………… 17
持続可能な開発に関するヨハネスブル
　グ宣言 ……………………………… 18
持続可能な金融のプラットフォーム … 124
持続可能な社会を実現するための金融
　……………………………………… 111
持続可能な消費 ……………………… 26
持続可能な成長のファイナンスに関す
　る行動計画 ………………………… 119
持続可能な発展 ……………………… 15
持続可能な発展のための世界経済人会議
　……………………………………… 17
実質的な貢献 ………………………… 121
社会貢献活動 ………………………… 6, 147
社会的企業 …………………………… 45, 167
社会的責任投資 ……………………… 186
社会的投資 …………………………… 10
受託者 ………………………………… 214
情報過多の効果 ……………………… 104
情報パラドックス …………………… 104
職域年金基金（IORP）……………… 209
シングルマテリアリティ …………… 96
人権DD実施義務型 ………………… 83
人権尊重ガイドライン ……………… 49, 152
人権デュー・ディリジェンス ……… 49, 83
信託証書 ……………………………… 189
信認義務の対象の拡大 ……………… 163
スコープ１ …………………………… 96
スコープ２ …………………………… 96
スコープ３排出量 …………………… 108
スチュワードシップ責任 …………… 210
ステークホルダー論 ………………… 161
政治献金 ……………………………… 28
政府調達 ……………………………… 77
生物多様性条約 ……………………… 17
赤道原則 ……………………………… 20
責任ある企業行動に関する多国籍企業
　行動指針 …………………………… 4

責任ある政治的関与 ……………………… 28
責任ある撤退 ……………………… 51, 153
責任投資原則 ……………………… 35
セクター・スクリーニング ………… 192
組織の慣性 ……………………… 128
ソフトな契約 ……………………… 76

＜た＞

ダイナミックマテリアリティ ………… 96
タイブレーカー ……………………… 216
「タイブレーク」原則 ……………… 199
タクソノミー ……………………… 93, 120
多国籍企業及び社会政策に関する原則
　の三者宣言 ……………………… 5
ダブルマテリアリティ ……………… 94
多様な利害関係者の対話の促進 ……… 81
チェックボックス的な対応 ………… 102
地球規模でのコミュニケーション …… 66
中央集権的に開発されたESG指標 …… 132
超長期投資家 ……………………… 211
通商規制型 ……………………… 84
強いステークホルダー論 …………… 142
定性情報 ……………………… 108
定量的な情報 ……………………… 108
ドイツ・サプライチェーンDD法 …… 83
東京電力株主代表訴訟第一審判決 …… 141
統合報告書 ……………………… 91
投資原則の表明 ……………………… 207
投資思慮義務 ……………………… 216
投資仲介者の信認義務 ……………… 186
投資忠実義務 ……………………… 216
透明性 ……………………… 87
トップのCSR観 ……………………… 66
取締役会の仲介者としての役割 ……… 178
取引停止 ……………………… 51, 153

＜な＞

日本版スチュワードシップ・コード … 37
人間環境宣言 ……………………… 16
ネガティブ・スクリーン …………… 191
年金基金受託者 ……………………… 188

年金受託者の法的義務 ……………… 189
年金積立金管理運用独立行政法人
　（GPIF） ……………………… 210
ノルウェー・透明性法 ……………… 83

＜は＞

ハイブリッド型の事業形態 ………… 168
パッシブ運用 ……………………… 192
パリ協定 ……………………… 53
ハロー効果 ……………………… 127
比較可能性の担保 ……………………… 102
比較分析するための情報や指標の標準
　化のニーズ ……………………… 131
非財務上の要素 ……………………… 192
ビジネス・ケース ……………… 11, 67
ビジネスと人権に関する国連指導原則
　……………………………………… 18
費用対効果分析 ……………………… 107
非倫理的ビジネス ……………………… 196
フィランソロピー ……………… 40, 60
フェアトレード購入 ………………… 69
フェアトレード商品 ………………… 67
物理的リスク ……………………… 54
負の外部性 ……………………… 147
フランス・企業注意義務法 ………… 83
プリンシプル尊重義務論 …………… 151
プルーデント・インベスター・ルール
　……………………………………… 202
プルーデント・パーソン・ルール …… 210
ブルントラント委員会 ……………… 15
紛争鉱物規制 ……………………… 47
ベスト・オブ・クラス ……………… 191
ベスト・オブ・セクター …………… 191
ベネフィット・コーポレーション …… 167
包括主義的（inclusive）アプローチ
　……………………………………… 24, 74
報酬の透明性と報酬額増額の関係 …… 90
法律委員会（Law Commission） …… 186
ポジティブ・スクリーン …………… 191

＜ま＞

マネジメントレポート ……………… 93
ミッションクリテカルなリスク ……… 156
ミレニアム開発目標 ………………… 17

＜や＞

八幡製鉄政治献金事件最高裁判決 …… 140
優良誤認表示規制 …………………… 137
ユニバーサルオーナー …………… 42, 210
弱いステークホルダー論 …………… 142

＜ら＞

（濫用的）節税 ……………………… 65
利害関係者法 ………………………… 165
リスク回避的行動 …………………… 150
リスクマネジメント ………………… 67
倫理投資 ……………………………… 186
レピュテーションリスクの最小化 …… 152
連邦労働省による解釈通達 …………… 214
連邦労働省の規則 …………………… 214
ロビー活動 …………………………… 29

〔著者紹介〕

野田　博（のだ　ひろし）

1957年生まれ。1986年一橋大学大学院法学研究科博士課程単位修得。小樽商科大学講師，助教授，一橋大学助教授，教授を経て，現在，中央大学教授，一橋大学名誉教授。主要著作として，『会社法判例インデックス』（商事法務，2013年），『ポイントレクチャー会社法（第2版）』（共著，有斐閣，2015年），「非常時対応の社会科学—法学と経済学の共同の試み』（共編著，有斐閣，2016年）「コーポレート・ガバナンスにおける法と社会規範についての一考察」ソフトロー研究1号（2005年），「コーポレート・ガバナンスにおける規制手法の考察—ソフトローの側面を中心として—」旬刊商事法務2109号（2016年）等。

CSR・ESGへの法からの多面的接近
―企業と環境・社会―

Multifaceted Legal Approach to CSR, ESG
―Corporation, Environment and Society―

2025年2月20日　第1版第1刷発行

著　者　野　田　　　博
発行者　山　本　　　継
発行所　㈱中央経済社
発売元　㈱中央経済グループ
　　　　　パブリッシング

〒101-0051　東京都千代田区神田神保町1-35
電話　03（3293）3371（編集代表）
　　　03（3293）3381（営業代表）
https://www.chuokeizai.co.jp
印刷／三英グラフィック・アーツ㈱
製本／誠　製　本　㈱

© 2025
Printed in Japan

＊頁の「欠落」や「順序違い」などがありましたらお取り替えいたしますので発売元までご送付ください。（送料小社負担）
ISBN978-4-502-52041-9　C3032

JCOPY〈出版者著作権管理機構委託出版物〉本書を無断で複写複製（コピー）することは，著作権法上の例外を除き，禁じられています。本書をコピーされる場合は事前に出版者著作権管理機構（JCOPY）の許諾を受けてください。
　JCOPY〈https://www.jcopy.or.jp　eメール：info@jcopy.or.jp〉